当代中国学术文库

耕地保护的市场机制研究

——基于耕地发展权交易与虚拟耕地战略视角

毛德华等 / 著

经济日报出版社

图书在版编目（CIP）数据

耕地保护的市场机制研究：基于耕地发展权交易与虚拟耕地战略视角 / 毛德华等著．—北京：经济日报出版社，2018.2

ISBN 978 - 7 - 5196 - 0310 - 6

Ⅰ．①耕…　Ⅱ．①毛…　Ⅲ．①耕地保护—市场机制—研究—中国　Ⅳ．①F323.211

中国版本图书馆 CIP 数据核字（2018）第 034535 号

耕地保护的市场机制研究：基于耕地发展权交易与虚拟耕地战略视角

作　者	毛德华等
责任编辑	范静泊
出版发行	经济日报出版社
地　址	北京市西城区白纸坊东街 2 号经济日报社 A 座 710
电　话	010 - 63567961（编辑部）63567692（发行部）
网　址	www.edpbook.com.cn
E - mail	edpbook@126.com
经　销	全国新华书店
印　刷	三河市华东印刷有限公司
开　本	710 × 1000 毫米　1/16
印　张	16.5
字　数	296 千字
版　次	2018 年 4 月第一版
印　次	2018 年 4 月第一次印刷
书　号	ISBN 978 - 7 - 5196 - 0310 - 6
定　价	58.00 元

毛德华　任　耀　陈伟华　沈　雅　黄丽军　王芝潇　著

前 言

"切实保护耕地"是我国的基本国策,是我国最严格的土地管理制度的要义,是我国土地管理的"红线",是解决占世界22%的人口粮食安全的头等大事,为此,我国出台了一系列法律法规与行政管理措施来保护耕地。但现实是我国耕地数量仍在不断减少、质量在不断下降,这说明这些法律行政措施只满足了参与的相容性,是一种外在的、被动的强制措施,没有满足激励的相容性,没有充分调动广大耕地利用与保护主体的内在的积极性。为此,需要创立市场机制对耕地进行保护,为耕地保护制度改革与城乡统一的土地市场发展提供新的思路和新依据,也是落实党的十八届三中全会提出的"充分发挥市场在资源配置中的决定作用"的重大措施。无疑,这对实现粮食安全和耕地资源安全、提高土地资源利用效益和优化土地资源配置等方面具有重要的理论创新与现实意义。

本书从"实体耕地"的角度,创立了"耕地发展权的市场交易机制",研究的主要内容有:

(1)耕地发展权理论研究

创设耕地发展权的理论依据,界定耕地发展权内涵,研究耕地发展权特点、权利种类、功能、与其他权利的关系、权利归属、利益归属等。

(2)耕地发展权价格评估方法及其实证研究

根据耕地发展权的内涵,采用差值法评估耕地发展权价格。本研究探讨了两类耕地发展权价格的评估方法:

一类是从耕地发展权价格构成要素的角度进行评估。从价格构成要素的角度进行评估的思路是:从耕地的功能来分析耕地的价值(价格)构成,耕地的价格包括耕地生产收益价格、耕地社会保障价格、耕地社会稳定价格与耕地生态服务功能价格;耕地转化为建设用地的类别主要为商业用地、住宅用地和工业用地;另外耕地的质量也有差别;本研究从耕地价格—耕地潜在市地价格—耕地发展权价格的评估思路,构建了不同级别耕地转化为不同城镇土地用途及整体的耕地发展权价格的评估方法,并以长沙市为例,进行了实证研究。

另一类是从多指标体系综合评价的角度进行评估。根据影响耕地价格的因素构建耕地价格评估的多指标体系,采用模糊综合评判法和改进的三标度层次分析法评估耕地价格。由于模糊综合评判法评估的结果是一个综合的等级,如何把综合等级转换为具体的价格是本研究方法的创新点之一,而模糊综合评判法的巧妙运用便是创新中的核心部分。市地价格数据采用资料查询法获取,土地开发费是指土地开发程度达到"五通一平"的费用,是根据全国单位面积土地开发费用和当地的土地开发费用并考虑物价指数的变化来确定;而利润是采用成本利润率计算而来,利息是利用年贷款利率得出的;以湖南省为例,进行了实证研究。本方法为大范围耕地发展权价格评估提供了切实可行的方法,有助于解决大范围耕地发展权价格评估粗略的问题。

(3)耕地发展权交易机制设计研究

以耕地保护为归宿,以耕地发展权价格评估为基础,探索了耕地发展权的交易机制设计。耕地发展权的交易机制设计确定了耕地发展权交易的主体、类型与方式、交易运行机制、交易规则和交易程序,为了确保制度的可行性,还要确定制度的实施保障措施。耕地发展权的交易机制设计(市场流传机制、储蓄机制、收益补偿机制等)可有效地保护耕地,实现土地资源的市场优化配置。

从"虚拟耕地"的角度,创立"虚拟耕地战略"。虚拟耕地是指生产某种商品或服务所需要的耕地资源数量;虚拟耕地战略是指耕地贫乏国家(地区)通过贸易从耕地富足国家(地区)购买耕地资源密集型农产品来获得耕地和粮食安全的市场机制。研究的主要内容有:

（1）基础理论研究

包括虚拟耕地、虚拟耕地战略的概念、内涵、特性，虚拟水、虚拟水战略的概念、内涵、特性，资源耦合与协调的基本概念与内涵；虚拟水与虚拟耕地战略研究的理论基础；虚拟水与虚拟耕地量化方法与模型等；虚拟水土资源匹配度评价方法等。

（2）中国与湖南省虚拟耕地战略分析

核算中国虚拟耕地贸易流量，建立虚拟耕地贸易平衡表，探讨虚拟耕地贸易在解决耕地紧缺和主要粮食产品结构调整方面的积极意义。核算湖南省虚拟耕地贸易流量，构建虚拟耕地贸易平衡表，探讨虚拟耕地贸易如何促进耕地资源实现价值最大化和保障粮食安全；核算湖南省虚拟耕地生产消费盈亏量，为湖南省在全国各省份中成为供区还是销区提供理论分析；探析了湖南省城乡虚拟耕地消费特征和差别，提出其在完善粮食消费结构和缩小城乡差距方面的积极意义。

（3）中国虚拟耕地贸易比较优势研究

研究比较优势理论在虚拟耕地战略中的应用，分析了 2008 年中国与印度、中国与美国虚拟耕地的机会成本，评价了 1996—2008 年中国虚拟耕地贸易的比较优势，提出优化农业产业结构调整的建议和对策。

（4）中国与湖南省虚拟耕地战略优势度评价

通过构建评价指标体系，定量评估各省的虚拟耕地优势度，据此划分为若干类型，找出其区域组合和总体分布规律，并提出各类型区基于虚拟耕地战略的耕地保护、粮食安全和经济发展对策。定量评估湖南省 14 个市州的虚拟耕地战略优势度，提出虚拟耕地发展策略。

（5）中国虚拟水战略分析

选取稻谷、玉米、小麦和大豆这四种贸易主要粮食作物作为研究对象，收集近年《中国统计年鉴》和《中国粮食年鉴》的相关数据，分别核算了这 4 种粮食产品的虚拟水资源生产量和贸易量，并对近年中国虚拟水资源的贸易平衡情况进行了计算和分析。

（6）中国主要粮食作物虚拟水与虚拟耕地资源利用匹配度评价分析

在了解中国各地区虚拟水与虚拟耕地资源现状的基础上,建立虚拟水—耕地资源利用匹配度计算模型和评价体系。选取2014年全国31个省级行政区(未包括台湾、香港和澳门)的相关数据计算各省虚拟水—耕地资源利用匹配系数,对结果进行分级,在此基础上对各省水土资源利用匹配情况进行分析评价,提出建设东部战略发展区、中部战略促进区和西部战略开发区的布局设想。

(7)中国虚拟耕地战略实施的保障措施体系与中国水土资源匹配利用对策

基于以上的研究,提出虚拟耕地战略实施的保障措施体系,对中国水土资源利用匹配度进行评价分析,提出中国水土资源匹配利用政策建议。

在我国提出耕地发展权并进行研究是近十余年的事情,"虚拟耕地战略"概念的提出时间更短,迄今也只有十年光景,因此本研究是一个新颖的研究课题。2017年8月末,分别以"耕地发展权"为篇名、关键词和主题,在中国知网(www. cnki. net)中国学术文献网络出版总库进行跨库检索,分别查到13、11、30篇文献,其中属于本研究组的成果分别为3、3、4篇。同样,分别以"虚拟耕地战略"为篇名、关键词、主题进行跨库检索,分别可检索到3、9、17篇文献,其中属于本研究组的成果分别为2、4、6篇,在全国的占比是相当高的,这还不包括1篇2017年7月产出的成果收录后还未公示的成果(王芝潇,2017)。特别是作者在2009年提出耕地发展权交易与虚拟耕地战略的系统研究构想以来(毛德华,2009),研究文献才逐渐多起来,在某些方面引领了全国的研究。因此,本书内容具有新颖性与创新性、系统性与综合性的特点。

本研究受到了湖南省国土资源科技项目(湘财建字[2012]284号,2012-43)和长沙市科技计划项目(K1308021-41)等项目的资助,发表了系列论文。研究方案由毛德华设计提出,由署名作者分工进行研究,最后由毛德华对研究成果进行了补充完善、整理与统稿。本研究历时几年,因此在研究对象的起讫时点上没有强求统一,以期保持研究成果的本色,特此说明。

本书出版是多位作者孜孜以求、精诚合作的结果,并参考了大量的国内外文献,同时凝聚了编辑人员的辛勤工作,在此一并表示衷心感谢。

　　本书可供土地科学、农业科学、经济学、管理学、资源科学及有关专业的师生、科研人员、政府管理人员及关心我国耕地保护、土地管理制度改革等的广大民众阅读,也可作为相关专业的本科与研究生的参考教材。由于耕地保护的市场机制研究是一个新的课题,方兴未艾,加上作者水平的局限性,书中的一些观点和内容可能尚有争议,恳请专家学者及广大读者批评指正。

毛德华

2017 年 8 月 28 日

目 录
CONTENTS

第一篇 01

基于耕地发展权交易的
市场机制研究

第1章

研究概述

　　我国正处于城镇化与工业化高速发展的关键时期,各项建设的用地需求旺盛;另一方面我国是一个拥有13亿人口的大国,保障粮食安全是我国的头等大事;因此,一保用地、促发展,二保耕地、"守红线"是我国各级政府工作的重点与职责,"双保"压力空前。其实这是我国"一要吃饭,二要建设"战略的延续,只是在当前的形势下,统筹难度更大。保护耕地是我国的基本国策,我国执行的最严格的土地管理制度,包括最严格的土地节约利用制度与最严格的耕地保护制度;最严格的土地节约利用制度,目的还是为了保护耕地。

　　我国出台了耕地总量动态平衡制度,土地用途管制制度与基本农田保护制度等,都具有行政法制强制性,遏制了耕地迅速减少的趋势,但耕地总量(数量与质量)并未达到动态平衡,其实施效果与耕地保护目标仍有一定的差距,说明这些行政法制措施满足了参与相容性,是被动的。耕地发展权的研究有望在这一问题上取得重大突破,为此,我们在全国率先提出耕地发展权系统研究构想,并进行了孜孜不倦的研究,以期从市场机制的新视角、新途径来保护耕地与生态环境,满足激励相容性,增强保护主体的主动性,具有重要的理论创新意义与实际意义。

1.1　研究背景与意义

1.1.1　研究背景

（1）耕地保护的形势日益严峻

　　我国人均耕地少,土地后备资源不足,耕地总体质量不高,生态环境脆弱;高速城市化、工业化的发展,生态退耕与自然灾害使我国的耕地保护面临着空前压力。在经济建设和生态建设过程中,中国的耕地数量在不断减少,1986—1995年全国耕地净减193.20万公顷,平均每年净减19.32万公顷;1996—2005年,又净减800万公顷,平均每年减少80.00万公顷;2006年中国的耕地总面积为

130039.2 千公顷,2007 年耕地总面积 121735.2 千公顷,2006－2007 年间耕地净减少 8304 千公顷;2008 年的耕地面积为 121716 千公顷,2007－2008 年间耕地净减少 19.2 千公顷。《2013 中国国土资源公报》(中华人民共和国国土资源部,2014)指出:"第二次全国土地调查工作圆满完成,调查显示,截至 2009 年 12 月 31 日,全国耕地面积为 13538.5 万公顷,比基于一调的 2009 年变更调查数多出 1358.7 万公顷(约 2 亿亩),这主要是由于调查标准、技术方法的改进和农村税费政策调整等因素影响,调查数据更加全面、客观、准确。多出的耕地有相当部分需要退耕还林、还草、还湿和休耕,有相当数量受污染不宜耕种,还有一定数量因表土层破坏、地下水超采等已影响耕种,因此,耕地保护形势依然严峻。"在新的统计口径下,耕地减少趋势依然存在(图 1－1,图 1－2)。在耕地数量不断减少的同时,多占少补、占优补劣的现象仍然屡见不鲜。

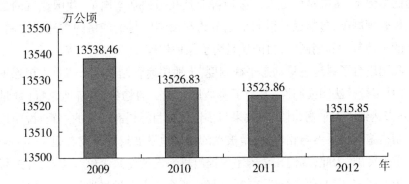

图 1－1　2009－2012 年全国耕地面积变化情况

Fig. 1－1　Cultivated land area change in China from **2009** to **2012**

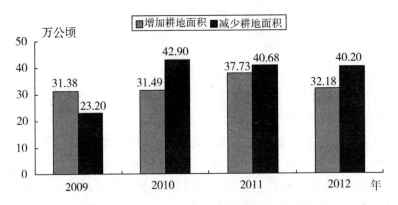

图 1－2　2009－2012 年全国耕地增减变化情况

Fig. 1－2　Situation of increase and decrease change in China from **2009** to **2012**

截至 2012 年底,全国共有耕地 13515.85 万公顷(20.27 亿亩),人均耕地面积还不到 0.1 公顷,甚至不足世界平均水平的 1/2,仅为美国的 1/9。《全国土地利用总体规划纲要(2006—2020 年)》中预测我国总人口数量分别将在 2010 年、2020 年达到 13.6 亿、14.5 亿,期间人口剧增,必然导致人地矛盾恶化,因此,必须保证耕地数量不减少,耕地质量不下降,否则国家粮食安全和生态安全都会受到严重影响。中国社科院农村所党国英研究员指出:在 1980 年至 2005 年期间,我国社会经济大力发展、城镇化率迅速提高,国民经济总产值每增长 1%,2 万公顷左右的农用地会被占用,较日本高速发展时期而言,农用地占用量有其 8 倍之多。因此,经济增长导致的地耗必须引起我们高度重视(高远志等,2011)。

耕地质量下降,生态环境恶化,一是重用轻养导致地力下降。由于土地养分缺乏,我国耕地板结面积占耕地总面积的 12.6%,瘠薄耕地面积、砾石地面积、盐碱地面积分别占耕地总面积的 16.4%、2.7%、2.7%(刘黎明,2003);我国大部分农田长期实行双季稻制,忽视了传统性的有机肥,过量施用化肥,氮、磷、钾三种肥素严重不合理搭配,导致土地资源的大量退化,潜育层土壤和中低产田分别占总耕地总面积的 2.2%、78.46%,集中分布在黄土高原、西北干旱地区、华北及东北等区域。限制耕地质量提高的主要因素有水土流失、沙化、盐渍化、养分贫瘠、土壤次生潜育化和酸化等。

二是土地污染和水土流失严重,自然灾害频繁。我国工业废水、废气、废渣以及重金属污染逐年增加,加上农药污染、化肥使用不当、残留农膜污染等,致使土地污染状况加剧。

我国水土流失面积 17524.6 万公顷,侵蚀耕地面积占耕地总面积 40.3%,干旱缺水耕地面积占 15.5%,渍涝地面积占 5.0%,造成水土流失的主要原因有陡坡垦殖、围湖造田、乱砍滥伐、肆意采矿和挖石等。土地污染和水土流失严重会导致旱灾、水灾、山洪、冰灾频繁发生,2010 年受灾面积为 37426 千公顷。

土地利用方式粗放,用地结构不合理。在经济发展中我国普遍存在低效益、粗放型土地利用方式,主要体现在:向外扩张的城镇用地占用大量土地,尤其占用许多城镇近郊的高产优质农田;用地结构比例严重失调;用地布局不尽合理;重复建设现象严重,常出现"优地劣用"或"占而不用、空置浪费"的现象,使土地配置难以优化。多年来,我国进行了数次土地利用大清查,但违法批地、违法用地以及耕地被大量占用等现象层出不穷,并未从根本上解决问题。

(2)耕地保护的计划管理模式

在耕地保护形势严峻的背景下,我国实施了世界上最为严格的耕地保护制度,如基本农田保护制度、耕地总量动态平衡制度、土地用途管制制度等,这些政策和措施对切实保护耕地和保障粮食安全发挥了巨大的作用,但从实施效果来看,耕地数量减少、质量下降的趋势并未根本扭转。土地用途管制和耕地占补平衡等制度虽具有一定的强制性,但仅限于行政手段,它实质上是国家凭借其公权力以下达指标的形式限制耕地使用数量的一种计划管理的制度模式,这种制度单纯依靠人的主观意志确定耕地的市场供给数量,缺乏资源配置的效率,因此,要切实保护好耕地,还必须探究出符合中国国情的耕地长效保护机制,完善中国耕地的产权制度。

(3)耕地被过度非农化,且得不到合理补偿

目前,我国进入了城市化快速发展的阶段,城市迅速向郊区和农村蔓延,大量的优质耕地转化为建设用地。与此同时,通过征地导致的过度非农化和不合理补偿现象也屡见不鲜。由于国家法律对公益性质与非公益性质征地界定不明显,导致大量的征地并非都是用于公益设施建设,而农民在耕地被征收时,并未得到合理的补偿,政府仍按年产值的若干倍作为征地补偿标准,这显然忽视了耕地的社会价值和生态环境价值,且经济价值的计算也缺乏理论基础。同时,耕地转换为建设用地获得的巨大的增值,在运行操作中全部归政府所有,作为耕地所有者的集体经济组织并未得到相应的收益。

在征地过程中,"强制拆迁""暴力拆迁"导致农民集体与政府征地冲突日益加剧,群体性事件与恶性事件时有发生。

农民土地权益受损的现象频繁出现,造成失地农民的强烈不满,进而引致大量农民上访,从而影响社会的稳定。据国土资源报数据显示,2004年,关于土地问题的信访占全国信访中的40%,其中,有60%是关于土地征收问题的,可见,土地征收问题影响严重。失地农民失去了基本生产和生活保障,变成社会身份无所依托的"边缘人",就业困难、没有保障的新群体因此而出现,这将是破坏社会稳定的巨大隐患和阻碍经济发展的重大难题。

据专家计算,自改革开放以来,政府通过各种征地活动,从农民身上所获得的价格剪刀差将近5万亿元;据相关部门统计,2002年至今,我国征用了近亿亩耕地,有4000多万失地农民进入到"失业大军"的行列中;据调查显示,因失地造成生活十分困难,没有经济收入的农民占失地农民的60%。以上情况的出现正是各地促进快速城市化的同时,对失地农民的利益严重剥夺造成的,使得失地农民深深地陷入困境之中。相应地,在巨大经济利益的驱使下,农村集体经济组织和农民开始暗地进行土地交易违规操作,导致当前我国土地流转市场混乱不堪,土地利益提前透支,因此,创设耕地发展权制度成为现实的紧迫需求。

我国土地征收方面存在着制度缺陷及现实弊端,改革征收制度、界定征收目的、划定征收范围、确定补偿方案等势在必行,通过采用耕地发展权移转制度即利用市场机制补偿限制发展地区居民的损失,减少政府负担,移转土地发展权之后,限制发展地区居民对土地在其存留价值范围内进行综合利用,从而提高耕地利用效率。

(4)农地发展权研究受到关注

在耕地保护的任务日益艰巨、耕地保护的效果不尽理想、征地冲突事件频频发生的大背景下,农地发展权理论成为学术界关注的热点问题之一。国外建立的(农地)发展权制度,对保护耕地和生态环境都发挥了积极作用,且取得了很好的经济、社会和环境效益(王群等,2005)。但由于我国农地发展权制度的缺失,国内学术界对农地发展权的研究主要集中在基本理论问题方面,而对于发展权价格评估、发展权交易、发展权制度运行等方面则涉及很少,如何从农地发展权视角探索耕地保护机制,则是需进一步探索的理论问题。

耕地是农用地的精华,对保障粮食安全具有举足轻重的作用,我国人口众多而耕地形势严峻,因此保护耕地,提高广大农民耕种的积极性,始终是我国的头等大事,成为我国的基本国策与最严格的土地管理制度的核心内容。而我国正处于快速城镇化与工业化的关键时期,对建设用地的刚性需求大,农用地的非农化转变不可避免,因此在我国要全面地保护农用地是不现实的,但对耕地的保护无论怎样强调都不过分,因为这是我们的生命线。因此,耕地发展权的创设与实施,更加符合我国国情,更加具有现实意义与理论意义。所谓耕地发展权,是指这样一种权利:它赋予耕地发展权人由耕地改为其他用途的权利,耕地使用者只能按照依法取得的耕地用途使用土地,如要改变耕地用途必须取得耕地发展权。具体来说,耕地发展权的内涵包括狭义与广义两个方面:狭义的耕地发展权是指将耕地转变为建设用地的权利;广义的耕地发展权是指将耕地转变为最佳利用方式的权利和提高耕地利用强度的权利(任耀等,2010)。本项研究研究的是狭义的耕地发展权,且在多数情况下仅指转变为国有建设用地的权利。

1.1.2　研究意义

(1)有利于深化农地发展权理论及地价研究

我国的耕地保护以义务为本位,很难调动各利益主体保护耕地的积极性,且滥占乱用耕地的现象仍时有发生,鉴于此,国内学者纷纷展开了基于产权创新的农地发展权理论研究,这些研究主要集中在农地发展权的内涵、性质、归属、利益分配等基础理论研究上,对于耕地发展权的研究则尚未涉及。本研究以耕地发展权基本理论问题研究为基础,以耕地保护为归宿,着重研究耕地发展权价格评估和耕地发展权交易机制,以期深化农地发展权基础理论研究,并在一定程度上创新耕地保护机制理论。

目前,我国的地价理论主要集中于城市基准地价和宗地地价研究,农村土地价格理论虽有了一定进展,但研究不够深入,而耕地发展权价格研究既不同于城市地价,又不同于农村地价,但又与二者紧密联系。耕地发展权价格的评估研究将有利于现有地价理论的深化。

(2)为探索多元耕地保护机制提供新视角

目前,我国耕地保护制度有基本农田保护制度、耕地占补平衡制度和土地用途管制制度,并通过制定土地利用总体规划来实施,但由于这些制度主要依赖于行政手段,缺乏经济手段的支持,很难达到耕地保护的预期目标,而从物权角度引入产权优化配置资源理论,则可有效地解决这一难题。在我国创设耕地发展权,制定耕地发展权价格评估程序和方法,探索耕地发展权的交易机制,既可优化耕地产权配置和收益分配机制,也可激励农民保护耕地的积极性。

(3)为征地补偿标准提供新的理论依据

目前,我国的征地补偿标准普遍采用年产值的若干倍来作为补偿依据,但是这种补偿办法缺乏足够的理论依据,极大地损害了农民集体的利益。耕地发展权价格则可作为征地补偿的重要参照标准。耕地发展权价格即建设用地价值扣除耕地价值的增值额,这部分增值额通过合理分配后可确保国家和农民集体的利益。

(4)有利于显化耕地的无形价值

耕地的有形价值是指耕地的生产收益价值,即农民利用耕地生产的农作物所获得的纯收益。事实上,耕地除了自然生长功能外,还具有涵养水源、防风固沙、保持水土的生态保护功能及医疗、养老的社会保障功能和维护粮食安全的社会稳定功能。受目前的土地制度和土地市场发育不完善所限,这些无形的价值无法在经济上得到实现。通过耕地发展权价格评估研究,具体测算耕地经济价值以外的其他价值,有利于耕地的正外部性功能价值内部化,显化耕地的无形价值。

(5)强化土地利用规划的实施,促进城乡土地的合理利用

近年来,由于社会经济的发展,建设用地向城乡接合部蔓延的速度加快,土地利用总体规划及相关规划也不断修改调整,违反规划的现象时有发生。创设耕地发展权后,只有符合土地规划及相关规划的耕地才可出售耕地发展权,通过限制耕地发展权交易可强化土地利用总体规划及相关规划的实施,促进城乡土地的合理利用。

1. 2　国内外研究现状及其评述

目前,学术界对耕地发展权研究还很少,因此本研究的国内外研究综述主要围绕农地发展权进行描述。耕地发展权是农地发展权的子集,农地发展权理论的研究进展与耕地发展权研究进展联系紧密。

1.2.1　国外研究动态及其评述

国外对农地(土地)发展权的研究起步较早,并纷纷建立了农地发展权制度,有效地将理论和实践相结合,形成了丰富的研究成果。

英国成为最先建立农地地发展权制度的国家,它有效地建立了控制土地开发及"涨价归公"的机制。《城乡规划法》(1947 年)设立于其工党执政期间,首次提出了土地发展权,并规定国家拥有一切私有土地的发展权,土地所有者和使用者必须从政府购买土地发展权后,方可开发所拥有的土地,计算土地变更使用后的自然涨价作为土地发展权的价值(沈志远,2008)。

19 世纪末,美国为了管制土地开发的密度和容积率,从德国引进分区制度,并在此基础上,为了控制耕地非农化和保护生态环境,进而于 1968 年、1974 年分别建立土地发展权制度和土地发展权征购制度,土地发展权实际价值也从中体现出来。其土地发展权由土地所有者拥有,政府为保护自然环境等公共产品,便向土地所有者购买土地发展权,土地必须维持原用途,在此期间仍然由农民从事农业生产,如果要改变其用途,则必须向政府购回其土地发展权,这被定义为可购买的土地发展权(PDR)。美国还实行发展权转让制度(Transfer of Development Rights)(Fulton,et al. 2004),即土地所有者可让渡土地发展权,并因此得到相应的补偿,同时,转让地块上的发展权随即消失,受让地块的发展权由原有的和受让的相加存在。可转让的发展权包括用途、容积率与密度,其中主要是指容积率,它便于量化、计算和比较(杨明洪等,2004)。

John C. 等(1997)从供给—需求原理出发,探索设计可转移发展权制度。Valerie L. 等(1998)认为发展权转移的实现必须依靠土地所有权人转让的意愿,发展权价值来源于开发前后不同用途土地价值的差额。Patricia L. 等(2000)认为可转移发展权(Transferable Development Rights,简称 TDR)的客体主要体现在整个规划区的开发密度上,可转移发展权的实现基本由发送区、接受区、分离的发展权和发展权转移的程序等四个部分组成。Virginia M. 等(2000)对市场上可转移发展权进行了研究,总结了其相关特征,并将其制度在农村地区和城镇地区的运行效率进行了相互比较,结果显示前者较高于后者。Elizabeth 等(2003)从土地价格入手,运用资本化等理论和计量学等方法计算出土地发展权价格。秦周明等(2004)经过研究发现可转移发展权制度在抑制土地投机行为的过程中有较为明显的效果,在促进税收平衡等方面也有一定的作用。Kathryn A. 等(2005)研究表明:发展权的评估结果其准确度取决于是否有可靠的机制作为支撑。

法国土地发展权研究较英国和美国相对起步稍晚,但内容却更为深刻。法国于1975 年、1976 年分别颁布了《改革土地政策的法律》,修改了《城市规划法典》,规定其内容为:设置"土地干预区",建立经常性的先买制度,即政府为保护耕地、自然景观等社会公共产品等,有计划地扩大政府保留地范围;在基于建筑权的基础上,即建筑开发者向政府支付超额负担款就能超过上限进行建设,制定了"法定密度极限",即建筑权上限容积率限制,该限制采用建筑面积与土地面积之比即土地发展权率来控制,地方政府掌握超过容积率上限的建筑权(杜争辉,2007)。该规定类似于制定土地发展权,稳定了地价,确保了地方财政收入,消除了因规划限制导致土地所有者之间的土地发展权不公。

综述各国农地发展权研究动态,可以发现其发展的异同点为:(1)目的一致,农地发展权的设立都是为了限制土地用途,保护耕地、自然环境和文明古迹等公共产品;(2)原则不同,英国采取的是"涨价归公",基于公平的原则;美国采取的是"涨价归私",基于效率的原则;法国采取的是超过容积率上限限制的建筑权属于地方政府所有,基于公平优先,兼顾效率的原则。

国外农地发展权理论研究呈现出以下特点:其一,研究的范围比较广。不仅研究了农地发展权的基础理论,如归属和制度设计等方面,还包含了农地发展权价格评估研究、农地发展权转移研究和农地发展权与其他制度关系的研究。其二,研究的层次较深。国外的农地发展权及其制度的基础理论已经比较成熟,其研究逐渐向纵深发展,如如何细化农地发展权转移制度研究和价格评估等。其三,注意实证研究与理论相结合。由于西方各国早已建立了农地发展权制度,西方学术界通过对制度产生的一系列问题进行了针对性地研究,具有较强的现实意义。

1.2.2　国内研究现状及其评述

国内土地(农地)发展权研究起步较晚,始于20 世纪90 年代,国内学者从法学、经济学等角度对土地发展权进行理论研究和探讨,目前尚处于初级研究阶段,研究重点主要集中在土地发展权的定义、特征、权利归属、利益归属、价格估算方法、流转机制等方面,而对耕地发展权的研究还刚起步。

(1)土地(农地)发展权定义

沈守愚(1998)从法学的角度将土地变更为非农用地的变更权定义为土地发展权。胡兰玲(2002)把土地发展权定义为在土地利用上进行再发展的权利,包括高空和地下建筑权以及地上开发权。万磊(2005)从资源利用角度出发定义土地发展权为改变原有的土地利用形式,进行再开发的权利。王万茂等(2006)从变更土地用途及改变现状土地集约度的权利方面定义土地发展权,其中包括农地发展权和市地发展权,农地发展权是指农村集体农用地被征收为国有建设用地或转变为农村建设用地以及国有农用地转变为国有建设用地等三种情况。周建春(2007)将土地改为最佳利用方向的权利定义为土地发展权,又称土地开发权,并且狭义定义其为农(耕)地变更为建设用地的权利。

(2)土地发展权的特征

范辉等(2005)指出土地发展权的特征有:①具有排他性;②具有增值性;③权力本身是潜在的,其行使过程具有瞬间性;④具有可转移性。

汤芳(2005)提出土地发展权的特征是:①具有不动产性,源于其客体的特征;②具有客观存在性;③具有土地产权的特性;④具有预期收益性,并且土地权益的获利会随着时间的先后以及用地性质和用地环境的变化而发生变化;⑤具有不确定性,源于权力发生的未来性;⑥具有紧密性,表现在与土地产权制度和土地流转市场的关系上面。

(3)土地发展权权利归属

主张土地发展权收归国家所有:

沈守愚(1998)主张土地发展权是一项属于国家专有的排他性的财产权利,依法取得土地使用权的单位或者个人,必须向国家购买土地发展权,并且对农村集体和农民进行合理地补偿。胡兰玲(2002)在公平原则指导下从促进全社会共同分享公共利益的角度来进行主张。王万茂等(2006)主张土地发展权由国家所有,主要考虑到土地发展权的权源及其特征、价格估算和市场运作、公共产品供给与公共治理等因素。范辉(2006)运用微观经济学假设分析,指出为促进耕地的保护、城市用地规模扩张的控制以及对征地权滥用的预防,土地发展权应归属于国家所有。钱安桉(2008)通过土地制度、社会制度、法律制度等方面结合我国实情分析土地发展权应当归属于国家。

主张土地发展权归土地所有者所有

陈平(1999)主张限制发展地区的农地发展权由国家收购并且对其进行经济补偿,间接表明农地所有者拥有农地发展权。黄祖辉等(2002)认为土地发展权分别通过由公共利益和非公共利益的产生而引起的征地行为来实现,非公共利益性质的征地行为对土地发展权的剥夺对象是农民和农村集体。刘鹏凌等(2004)以调查问卷的方式对安徽省12家农户进行抽样调查,发现农民对实际意义上的土地发展权已有一定的认识,坚称土地发展权应归自己所有。雷寰(2005)考虑到对失地农民权益的保障,指出应该由农民拥有农村土地发展权。周建春(2005)主张国家取得国有土地的发展权,农村集体取得农村集体土地的发展权,但他同时认为农村集体和国家应当合理分享增值收益。

主张土地发展权由国家、农民和农村集体经济组织共同所有

杨明洪等(2004)认为土地发展权是一项子权利,从属于土地所有权权利束,具有物权的属性,但目前农村集体土地发展权是被限制的,农民采取各种抗争形式来享受土地发展权的收益。季禾禾(2005)主张采取资金量化的办法来确保国家行使土地发展权时农民也能通过社会生存保障体系的模式实现权利共享。万磊(2005)从税收调节的角度分析,农村土地发展权归属于农民的同时,国家采取税收政策来实现其权利。

(4)土地发展权收益归属

王小映(2000)主张土地"涨价归公",认为我国为了保护农用地,控制农用地转用数量,实行农用地转用并且统一征收的制度,其过程中的发展权收益应当由社会全体成员共同分享。

杜新波(2002)认为各级政府为了协调因土地利用规划造成土地发展权分配不均所导致的地区与地区之间、城市与农村之间、两个或多个村集体经济组织之间的利益差距,政府可以在土地发展权收益中分享一定的比例,或者通过征收土地增值税来平衡收益差距,尤其是市、县、乡政府。

高勇(2004)的观点是土地发展权收益中的级差地租Ⅰ部分由土地所有者所有,级差地租Ⅱ部分归土地所有者和征地者共同分享。

周诚(2006)主张实行"公私兼顾"制,否定了单纯"涨价归公"或"涨价归农"的理论,从土地自然增值产生的根源出发,分析出国家、政府、农村集体经济组织及农民应当合理分配土地发展权收益。

王万茂等(2006)指出土地发展权收益包括"自然增值""人工增值""规划增值"三个部分,第一部分应归其所有者所有;第二部分应归农民所有;第三部分又分为用途转换增值和区位增值,前者归农民所有,而后者则是由社会全体成员共同参与分享,包括农民。

（5）土地发展权价格内涵及评估方法

王小映（2003）定义土地发展权价格为在符合土地利用规划和土地用途管制制度的前提下转换土地用途的过程中所导致的由不同土地用途之间的价格差异所形成的土地增值。

孙弘（2004）从土地发展权价格形成机理的角度出发，研究出区域位置、土地类型及建筑容积率是影响土地发展权价格的三个主要要素，指出土地发展权价格是指变更土地用途后所造成的土地预期纯收益的增量。

汤芳（2005）基于土地估价方法与理论，指出土地发展权价格是指更改土地用途形成的产权市场均衡价格，其具体公式为：土地发展权价格＝市地价格－开发总成本（从生地变为熟地）－土地原有价值。

（6）土地发展权流转机制

张安录（2000）主张国家对土地发展权进行完整清晰的界定，在认可土地所有权与发展权相分离的情况下，创造土地发展权供需市场交易机制，让其受市场充分支配和调整，并构想出可转移发展权市场运作模式。

刘新平、韩桐魁（2004）指出建立土地发展权流转机制符合市场经济的要求，不再会出现行政手段的硬性要求对地区经济发展的束缚现象，这更有利于保护自然生态，加强土地适度开发，落实土地用途管制制度以及优化配置土地资源等。

综述以上国内土地发展权研究动态，可以发现：在学习国外土地发展权研究成果的基础上及肯定我国土地发展权设置必要性的前提下，国内学者针对我国国情对土地发展权的理论研究取得了一定的成果，但关于土地发展权的实践部分尚处于初级阶段，例如定价模型和流转机制。

（7）耕地发展权方面的研究现状及其评述

在我国提出耕地发展权并进行研究是近十余年的事情，截至2017年8月末，分别以"耕地发展权"为篇名、关键词和主题，在中国知网（www. cnki. net）中国学术文献网络出版总库进行跨库检索，分别查到13、11、30篇文献，其中属于本研究组的成果分别为3、3、4篇。特别是作者在2009年提出耕地发展权的系统研究构想以来（毛德华，2009），研究文献才逐渐多起来。

黄贤金等（2003）界定耕地发展权主体为耕地所有者，农村集体耕地发展权主体是农民集体，而非国家。

周建春（2005）定义耕地发展权为将耕地改为最佳利用方式的权利，因存在将耕地改为建设用地的大量现实案例，因此，也可狭义定义其为耕地改为建设用地的权利。耕地发展权价格源于耕地改为其他最高、最佳土地利用时的增值，计算耕地发展权价格的前提是农业生产处于正常的生产条件下，但由于土地面积、位置、生态景观等条件的差异,耕地发展权价格也会不同。他先计算耕地发展权纯收益,再以还原利率来还原成耕地发展权价格,其计算公式为:

$$R_3 = R_b - R_a \tag{1-1}$$

式中,R_3 表示耕地发展权纯收益;R_b 表示耕地转为建设用地的年纯收益;R_a 表示耕地作为农业生产资料的年纯收益,即土地等生产要素能够自由流动,农业生产者和土地所有者能够获得正常的利润和地租。

张志等(2009)指出准确评估一宗耕地的发展权价格并不难,难的是要准确评估出某个区域、城市、省份甚至全国所有耕地的发展权价格。耕地发展权价格与该地块的最佳用途、被征收的耕地当前用途的年收益、折现率、获取耕地净收益的年限等因素密切相关,耕地属性的差异直接导致耕地发展权价值的区别,例如,在其他条件相同的情况下,边远贫困地区耕地的发展权价值就比城镇郊区耕地的发展权价值小很多,因为前者受城镇经济影响较小。他认为耕地发展权价格的计算公式是:

$$P = \int_0^\infty (H - F) e^{-rt} dt \tag{1-2}$$

式中,P 表示耕地发展权价格;H 表示该土地的最佳用途商业用途——年收益;F 表示被征用的农业用地当前用途年收益;r 表示折现率,以 2004 年一年期定期存款利率的 2.25% 为例计算;t 表示获取土地净收益的年限,因为农民对土地拥有无限的使用年限,则 t 可以趋向于无穷大(当农用地不改为建设用地时)。

毛德华(2009)指出在我国创设耕地发展权更具现实意义与理论意义,并提出了系统的研究构想。

任耀(2010)首次对耕地发展权进行了较系统的研究,包括耕地发展权基本理论问题的研究(耕地发展权的内涵、与农地发展权的异同、特性、权利束及其归属、收益分配等)(任耀等,2010),重点论述了耕地发展权价格估算方法,并且在此基础上,建议从交易类型、方式、程序等方面完善耕地发展权的市场交易机制。任耀(2010)根据耕地发展权的内涵,以及土地开发费用和利润不属于耕地发展权价格的范畴,指出耕地发展权价格的估算采用差值法,即建设用地价格与耕地价格、土地开发费用、利润三者之和的差额。

王荧(2012)指出我国耕地发展权由新增建设占用耕地指标、基本农田保有量指标、补充耕地量指标等 3 个子权利构成,因此我国完整的耕地发展权交易市场应该由这 3 个子权利各自的交易市场共同构成,并探讨了各子权利市场的交易机制。

李敏飞等(2013)通过构建经济学数量模型分析了我国可交易耕地发展权制度创新后的耕地资源配置的经济效率,认为在引入市场交易机制的创新下,耕地资源可实现最优配置效率。

(8)耕地价格评估研究方面

耕地价格评估是耕地发展权评估的重要内容。20世纪初中国农村盛行依据土壤质量评价耕地价格的方法,德国农业经济学家 Krafft Falke 认为耕地价格的评估取决于对耕地生产力的评定,此方法的主要思路是:对影响耕地生产力的因素赋值,例如土壤肥力、耕作层深度、含水量、耕作难易度、抗逆力等因素,按照耕地的总分值测算出当地最理想耕地价格的百分比,进而计算出耕地价格。

运用收益还原法评估耕地价格时,我国常出现耕地纯收益为负值的情况,于是,有学者主张先测算出理论上正常市场条件下耕地理论的产出和生产成本,然后求出两者之间的差额,再以正常市场利率进行还原即得出耕地价格。

贺锡苹等(1994)介绍了四种耕地价格评估方法,即收益还原法、收益倍数法、市场比较法和标准田法,在实证研究中运用了收益还原法和收益倍数法对我国耕地价格进行了评估。

黄贤金(1997)对我国1993年耕地资源价格进行了评估,基本思路是:从作为农业生产资料的耕地总产值中扣除生产总成本,就可得到耕地的土地纯收益;再运用收益还原法和总收益倍数法,分别求出全国耕地价格;最后从耕地的稀缺程度和潜在生产能力的角度出发,用各农区耕地潜在经济产量当量值标准修正系数对两种方法的测算结果分别进行修正,从而计算出各农区的耕地价格。

谷树忠(1999)运用收益法评估了全国和山东省的耕地价格,其重点体现在:耕地资源的价格就是耕地作为农业生产资料时的价格,是农业产品总收益扣除生产总成本后的纯收益的资本化价值。

周其仁(2002)根据国家统计局1993年公布的数据对单位耕地面积价格进行了测算,其估价方法是:以地租率占农业总产值的比例计算1992年地租总额;以农村个体户一年期贷款率扣除物价指数求出利率水平,以此为土地还原利率;运用收益还原法评估耕地总价值,以耕地总面积为基础,计算单位耕地价格。

2003年,国土资源部编制并发布了《农用地估价规程》,规程中提到耕地估价与城镇土地估价的区别是:它既有对耕地所有权价格的评估,也有对耕地使用权价格的评估,与我国国情相对应的还有对耕地征用的价格评估,征地价格评估突破了现行的收益还原法。由于耕地纯收益很小甚至是负值,将它资本化后求出的耕地价格无法保障农民失去耕地后的正常生活,作为农业生产资料的耕地,对农民更具有社会保障功能,因此,除生产收益价格外,还应该计算耕地社会保障价格,征地价格的底线就是要满足当地人们的最低生活保障。

周建春(2005)重新定义了耕地产权,对耕地价格也有了新的认识,认为耕地价格不仅包括耕地作为农业生产资料的价格、农民的生存保障权价格和耕地发展权价格,此外,当耕地所有权发生转移时,国家耕地粮食安全权和生态安全权也随之转移,因此,还应包括耕地的国家粮食安全战略价格和国家生态安全价格,并指出征地补偿应逐步体现耕地各产权价值(周建春,2007)。

目前我国耕地发展权制度尚未建立,借鉴国外土地(农地)发展权制度的运行模式,我们所要考虑的主要问题是:耕地发展权如何定义,权利束界定与利益及其归属问题如何解决,耕地发展权价格如何合理确定以及耕地发展权交易机制如何建立等方面。其中耕地发展权价格评估研究中最核心的部分就是对耕地价格的估算,本研究将在上述耕地价格评估研究动态的基础上进一步创新评估方法。

1.3　研究内容

1.3.1　耕地发展权理论研究

创设耕地发展权的理论依据,界定耕地发展权内涵,研究耕地发展权特点、权利种类、功能、与其他权利的关系、权利归属、利益归属等,丰富了耕地发展权的研究内容。

1.3.2　耕地发展权价格评估方法及其实证研究

根据耕地发展权的内涵,采用差值法评估耕地发展权价格,即:耕地发展权价格=市地价格−耕地价格−土地开发费−利润−利息。

本研究探讨了两类耕地发展权价格的评估方法:一类是从耕地发展权价格构成要素的角度进行评估;一类是从多指标体系综合评价的角度进行评估。从价格构成要素的角度进行评估的思路是:从耕地的功能来分析耕地的价值(价格)构成,耕地的价格包括耕地生产收益价格、耕地社会保障价格、耕地社会稳定价格与耕地生态服务功能价格;耕地转化为建设用地的类别主要为商业用地、住宅用地和工业用地;另外耕地的质量也有差别;本研究从耕地价格—耕地潜在市地价格—耕地发展权价格的评估思路,构建了不同级别耕地转化为不同城镇土地用途及整体的耕地发展权价格的评估方法,并以长沙市为例,进行了实证研究。

从多指标体系综合评价的角度进行评估的方法是:根据影响耕地价格的因素构建耕地价格评估的多指标体系,采用模糊综合评判法和改进的三标度层次分析法评估耕地价格。由于模糊综合评判法评估的结果是一个综合的等级,如何把综合等级转换为具体的价格是本研究方法的创新点之一,而模糊综合评判法的巧妙运用便是创新中的核心部分。市地价格数据采用资料查询法获取;土地开发费是指土地开发程度达到"五通一平"的费用,是根据全国单位面积土地开发费用和当地的土地开发费用并考虑物价指数的变化来确定;而利润是采用成本利润率计算而来;利息是利用年贷款利率得出的。以湖南省为例,进行了实证研究。本方法为大范围耕地发展权价格评估提供了切实可行的方法,有助于解决大范围耕地发展权价格评估粗略的问题(周建春,2005;张效军,2006)。

1.3.3　耕地发展权交易机制设计研究

以耕地保护为归宿,以耕地发展权价格评估为基础,探索了耕地发展权的交易机制设计。耕地发展权的交易机制设计确定了耕地发展权交易的主体、类型与方式、交易运行机制、交易规则和交易程序,为了确保制度的可行性,还要确定制度的实施保障措施。耕地发展权的交易机制设计可有效地保护耕地,实现土地资源的市场优化配置。

1.4　研究方法与技术路线

1.4.1　研究方法

(1)比较研究方法

农地(土地)发展权制度在英美法等西方国家有着丰富的研究成果,在我国,它只是隐含在土地相关的法律法规中,并未真正地显现出来,我国对这方面的研究还处于初级阶段,因此,我们要借鉴国外的成功案例,同时,也要进行对比研究,探索出适合我国国情的耕地发展权制度。

(2)文献研究方法

目前我国关于耕地发展权研究方面的文献资料甚少,但土地(农地)发展权方面的理论研究涉及面还是比较广泛的,本研究主要参考土地(农地)发展权已有的研究成果,在此基础上主要针对耕地发展权价格评估方法进行一定的探索和创新。

(3)定量分析与定性分析

本研究对耕地发展权的理论依据、基本理论问题的研究等内容采用的是定性分析,在此基础上,对耕地发展权价格的评估采用了多种定量分析方法,除创造性地运用各种价评估方法外,关于生态环境价格的评估还运用了有关生态经济学的方法;还采用了模糊综合评判法和改进的三标度层次分析法从多指标体系综合评价的角度评估了耕地价格等。

1.4.2　研究的技术路线

本研究技术路线如图1-3所示。

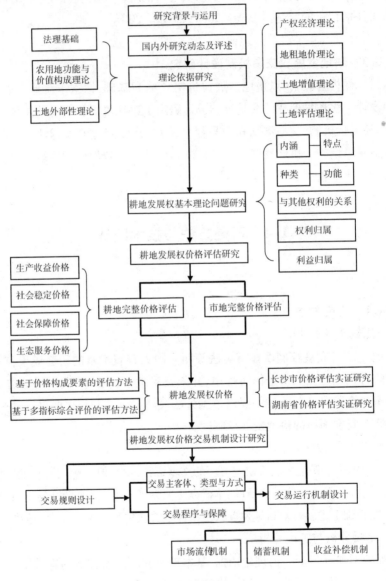

图1-3　技术路线图

Fig. 1-3　Technology roadmap

本研究首先介绍了耕地发展权的研究背景及研究意义,综述了国内外关于土地(农地)发展权、耕地发展权的研究现状,概括了与耕地发展权相关的理论依据,在此基础上,分析了耕地发展权的内涵、特征、归属及收益分配方式,并以农用地价值构成理论、市地评估方法理论、多指标综合评价方法等为基础对耕地发展权价格评估进行了理论和实证研究,以耕地保护为归宿,以耕地发展权价格评估为基础,探索了耕地发展权的交易制度设计问题。

1.5 主要创新点

(1)提出创设耕地发展权是切合我国国情的重大社会需求,较系统地研究了耕地发展权的基本理论问题,深化了农地发展权的理论;从权属、权能细分的角度分析了耕地发展权的归属,使原有的农地发展权归属理论进一步深化和细化。

(2)在耕地发展权价格评估中,不局限于具体宗地的价格评估,而是从整体空间角度估算各级别的耕地发展权价格,解决了耕地发展权价格评估的难点问题,并为具体宗地的价格评估提供了思路。

(3)在基于价格构成要素的评估方法的基础上,具体思路与方法有一定的创新。首次采用模糊综合评判法和改进的三标度层次分析法从多指标体系综合评价的角度评估耕地价格,创造性地解决了把评价等级结果转化为具体价格的方法。

(4)耕地发展权只是一种潜在的未行使的权利,耕地有转化为商业用地、住宅用地和工业用地的可能性,所以对于每一块耕地都有三种耕地发展权的对应价格,因此,本研究将耕地发展权价格分为发展为商业用地的耕地发展权价格、发展为住宅用地的耕地发展权价格和发展为工业用地的耕地发展权价格。

(5)在耕地社会稳定价格评估理论方法的介绍中,提出了土地稀缺性价值的概念,并指出耕地的社会稳定价格除包含耕地开垦费和土壤培肥费外,还应包含土地的稀缺性价值。

(6)依据资产价值理论提出了耕地发展权的储蓄机制说,创造性地解决了国家无力购买耕地发展权的经济难题,并提出了耕地发展权交易机制及其设计规则。以往的耕地保护基本采取行政强制政策与措施,满足了参与相容性,是被动的;耕地发展权及其交易,利用市场机制来保护耕地与生态环境,满足了激励相容性,增强了保护主体的主动性与积极性,具有重要的理论意义与实际意义。

第2章

耕地发展权研究的理论基础

2.1　法理基础

我国目前的法律中尚未有"耕地发展权"这一概念,但有关于土地用途管制、土地征收等相关的法律法规中隐含着"耕地发展权"的概念,它便是"耕地发展权"的法律渊源,具体反映在:宪法、民法、物权法、土地管理法、房地产管理法等法律法规中。

在我国,限制建设区与禁止建设区所导致的土地财产权价值的巨大差异,无疑表明了耕地发展权的存在,而土地征收"转权让利"的安排和土地用途管制制度的实施均体现出"耕地发展权国有"的观念,无论是国有土地还是集体土地,其土地使用者都不具有任意更改土地用途的权利,而是必须按照现状或者规划的用途进行使用,农村集体土地还没有建立相应的流转机制,只能通过土地征收的方式转为国有土地之后才能进行流转,而且土地用途管制制度的实施以及《基本农田保护条例》等相关政策的出台主要是为了保护基本农田、保护耕地,因而,农村集体土地的所有权并非完全收归农民和农村集体经济组织所有,而是受到国家和政府所颁布的法律法规和政策的限制和制约。

耕地发展权是客观存在的,尽管现行的法律法规没有明确的相关条文规定,但依然存在与土地发展权理论研究相关联的法律法规,见表2-1。

表 2 - 1 与耕地发展权相关联的法律法规基础

Table **2 - 1** The foundation of the laws and regulations associated with

cultivated land development right

法律法规 名称	相应条款	具体内容
《宪法》	第六条第一款	"中华人民共和国的社会主义经济制度基础是生产资料的社会主义,即全民所有制和劳动群众集体所有制。"
	第十条第三款	"国家为了公共利益的需要,可以依照法律规定对土地实行征收或者征用并给予补偿。"
	第十条第五款	"一切使用土地的组织和个人必须合理利用土地。"
《中华人民共和国民法通则》	第七十一条	"财产所有权是指所有人依法对自己的财产享有占有、使用、收益和处分的权利。"
	第七十二条	"财产所有权的取得,不得违反法律规定。按照合同或者其他合法方式取得财产的,财产所有权从财产交付时起转移,法律另有规定或者当事人另有约定的除外。"
	第八十条	"国家所有的土地,可以依法由全民所有制单位使用,也可以依法确定由集体所有制单位使用,国家保护它的使用、收益的权利;使用单位有管理、保护、合理利用的义务。土地不得买卖、出租、抵押或者以其他形式非法转让。"
	第八十三条	"不动产的相邻各方,应当按照有利生产、方便生活、团结互助、公平合理的精神,正确处理截水、排水、通行、通风、采光等方面的相邻关系。给相邻方造成妨碍或者损失的,应当停止侵害,排除妨碍,赔偿损失。"

续表

法律法规名称	相应条款	具体内容
《中华人民共和国物权法》	第四十二条	"为了公共利益的需要,依照法律规定的权限和程序可以征收集体所有的土地和单位、个人房屋及其他不动产。征收集体所有的土地,应当依法足额支付土地补偿费、安置补助费、地上附着物和青苗的补偿费等费用,安排被征地农民的社会保障费用,保障被征地农民的合法权益。"
	第四十三条	"国家对耕地实行特殊保护,严格限制农用地转为建设用地,控制建设用地总量。不得违反法律规定的权限和程序征收集体所有的土地。"
	第一百一十七条	"用益物权人对他人所有的不动产或者动产,依法享有占有、使用和收益的权利。"
《中华人民共和国土地管理法》	第二条第三、四款	"任何单位和个人不得侵占、买卖或者以其他形式非法转让土地。土地使用权可以依法转让。""国家为了公共利益的需要,可以依法对土地实行征收或者征用并给予补偿。"
	第四条	"国家实行土地用途管制制度。国家编制土地利用总体规划,规定土地用途,将土地分为农用地、建设用地和未利用地。严格限制农用地转为建设用地,控制建设用地总量,对耕地实行特殊保护。"
	第三十一条	"国家保护耕地,严格控制耕地转为非耕地。""国家实行占有耕地补偿制度。"
	第三十四条第一款	"国家实行基本农田保护制度。"
	第四十四条第一款	"建设占用土地,涉及农用地转为建设用地的,应当办理农用地转用审批手续。"
	第四十七条	"征收土地的,按照被征收土地的原用途给予补偿。"

法律法规名称	相应条款	具体内容
《中华人民共和国城市房地产管理法》	第十三条	"土地使用权出让,可以采取拍卖、招标或者双方协议的方式。商业、旅游、娱乐和豪华住宅用地,有条件的,必须采取拍卖、招标方式;没有条件,不能采取拍卖、招标方式的,可以采取双方协议的方式。采取双方协议方式出让土地使用权的出让金不得低于按国家规定所确定的最低价。"

表2-1所示的法律法规内容是针对我国尚没有建立耕地发展权制度的现状,隐含对客观存在的"耕地发展权"所做的制度安排:

(1)土地用途管制制度的实施和基本农田保护政策的落实限制了相关利益主体对耕地发展权的行使;

(2)土地征收制度的设立制约农民和农村集体对耕地发展权收益的分享;

(3)国家通过招标、拍卖和挂牌等土地出让方式出售土地使用权,土地使用者在规划许可及开发许可的情况下,购买土地使用权的同时也购买了土地发展权;

(4)土地使用者在依法取得耕地发展权后必须遵照合同的约定内容行使权利和履行相关义务。

2.2　农用地功能与价值构成理论

2.2.1　农用地功能

农用地的功能包括生产功能、社会保障功能和生态环境功能。

农用地是农作物尤其是粮食的生产资料和劳动对象,具有生产功能,为人类提供粮食及其他食物。农用地是人类赖以生存的农作物吸取营养的主要源泉,是农作物正常生长发育不可缺少的水分、养分、空气和热量的供应者与调节者。

农用地的社会保障功能首先体现为养老保障功能,当农民有劳动能力时可以维持耕种者的生活,当农民失去劳动能力时,则可将其农用地出租给其他农民,以确保老有所养。同时,农用地还具有承载功能、蓄积和增值功能等,这些功能可为农民提供为就业保障、医疗保障等;此外,农用地还具有财产继承保障功能。

农用地的社会保障功能还指农用地具有保障国家粮食安全的功能,由于我国的粮食安全关系着国内的社会稳定和世界粮食市场的稳定,为确保粮食安全,我国实施了世界上最严格的农用地保护政策。

农用地具有有效维护生态环境安全的生态保护功能。农用地作为一种土地资源,直接参与着生态系统物质能量的转换,是一种最基本的自然生态环境要素。农用地作为绿色植物的生产者,具有吸收二氧化碳制造氧气的净化空气功能。农用地上作物根系可涵养水源并有效防止土壤侵蚀。

2.2.2 农用地的价值构成

对应于农用土地的功能,农用地价值应该包括自然质量价值(即生产经济价值)、生态环境价值、社会价值三个组成部分,这基本上已经达成了共识。

农用地的自然质量价值体现的是农用地在一定的光、温、水等自然条件和技术条件下,通过农业生产活动所能获得的直接经济效益,体现了农用地的生产功能,其对应的是农用地自然质量价格,这正是我国现行农用地估价中最常见的农用地评估价格——农用地基准地价。

农用地社会价值主要指农用地的社会保障功能和社会稳定功能所产生的农用地社会保障价值和农用地社会稳定价值。农用地社会保障价值指农用地本身具有的养育功能、承载功能、蓄积和增值资产功能可以转化为农民的养老保障、就业保障、医疗保障和财产继承的可靠手段。农用地具有的社会保障功能决定了农用地具有社会保障价格。社会稳定价值是指农用地为社会提供粮食安全作用而产生的社会稳定功能所具有的价值。我国是世界上人口最多的国家,保障国家粮食安全是经济发展、建设的最基本的条件,农用地的这种社会稳定价值决定了农用地具有社会稳定价格。

农用地生态环境价值指农用地及其上的植物构成的生态系统具有的生态价值,包括调节气候、净化与美化环境、维持生物多样性等方面的价值。

综上,农用地的价值包括农用地的自然质量价值、社会价值和生态环境价值。由于农用地处于一个复杂的社会经济环境的开放空间之中,除了受农用地系统自身影响以外,还受到与之密切相连的社会、经济、文化等外部环境因素的影响,所以要将农用地系统内部和外部对农用地价值的影响作为一个整体进行综合考虑,农用地的价值应为农用地社会经济环境总价值,即农用地的完全价值。

2.3　地租地价理论

地租是直接生产者在农业(或其他产业)中所创造的生产物被土地所有者占有的部分,是土地所有权借以实现的经济形式(全国土地估价师资格考试委员会,2004)。

马克思在科学的劳动价值论、劳动剩余论以及科学的利润理论和生产价格理论的基础上,对资本主义社会的地租进行了深入分析,指出资本主义地租是以资本主义土地私有制为前提的,是土地所有者凭借土地所有权不劳而获的收入,其特点在于所有权和使用权的分离。马克思将地租分为级差地租、绝对地租、垄断地租、矿山地租和建筑地段地租,其中级差地租、绝对地租和垄断地租是地租中最重要的三种形式。所谓级差地租是指租用较优土地所获得的归土地所有者所占有的土地超额利润,它来源于农业个人创造的剩余价值,即超额利润。级差地租存在两种形式,即级差地租Ⅰ和级差地租Ⅱ。级差地租Ⅰ是指农业工人因利用肥沃程度高和位置较好的土地所创造的超额利润而转化的地租;级差地租Ⅱ是指对同一地块上的连续增加投资,使各次投资的生产率不同而产生的超额利润转化的地租。绝对地租是指土地所有者凭借土地所有权垄断所取得的地租,绝对地租不是平均利润的一部分,而是农产品市场价格高于生产价格的余额。垄断地租是由产品的垄断价格带来的超额利润而转化成的地租,垄断地租不是来自雇佣农业工人创造的剩余价值,而是来自社会其他部门工人创造的剩余价值(马克思等,1975)。

马克思土地价格理论认为土地不是劳动,没有价值,因此土地价格有别于一般商品的价格,一般商品的价格是价值的货币表现,而土地价格是资本化的地租。土地价格不是土地的购买价格,而是土地所提供的地租的购买价格。土地价格高低取决于可以获取预期土地收益(地租)的高低。马克思的地租、地价理论是根据资本主义的历史条件总结出来的,但仍适应社会主义社会,理由有:①社会主义制度下,形成级差地租的客观物质条件仍然存在,即土地质量差异和土地位置差异存在的客观性并不以具体的历史条件为转移。②级差地租的社会经济条件仍然存在。我国目前实行的是土地所有权和经营权分离的土地产权制度,农地承包经营者对农地形成了经营上的垄断。由于土地的差异和经营权的垄断形成的级差收入势必转化为级差地租。

土地所有权的垄断和土地的稀缺性是产生地租的根本原因。马克思的地租地价理论为量化土地的价值提供了理论基础,地价的计算应以地租作为基础,因此准确合理的地租是土地价格的客观反映。

2.4 土地外部经济理论

外部经济理论又称外部性理论,是研究外部经济性活动对福利的影响以及如何限制或利用这些影响的理论。外部经济理论是指一个生产者或消费者的生产和消费活动对其他生产者或消费者所附带产生的成本或效益的情况,它有正的外部经济和负的外部经济之分。正的外部经济是指一个生产者或消费者的生产和活动使其他社会成员无须付出代价而得到好处;负的外部经济则指一个生产者和消费者的生产和活动使其他社会成员蒙受损失而不给予补偿。这种理论认为,在自由竞争的市场中,私人生产成本和社会生产成本、私人经济福利和社会经济福利并不完全吻合,自由放任的经济政策不能消除外部不经济现象,政府必须对市场进行适当干预。20 世纪 70 年代以前的外部经济理论由马歇尔和庇古创立,随后奈特、杜生贝、鲍莫尔、西托夫斯基和米德等福利经济学家作了补充和发展,其基本内容和特点有:①给出外部经济的定义、类型,认为外部经济是生产函数相关依赖的结果。②普遍采取比较静态的、局部均衡的分析方法,并运用了帕累托一般均衡分析中的最佳概念。③研究外部性与财产权的关系,认为财产权确定对解决外部性有重大意义,"界定产权的一个主要功能就是提供激励,引导人们将外部性更完全地内部化"。(Demsetz,1967)④以某种经济活动的社会影响和个人影响之差来计算外部性。70 年代后的外部经济理论提出了非稳定情况下外部性问题和一些与生产力发展有关的问题,特别是有关环境污染所造成的损失及其补偿费用的计算问题,丰富了外部性理论。

外部经济现象是经济活动中一个普遍的问题。在我国,外部经济现象表现在许多方面,土地利用便是一种具有外部经济现象的经济活动之一。土地资源可以产生经济效益、生态效益和社会效益,与此相适应,土地资源具有经济效益收益、生态效益收益和社会效益收益,因此,土地价格在价值上应表现为经济效益收益价格、生态效益收益价格和社会效益收益价格之和,但目前土地使用者所获得的实际收益只有经济效益收益和极小部分的生态效益收益和社会效益收益。依据外部经济理论,耕地由于其生态效益收益价格和社会效益收益价格不易把握,耕地使用者在耕地利用的过程中所产生的生态效益和社会效益等正外部性效益被其他的社会主体所获得却得不到相应补偿,耕地的完整价值也无法实现,所以耕地价格的评估在对经济价值进行评估的同时,还应对耕地的生态价值和社会价值做出评估,使耕地的正外部性内部化。

2.5 产权经济理论

产权经济学理论基础是产权理论,产权是指人们获得的对资源和物品的占有、使用、处分和收益的权利,它通常以一个权利束的形式依附于某一资源或者物品之中,分配给不同的主体。产权描述的并不是人与物之间的关系,而是通过物的存在和使用来反映人与人之间被允许的行为关系。

产权包括三个内容:(1)主体,即谁拥有权利。产权的主体可以是任何自然人或企业法人。(2)客体,即权利所指的对象。产权的客体可以是有形资产,也可以是无形资产,机器、厂房、土地、知识、劳动、技术等都可以成为产权的客体。(3)权利包括的内涵,即主体对客体所具有的法定的权利和履行必要的义务。

土地产权指与土地财产有关的一切权利的总和,可以分散拥有,也可以完全拥有,当完全拥有时它们就表现为一个"权利束"("权利束"(A bundle of rights)就是对它的描绘,是指一系列权利)。正如其他财产权一样,它产生的前提条件就是必须经过法律允许,这样才会得到法律保护。

土地产权的基本特性包括(陆红生,2002):

(1)具有排他性,即土地产权主体可以是单位个体,也可以是多个个体或集体,但是,主体会排斥其他任意非主体对该土地的权利;

(2)客体必须有价值并且具备可占用性,只有可以被占用且给人们带来收益的土地才能成为土地产权客体,难以利用或无法利用的土地是不能视为财产的;

(3)土地产权必须依照法定程序办理产权登记,才能得到法律的承认和保护,任何通过非法途径获得的土地权利都是非法占用权;

(4)具有相对性,土地产权并非绝对的权利,必须符合法律法规的规定和认可,必须受到社会和国家权力机关的管理、控制和约束。

美国经济学家科斯是研究产权经济学的代表人物,他提出了著名的科斯定理,其内容为:(1)假设交易费用为零,那么无论如何初始配置权利,当事人之间的谈判只会促使安排财富最大化;(2)假设交易费用不为零,交易费用的存在会影响权利的不同配置,同时造成资源的不同配置;(3)假设交易成本不为零,认为政府能够对初始权利进行最优选择,福利得以改善,这比在私人与私人之间利用交易对初始权利配置进行纠正来说更优,福利改善更大。因此,设置产权制度为资源配置优化奠定了基础,明晰产权为进行市场交易提供了前提条件。

科斯定理包括科斯第一定理、科斯第二定理和科斯第三定理(Coase R. H.,1959,1960;Cooter et al.,1982),前面两部分是在假设产权初始界定清晰的基础上来分析,而第三部分是假设政府可以通过低成本来判定和比较因权利的不同而对福利造成的不同影响,借此对不同权利进行公平、公正地界定,并以此论证产权界定的明晰程度与经济效率之间的联系。科斯的观点是:一旦产权明晰,若交易费用为零,无论在开始时将财产权赋予谁,经济行为主体之间的交易行为都可以有效地解决外部性问题;市场交易能保证结果的效率性,产权配置的形式对经济效率不构成影响,仅仅只对收入的分配产生影响;政府应当通过明晰产权来预防和减少"公地的悲剧"这样的现象出现。在土地管理方面,政府通过明晰产权,例如土地发展权,成为变更土地用途或提高土地利用程度的依据,来设计分配土地增值收益的多样化形式,缓解征地补偿的问题,降低土地市场的交易成本,优化配置和有效利用土地资源。

马克思土地产权理论提出,人们要利用土地必须先取得土地产权,土地产权很容易像商品一样被用来交易,土地产权可以"借助于商品各小部分的所有权证书,一部分一部分地投入流通"。(马克思等,1980)。商品经济和市场经济的快速发展以及土地产权方面有偿使用的普遍现象直接引导土地产权的商品化行为,土地产权由于地租的作用丧失了不动产的性质,以一种交易品的形式进入市场(马克思等,1972),为寻求与其他财产进行优化配置,则按照市场规则进行合法交易,这就为土地产权进行市场化配置提供了基础。马克思指出,由于土地位置的固定性,土地产权的市场配置便是土地市场配置的实质。

遵循商品进行市场化配置的核心是商品价格的原理,土地产权进行市场化配置的核心也是土地产权价格。马克思注意到并且深入研究了决定土地产权价格的因素及其运动规律,指出不是土地产权主体的主观意志而是主体没有参与、与其无关的社会劳动的发展决定了土地产权价格。土地产权价格不同于一般商品价格,它主要决定于社会和当时市场上土地产权供需状况,而不是像一般商品价格主要决定于价值并受影响于供求关系。

现代产权经济学认为,社会资源相对于人类的需求而言总是有限的甚至是稀缺的,人们必然会为争夺社会资源发生利益竞争或冲突,只有建立合理的产权制度,明晰产权和设置人们在资源使用中获取收益、受到损失的界定和补偿的原则,确立产权交换的规则和拥有产权时的权利与义务,才能实现资源的合理配置、经济增长和有效利用,才不会因为竞争秩序的混乱而引起资源浪费、资源价值降低,甚至经济停滞。土地产权制度意指社会设置和明晰土地方面相关权利关于其分配、收益和流转等方面的规则,主要是为了达到土地资源配置高效的目的,通过界定、变更土地产权安排,建立或完善一种较低交易成本且较高效率的产权制度。

此外,还有赔偿悖论。关于赔偿悖论的理论要旨,可从罗伯特·考特和托马斯·尤伦(2004)在其名著《法和经济学》中得到考证。考特和尤伦通过对占有问题在效率方面的分析中指出,不论如何设计赔偿规则,产权所有者和政府(财产的赔偿者)均得不到有效的行为激励。具体说来,如果政府通过对产权的管制或约束而向产权所有者赔偿一定的财产,那么财产所有者并不能产生有利于外部或内部的行为激励,产权所有者会因为得到赔偿而减轻投资风险的心理感受程度,从而激励其过度投资;如果政府不必对产权所有者予以应有的补偿,那么这种无成本的管制规则会激励政府过度管制私人财产的行为。如若要产生有效的行为激励,则必须由政府向财产所有者购买某种特权。由此看来,土地这一财产的合理有效利用和土地市场的良性发展,也可通过政府购买某种特定权利来实现。而这一权利的特殊性,在于可以激励国家和土地所有者产生有效行为,在我国设置土地发展权便是解决关于土地财产赔偿悖论的有效途径。例如,国家可以向土地所有者购买土地发展权来达到用途管制的目的,由此双方产生良性行为:土地所有者将土地发展权售出后,会积极主动地遵守土地用途管制规则并理性投资,而政府也会因为购买发展权需要成本而对土地利用状态进行合理限制。

2.6　土地评估理论

土地估价就是专业估价人员根据评估目的,遵循土地估价的原则、理论和方法,依据充足的土地市场交易资料,按照估价程序,根据土地的自然、经济和社会属性,充分考虑影响土地收益的因素,如社会经济发展情况、土地利用方式、土地预期收益和政府土地利用政策等方面,综合测算出在某一权利状态下某宗土地或多宗土地于某一时点的价格的过程。

地价可以反映出土地市场中的多个因素对其综合作用的结果,它在健全土地交易市场机制的过程中起着相当大的作用,具有重要的实际意义:

(1)灵敏地体现土地市场的供需情况、动态变化以及土地利用状况,成为反映社会经济发展状况的一个主要因素。

(2)成为调控土地市场供需的有力杠杆,土地供应量、供应结果和有待调整的部分均由地价信号反映。政府依据经济发展情况和土地市场发展状况来对地价进行调控以对土地供应市场进行调节,从而引导土地需求,确保土地有效且集约利用,推进土地市场回归理性、健康和平稳阶段。土地市场参与主体进行交易活动必须以地价作为基础,以此来为自身的交易行为提供决策和判断,从而对土地供需态势和土地市场交易情况进行影响和调控。

(3)协调土地市场参与各方关于土地之间的关系,确保其合理性。地价是政府、企业和个人三者之间以及各自的上下级或同级之间表现为土地上的利益关系,地价管理可以协调不同经济主体之间的利益关系,并且调整他们之间的收益分配比例,实现土地所有者和使用者关于权益在经济上的真正体现。

(4)加快我国土地使用制度改革的施行。在我国社会主义市场经济条件下,土地的有偿使用是土地使用制度改革的重心,它的核心就是地价,马克思地价地租理论也为其奠定了坚实的基础。

(5)对国有土地资产的价值进行量化,预防或避免国有土地资产的流失。在国有企业改制过程中,运用地价和地价管理对其进行测算和评估,对国有企业的改制起到促进作用。

土地估价的作用和意义:

(1)促进土地交易顺利进行

市场经济条件下,土地价格动态变化,由于土地市场的地域性和不透明性,获得完整的交易价格资料显得难上加难,通过专业估价人员搜集资料、估算分析,更能确保土地价格的合理性,土地交易自然而然地公平且顺利地完成。

(2)帮助企业投资决策(周诚,2003)

土地交易价格一般较其他商品价格要高一些,土地成本往往是企业投资成本比较重要的部分,因此,土地投资额的多少直接影响劳动、技术、原料投入等其他要素的投资额,甚至影响企业投资决策的正确与否,而且如果企业需要进行土地融资,就更加需要进行土地估价。

(3)完善土地市场

我国逐渐实现土地产权配置市场化,土地市场配置范围日益广泛,配置方式更加多样化,土地出让、作价入股、授权经营等方式也更加深入和普遍化,而土地资产价值的量化就是土地市场配置的基础,土地估价便是其基本手段,也是政府实现土地税收和土地融资政策的前提。

(4)加强土地市场管理

土地价格管理是土地市场管理的核心,为防止土地投机或抑制地价过高,政府必须把专业估价人员评估的样点宗地地价、基准地价、标定地价等结果作为管理地价水平和土地市场的依据。

土地评估不是简单的理论研究,它更倾向于实践范畴,是理论和经验的结合。

土地评估与一般资产评估的差异性体现在：

（1）土地评估的敏感性。土地评估数额大，其评估价格与土地所有者和土地使用者的利益密切相关，土地交易双方都会高度重视土地评估方案，而且土地评估价格只有在双方认可的情况下才能通过土地交易活动来实现。

（2）土地评估的特殊性。土地评估的客体具有位置固定性、质量差异性、面积有限性、个别性等特性，表明了世界上不存在两宗完全相同的土地，土地市场不具备成为完全自由竞争市场所需要的条件：交易信息充分、商品同质、买卖者自由出入、交易双方数量众多，真正的土地市场尚未形成，土地价格不易被简单地预测和猜想。

（3）土地评估的高度复杂性。虽然土地作为特殊的商品，应该遵循"等价交换原则"，但它并不是劳动产品，不具有任何价值，自然也没有以价值为基础的用货币所表现出来的价格，而是受国家政策、土地利用规划、经济状况、区位特征、土地使用者收益、市场供需和个人偏好等多个方面的影响所得出的价格，人们的主观认识与客观的交易价格很难达成一致。

2.7　土地增值理论

土地资源稀缺且不可再生，随着经济的快速发展、人口的剧增，土地的需求量不断扩大，有限的土地资源不足以满足人类无限的需求欲望，同时受土地利用规划和土地用途管制的制约，任何单位和个人都不允许随意改变土地用途，土地的供需矛盾显而易见，严重的供不应求便成为土地市场的现象，土地的增值便成为供不应求的结果。

土地增值是指在社会经济发展和土地改良的影响下，土地利用过程中不断增加土地收益，地租的增值和土地资本的增加就是其经济本质，土地价格的上涨就是其表现形式。土地增值既包括土地价格的上涨也包括土地价值的增加；土地属于特殊的商品，土地价值由土地价格来确定。

伴随着地租的上升和土地投资的增加，土地价格呈现增长的总趋势，但在总增长的过程中，它也会有回落和出现低谷的现象，这就是土地增值的基本模式。土地增值的特点表现为：

（1）整体性。土地增值趋势呈整体上升，它体现于区域土地市场的整体发展趋势中，具体表现为区域土地价格整体上扬。对照而言，某一块土地价格的上升并不意味着其所在区域土地整体价格上涨；区域土地整体价格上涨也并不代表其中任意一宗土地的价格都是上涨的。

(2)独立性。土地不会因为使用年限长或地上建筑物损坏而发生折旧,而且其增值还会随着社会经济发展而长期存在。

(3)辐射性。同一地区中,宗地的区域因素条件好坏影响宗地价格,区域条件越好,辐射效应就会越强烈,地价上涨的频率和幅度就会比较高。相邻土地的使用状况对该地块价格的上涨幅度也有很大的影响,污染程度高的工厂旁边的住宅用地很难想象会有较大的升值空间。

(4)共存性。普通商品在消费的过程中价值会降低,而土地由于面积的有限性、位置的固定性、资源的不可再生性等特征会伴随着使用而实现增值。

(5)不可逆转性。人类在现在的技术条件下进行生产和生活活动必须依赖于土地,土地的稀缺性和不可替代性使得土地增值是不可逆转的。

第3章

耕地发展权基本理论问题

3.1　耕地发展权内涵

3.1.1　土地(农地)发展权的内涵

国内学者对土地发展权、农地发展权的研究已逐渐深入,但对耕地发展权的认识才刚刚起步。

土地发展权(Land Development Right)顾名思义是发展土地的权利,意指可以从土地所有权中脱离出来受单独处分的权利,它最初起源于采矿权可以从土地所有权中分割出来单独进行转让和配置。周诚教授认为其也称为"土地开发权",该名称是由英文"Development"意译过来的,它本身就具有中文的"发展""开发""展开""发达"等四种含义,然而按中文的习惯,对于利用或进一步利用资源方面的词语则采用"开发"一词会更贴近。提高土地利用程度或者变更土地用途使其转为非农建设用地,都是对土地资源的利用或进一步利用,因此,意译为"土地开发权"才更贴切。

农地发展权(Right of Agricultural Land Development)是指农地所有者为保护耕地资源和自然生态环境,为保证生存和促进和谐发展,为满足社会发展和维护公共利益的需要,依法将现有农地用于公共建设或者将其直接进入土地一级市场,从中取得土地增值效益的土地产权(胡兰玲,2002)。农地发展权,是一项可以独立支配的财产权利,具体是指在农用地转换为商业用地、市政用地、居住用地、工业用地等非农建设用地的过程中,可以拥有由土地用途或土地利用强度发生改变而带来的收益的权利。

一般认为,土地发展权是指土地变更为不同使用性质及利用强度的权利,是一种可以与土地所有权分割而单独处分的产权,它既可以与土地所有权合为一体由拥有土地所有权的土地拥有者支配,也可以由只拥有土地发展权不拥有土地所有权者支配,它是土地处分权中最重要的权利。土地发展权具体包括农地发展权、建设用地发展权和未利用地发展权。现实中大量发生的是将农地改为建设用地,因此,也可狭义地定义为改为建设用地的权利,它是内生于土地所有权而又可从土地所有权中分离出来的一种用益物权。

3.1.2　耕地发展权的界定

现阶段,学术界对土地发展权的研究较多,对农地发展权的探索较少,且多限于农地发展权的内涵及归属等基本理论方面,本研究借鉴国内外学者关于农地发展权的定义,结合耕地的自身特点来界定耕地发展权的内涵。所谓耕地发展权是指这样一种权利:它赋予耕地发展权人由耕地改为其他土地用途的权利,耕地使用者只能按照依法取得的耕地用途使用土地,如要改变耕地用途,则必须取得耕地发展权。另外耕地发展权可以与土地所有权分离,即可以与耕地所有权同属于土地所有权人,也可以与耕地所有权分属不同的人。具体说来,耕地发展权的内涵包括狭义和广义两个方面。

狭义耕地发展权:是指将耕地转变为建设用地的权利。

广义的耕地发展权:包括将耕地转变为最佳利用方式权利和提高耕地利用强度的权利,有四种情况:①农业结构调整;②提高耕地现有的集约度水平;③将耕地转为集体建设用地;④将耕地转为国有建设用地。

本研究探讨的耕地发展权如没有特殊说明均指耕地转为国有建设用地的权利,具体基于如下原因:

(1)这是我国目前耕地大量转化为非耕地的主要原因,它对我国落实耕地保护、粮食安全和生态安全所造成的威胁最大;

(2)国家征收的活动实现后,农村集体耕地所有权主体虚置,耕地发展权的主体、价格估算方法、收益分配形式就成了研究的主要对象,并且国内学者尚未就此方面达成一致的意见;

(3)耕地发展权收益主体涉及国家、农民、农村集体和建设用地使用者,如何协调土地收益在四者之间的分配便成了研究的核心。

3.1.3　耕地发展权与土地发展权和农地发展权的异同

若用图形的逻辑关系来形象描述土地发展权、农地发展权以及耕地发展权三者概念之间的相互关系的话,可以看作三者概念从外向内、由大至小地构成一个同心圆,形成完全包含与被包含的关系,所以,三者之间有共同点:三者都强调了土地用途的转变、土地使用价值的提高,都是为了缓解人地矛盾而出现的,都是为了对人的行为进行限制而产生的。三者之间也有不同点,其表现在:

(1)涵义不同。耕地发展权是指耕地转换为建设用地的权利;农地发展权涵义稍广一些,是指农地变更用途转换为建设用地的权利;土地发展权的涵义相对而言最广,是指上地转换为建设用地的权利,还包括开发未利用地的权利;三者定义的差异主要体现在研究的对象和客体不同上。

(2)权利行使的地点不同。耕地发展权和农地发展权大多出现在城市和村庄周边,以及大型的水利用地、能源用地和交通用地的项目范围内;土地发展权还可以发生在城市市区、城镇内部以及"四荒"用地区。

(3)权利行使的影响不同。耕地发展权的行使是为了保护耕地;农地发展权的行使是为了保护农用地;土地发展权的行使则是为了保护国家和社会的收益。

3.2　耕地发展权的特性

第一,耕地发展权具有产权特性。耕地发展权是独立于土地所有权并可以与土地所有权相分离的一种用益物权,因此耕地发展权具有一般的产权特性,如排他性、可度量性和可交易性。在不同制度的价值取向下耕地发展权的利益归属都要体现资源配置的公平与效率,在市场经济体制下,耕地发展权的行使与让渡都是有偿的,这正是其产权特性的体现。

第二,耕地发展权具有时空的相对性。耕地发展权是社会发展到一定阶段的历史产物,是在人地矛盾激化尤其是耕地资源短缺与粮食安全的矛盾冲突下产生的必然结果。耕地发展权具有一定的地域性,耕地发展权是根据土地利用规划和现实经济建设发展的需要而对限定的空间和地域内的耕地进行开发建设致使耕地产生用途变更增值而行使的。

第三,耕地发展权的抽象性。耕地发展权是耕地转变为其他用途时行使的一种权利,这种权利体现的不是一个结果,而是一个过程,一种行为,因此耕地发展权不像其他产权具有一个实物性的标志,而是一个抽象的概念。

第四,耕地发展权的行使具有普遍的潜在性和制约性,即任何一块耕地都有行使耕地发展权的潜在可能性,换句话说,任何耕地都有将其开发为建设用地的权利。但由于受国家耕地保护政策和用途管制制度的刚性约束,耕地发展权的行使受到了极大的制约,只有符合土地利用总体规划并经过国家行政许可的耕地才可进行开发建设。

第五,耕地发展权的行使过程具有瞬间性。一般的产权的行使一般具有延续性,即土地所有者或使用者获得土地所有权或使用权后,拥有法定年限的所有权或使用权,而耕地发展权的行使过程则是瞬间的,耕地一旦转化成建设用地,其耕地发展权将不复存在。

第六,耕地发展权具有增值性(沈志远,2005)。耕地发展权的增值性与土地的增值性密切相关,耕地增值的潜力取决于耕地开发为建设用地后的增值潜力空间。

3.3　耕地发展权的种类

耕地发展权根据主体不同划分为国家耕地发展权、集体耕地发展权和个人耕地发展权。

国家耕地发展权是指由国家所有的耕地发展权,它的具体内容是:

(1)国家会对耕地用途变更进行干预,但不会直接参与到实际的耕地用途变更过程中,而是通过代表国家的政府及其职能部门来实现;

(2)国家耕地发展权的专属性,国家耕地发展权有特定的管辖对象,只能由特定的政府部门、特定的职能部门负责人或者依法授权的对象行使;

(3)国家耕地发展权的实现是政府命令与使用者服从的过程;

(4)国家耕地发展权是基于土地管理法、城市规划法、土地利用总体规划、环境保护法、土地用途管制等相关法律法规而产生的权利;

(5)国家耕地发展权体现出权利与义务相统一的过程。

集体耕地发展权是指由农村集体经济组织所有的耕地发展权,它的具体内容是:

(1)与我国土地所有权分为国家土地所有权和集体土地所有权相对应,耕地发展权也有集体耕地发展权这一新型形态,符合中国国情,具有中国特色,与集体耕地所有权相分割而产生的。

(2)集体耕地发展权的主体是农村集体经济组织,我国存在集体耕地发展权主体虚置的现象,比较薄弱的农村集体经济组织,可由乡(镇)政府、村委会、村民小组代替行使集体耕地发展权。

(3)要扩大农村集体规模化经营、加快农村集体经济的发展,集体耕地发展权的出现是很有必要的。

(4)农村集体耕地是集体耕地发展权的客体。集体耕地所有权的客体对象应该受到一定范围的限制,并不是所有农村集体耕地转变为建设用地的权利都属于集体耕地发展权,而是应该考虑到社会整体经济利益与生态利益,对其有重大影响作用的集体所有耕地的发展权应当归属于国家。

个人耕地发展权是指在国家和农村集体均为耕地发展权主体的情形下,个人也可实现享有耕地发展权的行为,它主要体现在提高耕地利用程度等方面。个人为追求经济利益以原生产要素权利人身份参与分配变更耕地用途的权利收益,符合市场经济分配法则中的按要素分配原则,它为市场机制在耕地用途转换机制中发挥作用提供了权利基础。它的具体内容是:

(1)个人耕地发展权并不能以当事人的想法任意转换耕地用途,而是必须符合法律法规和政策的规定;

(2)它既是一种权利,同时也要履行相应的义务,个人不得滥用耕地发展权;

(3)个人耕地发展权主要体现在对耕地进行投入,加大耕地利用程度等方面,通过个人耕地发展权的实现来增加农民土地收益,提高农民继续生产经营的积极性。

耕地发展权的划分目的是为了维护农民的权益,以上耕地发展权按权利主体划分的意义为:有利于个人经济利益、集体经济利益和国家经济利益以及生态利益的协调和统一,各种利益承载都有与之相适应的耕地发展权形态,缓解了耕地用途转换过程中国家趋利性和个人趋利性之间存在的矛盾,也为其中的政府干预机制和市场干预机制的运行分别奠定了相应的权利基础。

3.4　耕地发展权的功能

耕地发展权最主要的功能就是给权利人带来权利收益,从耕地发展权的产生背景和创设目的来看,它还存在以下六个方面的功能:

(1)保护耕地和自然生态环境,通过限制和补偿耕地发展权,推进土地利用规划和土地用途管制的落实,促进人们增加对耕地的投入和保护耕地的意识,确保耕地"红线"不被突破。

(2)调节因使用耕地而产生的利益矛盾,消除因土地利用规划对全体社会成员所造成的不公平。土地利用分区限制使得限制建设区和禁止建设区因国家政策的规定不能实现发展权并且限制发展地区的居民得不到合理的补偿,要蒙受巨大的损失,但允许建设区和有条件建设区因为较高密度的建设和开发而取得了巨大的经济利益,导致了限制发展地区与允许发展地区之间因为土地财产权价值的巨大差异而难以平衡,耕地发展权的创设使得限制发展地区和允许发展地区之间因耕地发展权的移转而实现利益平衡和社会公平。

(3)通过耕地发展权的部分或全部转移,接受区可以实现土地立体开发利用,提高土地利用效率,转让区可以得到相应的补偿。

(4)完善双层经营体制。我国农村实行以家庭承包经营为基础、统分结合的双层经营体制的经营制度。家庭承包经营制度在《中华人民共和国宪法》《中华人民共和国农业法》《中华人民共和国土地管理法》和《中华人民共和国农村土地承包法》等法律法规中都有明确规定,但是这些法律法规都没有明确规定承包方对承包土地的投入加大和地力增强的程度,耕地发展权就体现和保护了因耕地发展而形成的权利。

(5)我国人地矛盾尖锐,耕地大量流失,将耕地发展权纳入土地权利体系,可以明确地权,理顺土地产权关系,将耕地的正外部性内部化,通过市场机制补偿耕地发展权主体,不仅可以减轻政府的财政开支,也可以避免政府从事"土地征收"之事,降低行政成本。

(6)防止国有资产流失。设置耕地发展权避免了发展权收益无形之中归房地产开发商所有,而是直接收归国家、农村集体经济组织或者农民,或者三者共同享有。

3.5 耕地发展权与其他土地权利的关系

3.5.1 耕地发展权与土地所有权的关系

土地所有权是一项排他性专有权利,它受到国家法律法规的认可和制约,是土地所有制的核心,它从法律形式上表现土地所有制。我国土地所有权包括国有土地所有权和集体土地所有权两种类型,我国国有土地所有权的唯一主体是国家,我国集体土地所有权的主体是农村集体。随着土地征收和土地用途管制制度的完善,加大了对土地所有权行使限制,促使耕地发展权意识的形成。

关于耕地发展权与土地所有权相互之间的关系有三种设计模式:一是土地所有权包含耕地发展权,土地使用权、发展权、地役权等很多单独处分的权利都可以从土地所有权中分割出来,耕地发展权属于土地所有权整个"权利束"中的一项;二是耕地发展权与土地所有权完全分立,耕地发展权单独属于其权利主体;三是耕地发展权部分隶属于土地所有权,部分从属于国家。无论哪一种设计,耕地发展权都能从土地所有权中分离出来而独立行使(任小宁,2008)。

3.5.2　耕地发展权与土地使用权的关系

土地使用权是内含于土地所有权的一项基本权能,设置土地使用权的目的是为除土地所有者之外的其他人使用土地而提供法律基础,因而,土地使用权与土地所有权处于一种平行和并列的关系(王卫国,1997)。土地使用权是指单位集体和公民个人对依法获得使用的国有土地和农村集体所有土地在合法情况下的占有、使用、收益和部分处分的权利。农村集体土地要进行流转必须要先经过国家公权力将其征收或征用为国有土地,可以看出我国的土地使用制度存在农村集体土地产权主体虚置的问题,不利于土地资源的有效配置。国家为了社会公共利益征收农村集体土地可以理解,但是国家垄断了我国土地一级市场,非公共利益用地也必须通过国家征收,这就造成了公共利益土地征收和非公共利益土地征收之间的矛盾,矛盾源于农村集体土地发展权在土地征收过程中的完全缺失和失效。国家的干预必然会增加土地交易成本,远远不如市场机制下土地资源配置的效率高。因此,耕地发展权的设立对市场机制的完善、土地市场的高效运行都能起到较大的积极作用。

同样,耕地要转为建设用地进入土地一级市场也必然要有国家干预,这也造成了耕地发展权的缺失,耕地发展权的设立弥补了我国土地使用制度的缺陷,耕地发展权对耕地使用权具有"注销"功能(单新国,2006)。为保护耕地、自然资源和生态环境不被非农建设用地破坏,国家一般会采取以下解决办法:向耕地发展权主体购买发展权或者在受完全保护的耕地上不设置发展权;为被保护耕地设定虚拟发展权,允许耕地所有者和使用者向指定地转移或出售给国家。

3.6　耕地发展权的归属

3.6.1　国外农地发展权归属

国外耕地发展权归属主要存在两种模式:一是以英国为代表的耕地发展权属于国家所有的国有模式;二是以美国为代表的耕地发展权属于土地所有者的私人所有模式(刘明明等,2006)。

在英国一切耕地的发展权均属于国家,私人土地所有者的所有权里不包括发展权,任何私人所有者只能在原用途的情况下使用土地,若想要改变农地用途,必须取得政府许可后,再以缴纳开发税的形式购买发展权。

在美国则是发展权归所有者所有,并且是一项可以与土地所有权分割而单独处分的财产权,即发展权可以与所有权分离单独在原土地所有者与开发者及其他相关主体之间流转,主要通过两种制度运行:一种是发展权转移,即农地所有人可以将自己土地的发展权转让给受让人,受让人因此获得额外的土地发展权并且可以与自己土地上的发展权相叠加,同时支付对价;另一种是耕地发展权征购,即由美国各州及地方政府出资从耕地所有者手中购买耕地发展权从而达到保护耕地,特别是城市周边的优质耕地的目的。

3.6.2 我国耕地发展权的归属分析

依照英国模式,耕地发展权归国家所有(李丽红等,2007)。此模式与现在隐含的发展权归国家所有是一致的,虽然我国现在没有从法律上明确发展权的概念,但是土地用途管制和规划实际上已经包含了耕地发展权;因此发展权归国家制度变迁成本低。此外,耕地转为建设用地的增值的来源是确定耕地发展权归属的主要依据。如"涨价归公"就是建立在这一增值之上的,是由于政府对土地利用的规划和政府公共基础设施、公共服务设施的建设而产生的,因此,增值归于社会理所应当,以这一增值为价值内涵的耕地发展权自然也应归国家(谈亭亭,2008)。但是把发展权完全归国家所有显然忽视了农民集体的利益,而且忽视了农民在土地增值中的贡献。

依照美国模式,耕地发展权归土地所有者所有。认为耕地发展权是从耕地所有权中分离出的一项重要的财产权,失去了耕地发展权,耕地所有权就会有缺陷,功能就难以全面发挥;但是如果把耕地发展权完全归农民集体经济组织所有,会导致以下两个问题:一是由于耕地发展权受到国家公权力很大限制,则会导致运行成本巨大;二是同时考虑到耕地所具有的正外部性和公共物品的特性,私人对保护耕地缺乏积极性,作为理性经济人有让耕地这一重要生产要素流向更高收益的趋势。

按照以上分析,耕地发展权完全归国家所有和归集体所有都是不合理的(周诚,2003),国有归属论者主要以发展权的增值来源作为理论基础,集体归属论者主要以产权所有论为理论基础,但耕地发展权是一种具有增值收益的产权,其归属应该从其增值来源和产权特性两个角度分析论证。

耕地发展权是与耕地所有权相分离的一种用益物权,是耕地所有权中的一个子权利,耕地所有权的主体为农村集体经济组织,按照产权理论的基本观点,耕地发展权的主体也应为农村集体经济组织。但是由于耕地发展权的行使受到国家公权力的限制,个人不可以私自变更耕地用途,农村集体经济组织并没有完备的耕地发展权,因此,对耕地发展权进行权能细分是解决其归属问题的唯一技术路径。按照产权权能构成理论可将耕地发展权细分为耕地发展权之占有权、耕地发展权之行使权、耕地发展权之处分权和耕地发展权之收益权。耕地发展权之处分权包括耕地发展权之购买权和耕地发展权之转移权,购买权归国家所有,转移权归集体经济组织所有;耕地发展权之收益权包括产权收益权和增值收益权,产权收益权归集体经济组织所有,增值收益权归国家所有。

由于耕地发展权之占有权归农村集体经济组织所有,耕地发展权之行使权归国家所有,获得占有权是行使耕地发展权的前提,因此,政府必须在向集体购买其耕地发展权权利束后才可获得行使耕地发展权的权利,而集体经济组织由于行使权这一子权利的缺失,也不可随意行使耕地发展权,这种制度安排可使双方相互牵制,最终达到耕地保护和利益均衡的目标。

由此可见,耕地发展权的各权能分配既符合我国目前的土地利用管理的要求,又可减少制度变迁的成本;而耕地发展权之收益权则依据耕地转为建设用地的增值来源分别归属于国家和耕地所有者及使用者。(如图3-1)

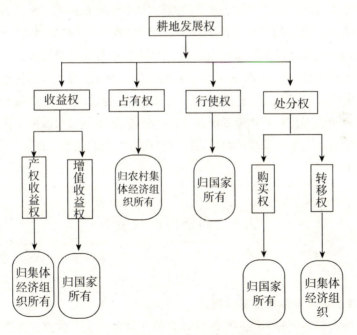

图3-1 耕地发展权初始权能归属图

Fig. 3-1 Initial right attribution of cultivated land development rights

3.7　耕地发展权收益分配

耕地发展权的收益分配应以耕地发展权的归属为基础。耕地发展权之收益权可细分为产权收益权和增值收益权。耕地发展权收益分配原理可采用类比分析法来推导,本研究将土地使用权的收益分配原理作为类比对象。以土地出租为例,土地所有者将土地出租给土地使用者,土地所有者通过收取地租来获取收益,而地租是土地所有者凭借对土地所有权的垄断而获得的收益,即土地所有者利用土地使用权这一产权或称之为生产要素可获得超额报酬;耕地所有者亦可利用耕地发展权这一产权来获得超额报酬,超额报酬的来源为土地用途变更后的增值收益,本研究将因凭借耕地发展权的垄断而获得的超额报酬称之为产权收益。

土地出租后,土地使用者经营土地的收益扣除其生产成本即为土地纯收益。社会某一主体在获得耕地发展权后,对耕地进行开发建设必然产生土地增值,而这一土地增值是指建设用地的价值扣除耕地价值和开发费用及利润的余额,其价值增值的原因可归结为整体经济水平的提高、城乡基础设施的改善等,因此,笔者将耕地转为建设用地的土地增值分为"用途转换增值"与"政策增值"两部分。政策增值和用途转换增值是国家从宏观经济发展角度出发制定的政策以及由此带动社会性投资主体(包括国家及其他性质的投资主体)改善土地利用环境所带来的增值,理应归国家所有(体现国家对土地增值的宏观管理贡献)(吴郁玲,2006),由此可以得出计算耕地发展权收益的公式:耕地发展权收益 = 产权收益 + 用途转换增值收益 + 政策增值收益,其中,产权收益归农民集体所有,增值收益则归国家所有。

3.8　耕地发展权交易

3.8.1　耕地发展权交易的概念

耕地所有权的可分割性和可转让性是耕地发展权交易的理论基础。耕地所有权权利束由承包经营使用权、转包权、租赁抵押权、发展权等子权利构成,耕地产权的可分割性使耕地权利束中的子权利可在权利所有者之间进行自由转让。耕地发展权是一种可以与耕地所有权相分离的可交易的用益物权,这是耕地发展权交易的理论基础所在。

产权交易,是指资产所有者将其资产所有权和经营权全部或者部分有偿转让的一种经济活动。这种经济活动是以实物形态为基本特征的出卖财产收益的行为,是多层资本市场的重要组成部分,其职能是为产权转让提供条件和综合配套服务、开展政策咨询、信息发布、组织交易、产权鉴证、资金结算交割、股权登记等业务活动。产权可通过兼并、承包、租赁、拍卖、股份转让、资产转让等形式进行交易。

结合耕地发展权的性质和产权交易的含义,可界定耕地发展权交易的概念。所谓耕地发展权交易是指耕地发展权的所有者将其拥有的耕地发展权或部分权利束出售或转让的一种市场交换行为。

3.8.2 耕地发展权交易的特点

由于耕地发展权具有增值性、时空的相对性、行使的瞬间性和偶然性,使得耕地发展权交易不同于其他产权交易。

耕地发展权交易具有正外部性。国家购买耕地发展权的目的是为了限制耕地进行非农建设,保护耕地,从而保障国家的粮食安全和生态安全。国家通过购买耕地发展权后,耕地所有者必须按规划限制的用途使用土地,耕地因此可以得到永续利用,耕地的正外部性价值也免受损失。

耕地发展权交易具有较强的政策性。耕地发展权交易并不是市场完全自发的行为,耕地发展权交易的产生与国家实施的政策紧密相关。在不具备发展权交易市场的制度体系下,耕地发展权交易的程度也较低,一般只局限于对城乡接合部部分规划许可的可开发的耕地进行交易。由于耕地发展权制度的缺失,耕地发展权交易的价格缺乏可计量性。

耕地发展权交易的购买主体具有限定性,转让主体则具有宽泛性。耕地发展权的初始购买者只能是政府,原因有二:其一,我国目前实行的是农村集体所有和国家所有的两种土地制度,农村集体所有的土地必须通过国家的征收才可转换成国有土地,而国家对耕地进行征收的过程实际上是耕地发展权的购买过程。其二,若耕地发展权的初始购买权落入私人手中,私人受建设用地经济利益的驱动,必然实施耕地发展权行为,进而加剧耕地非农化的趋势;国家购买了耕地发展权后,可将手中的符合规划的耕地发展权转让给集体组织单位和个人,即社会上的任一权利主体均有耕地发展权的受让权。

第 4 章

耕地发展权价格评估的理论与方法（Ⅰ）

——基于耕地价格构成要素的评估理论与方法

4.1 耕地发展权价格涵义

　　土地价格是动态变化且难以预测的,各种土地价格形式都与相应的土地权利相对应,并且各种土地权利价格都有多种具体的形式和内容,与土地权利的"权利束"相呼应地也有土地价格的"价格束",耕地发展权价格与土地价格、土地使用权价格等密切相关,因而它就是"价格束"中的一项。

　　耕地发展权是指将耕地变更为建设用地的权利,由此推论,耕地发展权价格可定义为耕地变更为建设用地过程中的土地增值。土地开发者在获得耕地发展权后,还须对耕地进行开发投资(如"五通一平""七通一平"),根据生产要素分配理论,投资主体在对投资客体投资后,应该得到与投资相应的利润,土地开发者对土地的投资也应该分享一部分投资利润。可见,土地开发者的投资和利润不是由耕地发展权本身产生的,因而不属于耕地发展权价格的一部分。

　　因此,耕地发展权价格的基本涵义是指在耕地转变为建设用地的过程中,由于土地用途变更而引起的价格差异减去土地开发费用及利润后的价格,即耕地发展权价格等于用途变更后的市地价值减去耕地价值及土地开发费用及利润后的余额,简称差值法。

　　耕地发展权价格评估是指在准确评估耕地价格与建设用地价格(市地价格)以及确定土地开发费、利润以及利息的前提下,采用耕地发展权价格求取公式估算和判定耕地发展权价格。

4.2 耕地价格及耕地潜在市地价格

4.2.1 耕地价格

价格是价值的货币表现,本研究依据农用地的功能来分析耕地的价格构成。由农用地的功能构成理论可知,耕地具有作物生产功能,社会保障功能、生态保护功能和维护国家粮食安全的社会稳定功能(尚贵华等,2006)。

对应于耕地的功能,耕地价格应该包括自然质量价格(即生产经济价格)、社会保障价格、社会稳定价格、生态服务功能价格四个组成部分。其中,耕地的社会保障价格和社会稳定价格可统称为耕地社会效益价格,由于耕地与农用地相比,具有维护国家粮食安全的特殊性,因此将社会稳定价格单独列为一类,以突出其重要性。

耕地的自然质量价格(生产经济价格)体现的是耕地在一定的光、温、水等自然条件和技术条件下,通过农业生产活动所能获得的直接经济效益,体现了地耕地生产功能。生产经济价格是农民通过耕地的作物生产的能力获取的经济纯收益,在货币上表现为耕地的生产收益扣除生产成本的余额,即生产经济价格。

耕地社会保障价格指耕地本身具有的养老保障功能、就业保障功能、医疗保障功能和财产继承功能所反映的价格。

耕地社会稳定价格是指耕地为社会提供粮食安全作用而产生的社会稳定功能所具有的价格。我国是世界上人口最多的国家,保障国家粮食安全是经济发展、建设的最基本的条件。耕地的社会稳定价格是国家为确保粮食战略安全而必须支付的费用。

耕地的生态价格是指耕地及耕地上的植物构成的生态系统具有的生态价格,包括调节气候、净化与美化环境、维持生物多样性等方面的价值(吕峥等,2007)。耕地的生态保护价格的内涵也可理解为国家因环境破坏而所受的损失或因保护环境而必须付出的成本。

综上所述,耕地的价格包括耕地的生产经济价格、社会保障价格、社会稳定价格和生态服务功能价格,即耕地的价格综合表现为耕地所产生的经济、社会和生态效益的价格之和。

4.2.2 耕地潜在市地价格

耕地潜在市地价格是指耕地开发为建设用地后即转化为城镇用地后的价格。城镇建用地具有使用价值,也具有价值,因为在长期的社会发展过程中,人类在土地上凝聚了不少的人类劳动,对土地进行开发和基础设施建设,而这些成为城镇土地价格的构成部分。耕地潜在市地价格应该等于耕地的完整价格再加上将耕地开发成建设用地所凝聚的人类劳动。

4.3　耕地发展权价格的计算方法

4.3.1　计算耕地总价格

(1)生产收益价格的计算方法

耕地具有土地资源的固定性和永续利用性,耕地使用者在占有某块耕地时,耕地不仅能提供现时的纯收益,而且还能在未来年期内源源不断地取得,因此,可将购买耕地看作是一种投资,而耕地所产生的纯收益就是投资耕地所产生的利润。当将此项随时间延续而能不断取得的纯收益以适当的还原利率折算为现在价值的总额时,它即表现为该耕地的实质价格(刘萍等,2007)。计算步骤如下:

①年总收益的计算

年总收益是指耕地合理有效利用时所取得的持续而稳定的客观正常年收益。客观收益是指排除了土地中属于特殊的、偶然的要素后所能得到的一般正常价格,它可以直接用于评估。

$$A_s = \sum_{i=1}^{n} P_i \cdot S_i \cdot V_i \qquad (4-1)$$

式中:A_s——耕地的年总收益;

　　　P_i——第 i 种农作物的平均年产量;

　　　S_i——第 i 种农作物的播种面积;

　　　V_i——第 i 种农作物的产品单价。

②年总费用的计算

总费用是指为创造收益所投入的直接必要劳动费用与资本费用。耕地年总费用的计算要在分析可能的各种费用支出的基础上计算加总一般正常合理的必要年支出。

$$C_s = \sum_{i=1}^{n} S_i \cdot C_i \qquad\qquad (4-2)$$

式中：C_s——耕地的年总费用；

S_i——第 i 种农作物的播种面积；

C_i——第 i 种农作物的单位面积成本。

③计算年纯收益

耕地的年纯收益为耕地的年总收益扣除年总费用后所得的净利润。用公式表示如下：

$$a = A_s - C_s \qquad\qquad (4-3)$$

式中：a——耕地的年纯收益；

A_s、C_s——同②中说明。

④确定还原利率

还原利率的确定方法主要有三种：①租价比法，即利用土地纯收益和土地价格比值确定还原率；②安全利率调整法，即安全利率加上风险值调整确定还原利率；③收益率排序插入法，即用投资风险与投资收益率综合排序插入确定还原率。由于耕地的收益容易受自然灾害、产业政策等因素的影响，因此不宜以收益或收益率作为基数来确定还原率，安全利率调整法排除了这一因素影响，可作为确定耕地还原利率的方法。安全利率通常取银行的一年定期存款利率。耕地种植的农作物一般为粮食作物和一般的农副产品，多为一年生农作物，因此可将风险调整值确定在 1%－2%。

⑤计算生产收益价格

农业生产是自然再生产和经济再生产相互融合的再生产，对耕地净收益来讲，其影响因素很多，尤其是受许多不确定因素的影响，耕地未来净收益将会发生变化，现假定净收益按等差级数递增，还原利率保持不变，使用年期为无限年期，地价评估的公式可确定为：

$$V_p = \frac{a}{r-s} \qquad\qquad (4-4)$$

式中：V_p——耕地的生产收益价格；

a——耕地的年纯收益；

r——耕地的还原利率；

s——耕地的年纯收益增长幅度。

(2)计算耕地的社会保障价格

根据《土地管理法》，征收农民集体经济组织的耕地被国家征收时，可得到三个方面的补偿：土地补偿费、青苗及地上附着物补助费和安置补助费。安置补助费就是对农民未来生活来源的补偿,是耕地社会保障价格的反映,因此,可采用安置补助费法计算耕地的社会保障价格。

目前,我国城市已建立了较完备的社会保障体系,而农村社会保障体系的建立则刚刚起步,随着国家对农村的养老保险和医疗保险的重视,预计未来农民也可享受与城镇居民同等的社会保障标准,因此,耕地的社会保障价值的计算可参照城镇居民的保障标准,比照城镇居民最低生活保障线,以最低人均月总收入为参照对象,采用个人养老保险法。

随着经济的发展,农民外出务工等非农收入增加,农业收入不再是农民收入的唯一来源,因此,在计算耕地的社会保障价格时,应引入耕地可保障系数,即耕地提供的社会保障能力占农民总保障能力的比重,计算公式为:

$$K = \frac{I_1}{I} \qquad (4-5)$$

式中:K——耕地可保障系数;

I_1——农民人均年农业纯收入;

I——农民人均年纯收入。

①计算耕地的社会养老保障价格

耕地的养老保障价格可用单位面积地所供养的农业人口的养老保险总额来近似计算。

$$V_s = Y_a \div C_a \times K \qquad (4-6)$$

式中:V_s——耕地的社会养老保障价格;

Y_a——人均社会养老保障金额;

C_a——人均耕地面积;

K——土地可保障系数。

参考 1998 年中国人寿保险公司个人养老保险费率,可按下式计算人均医疗保险金:

$$Y_a = (Y_m \times B_m + Y_w \times B_w) \times M_i \div M \qquad (4-7)$$

式中:Y_a——年龄为 a 时人均养老保险费趸缴金额;

Y_m——年龄为 a 男性公民保险费缴纳金额基数;

B_m——男性人口比例;

Y_w——年龄为 a 女性公民保险费缴纳金额基数;

B_w——女性人口比例;

M_i——月保险费领取标准;

M——月保险费基数。

②计算耕地的医疗保障价格

耕地的医疗保障价格依据现行的人均医疗保险标准来计算,根据农村人均的医疗保险费、人均耕地面积和土地可保障系数计算耕地的医疗保障价格。计算公式如下:

$$V_y = Y_l \div C_a \times K \qquad (4-8)$$

式中:V_y——耕地的医疗保障价格;

$\qquad Y_l$——人均医疗保险费用;

$\qquad C_a$——人均耕地面积;

$\qquad K$——耕地可保障系数。

③计算耕地的其他保障功能价值

耕地的其他保障功能主要表现为就业保障功能和财产继承功能等,可通过人均教育支出费用和技能培训费用、人均耕地面积和土地可保障系数来计算。

$$V_q = (Y_j + Y_p) \div C_a \times K \qquad (4-9)$$

式中:V_q——耕地的其他功能保障价格;

$\qquad Y_j$——人均教育支出费用;

$\qquad Y_p$——人均技能培训费用;

$\qquad C_a$——人均耕地面积;

$\qquad K$——耕地可保障系数。

(3)计算耕地的社会稳定价格

社会稳定价格主要是采用替代成本法来计算,即开垦同样质量和数量的耕地需要的开垦费用和其他成本,其他成本主要是指开发后能达到耕地同等肥力的费用,可称之为土壤培肥费。由于耕地的开发是建立在可供开发的宜耕后备资源基础上的,耕地的开发受到土地稀缺性的制约,故在确定耕地社会稳定价格时还需考虑土地本身的稀缺性引起的资源垄断而产生的价格,在此处称之为土地的稀缺性价格,因此,耕地的社会稳定价格的计算可表示为:

$$V_w = P_k + P_t + P_r \qquad (4-10)$$

式中:V_w——耕地的社会稳定价格;

$\qquad P_k$——耕地开垦费;

$\qquad P_t$——土壤培肥费;

$\qquad P_r$——土地的稀缺性价格。

土壤培肥费可采用下式计算:

$$P_t = \frac{a_0 - a_1}{1+r} + \frac{a_0 - a_2}{(1+r)^2} + \frac{a_0 - a_3}{(1+r)^3} + \cdots + \frac{a_0 - a_3}{(1+r)^n} \qquad (4-11)$$

式中:P_t——土壤培肥费;

　　a_0——未来目标收益;

　　a_n——新开垦耕地第 n 年收益;

　　r——折现率。

由于土地的稀缺性价值难以量化计算,一般可通过增加土壤培肥年数来估算。

(4)计算耕地的生态服务功能价格

耕地的生态服务功能价格主要表现在净化空气、涵养水源、防止水土流失、调节微气候、维护生态系统平衡、美化环境等方面。耕地的生态服务功能价格具有正外部性,但农民却无法通过市场机制和补偿机制获得其价格,耕地的生态服务功能价格实际上可理解为在耕地消失和失去后其生态环境价值的损失额。由于生态服务功能种类繁多,其价格难以准确定量计算,目前计算生态服务功能价格的主要方法有影子工程法、市场价值法、旅行费用法、假设市场评价法等。而对于土地生态环境价值的评估,则可采用固碳造氧估算法、生态服务价值当量估算法。

①影子价格法

影子价格法是指原有的生态环境遭到破坏以后,用人工建造新的具有与原来生态环境同等功能的工程所需费用的一种计量方法。比如,某块土地因压占、开垦而使原来的生态环境和景观遭到破坏和污染,为了恢复原有生态环境,可通过开辟绿地来美化环境以恢复该土地的原有生态景观功能,那么新建造绿地的成本就相当于该块土地生态环境价值的最低经济损失。

②市场价值法。这种方法将具有生态服务功能的生态环境系统看作是一种特殊的生产要素,当这种特殊的生产要素的优劣程度发生变化时,与其相关的物质生产的生产率和利润率也会发生相应的变化,如当环境遭到破坏时,与之相关的产品生产的产量和利润会随之下降。市场价值法是一种用因环境因素导致的生产率和利润率变化而引起的经济价值损失来计量生态服务功能价格的方法。

$$V_e = \sum v_i P_i \tag{4-12}$$

式中,V_e——生态环境污染或破坏造成的产品经济损失价值;

　　v_i——第 i 种产品的市场单价;

　　P_i——第 i 种产品因环境破坏而降低的产量。

耕地被开发为建设用地后,其土壤层将遭到永久的破坏,地表将永久处于无植被的状态,农作物原有的固碳制氧净化空气的功能也将消失,涵养水源和保持水土的功能下降。

③固碳造氧估算法

耕地的生态服务功能价格评估必须要考虑到功能收益主体的支付意愿,就目前而言,收益主体对耕地净化空气的生态服务功能(固碳造氧功能)有支付补偿意愿的可能性,这是因为只有与这项生态服务功能相联系的产品生产出来,才能产生直接经济收益。因此,本研究以耕地作物的固碳造氧功能原理为基础,采用环境经济学方法对耕地的生态服务功能价格进行量化计算。

耕地固碳量、制氧量可以根据不同的农作物种类、土壤质量区别对待,本研究以绿色光合植物为参照物:

$$6CO_2 + 12H_2O \xrightarrow[\text{叶绿素}]{\text{光}} C_6H_{12}O_6 + 6H_2O + 6O_2$$

根据以上光合作用方程式,可推算出单位农作物固碳造氧量,即农作物每合成 180 单位的碳水化合物可固定 264 单位的二氧化碳,产生 192 单位的氧气,因此,根据农作物一年内积累的碳水化合物的多少可推算出农作物的固碳量和制氧量,再根据碳税率计算年固碳价值,根据工业氧气的单价计算年制氧价值,固碳价值与制氧价值之和即为耕地的年生态环境价值。计算公式如下:

$$P_c = Q_c \times T_c \tag{4-13}$$

$$P_o = Q_o \times I_o \tag{4-14}$$

式中:P_c——农作物的年固碳价格;

$\quad\quad P_o$——农作物的年造氧价格;

$\quad\quad Q_c$——农作物年固碳量;

$\quad\quad Q_o$——农作物年造氧量;

$\quad\quad T_c$——单位质量的碳税价格;

$\quad\quad I_o$——单位质量的氧气价格。

根据单位面积的农作物年固碳价格和年造氧价格利用收益还原法可推算出耕地无限年期的生态服务功能价格。

$$V_e = (P_c + P_o)/r_e \tag{4-15}$$

式中:V_e——耕地的生态环境价格;

$\quad\quad P_c$、P_o——同上;

$\quad\quad r_e$——生态环境价格的还原利率。

④生态服务功能价值当量估算法

生态服务功能价值当量将耕地的可实现的经济价值作为比较基准,用耕地的各项生态服务功能与其相比较得出的相对经济价值系数,然后将各项生态服务功能的当量乘以单位面积农作物的经济价格,即得各项生态服务功能单位面积的价格量,各项功能价格之和即为单位面积耕地的生态服务功能价格。

于是耕地总价格为：

$$V_g = V_p + (V_s + V_y + V_q) + V_w + V_e \qquad (4-16)$$

4.3.2　计算耕地潜在市地价格

（1）计算耕地潜在基本市地价格

耕地经过开发转化为城镇建设用地后，一般说来可以有三种用途：商业用地、住宅用地、工业用地。由于未被开发的耕地作为未来建设用地的用途状况属于未知条件，因此，在计算耕地潜在市地价格时，首先需测算耕地潜在基本市地价格，即忽略耕地转化为建设用地作为何种用途这一条件的价格，其实质是一种模糊用途的建设用地基准地价，以下简称市地价格。

我国颁布的《城镇土地估价规程》（修订版）为评估城镇各用途地价提供了一般原则和理论方法。具体说来，评估市地价格可以采用收益还原法、市场比较法、成本逼近法、假设开发法、基准地价系数修正法等。但耕地潜在市地价格的计算却与一般的市地价格评估有所不同，因为耕地未来作为何种用途是个未知条件，而收益还原法、市场比较法、假设开发法、基准地价系数修正法均需考虑土地未来的用途或未来收益，因此本研究用成本逼近法来测算市地价格。

成本逼近法是以开发土地所消耗的各项费用之和为主要依据，再加上一定的利润、利息、应缴纳的税金和土地增值收益来推算土地价格的估价方法。

成本逼近法的基本公式为：

$$V_c = E_q + E_k + T + R_1 + R_2 + R_3 \qquad (4-17)$$

式中：V_c——耕地潜在基本市地价格；

$\qquad E_q$——土地取得费；

$\qquad E_k$——土地开发费；

$\qquad T$——相关税费；

$\qquad R_1$——利息；

$\qquad R_2$——利润；

$\qquad R_3$——土地增值。

（2）计算耕地潜在各用途的市地价格

由于耕地有转化为商业用地、住宅用地和工业用地等的可能性，因此可将耕地这种潜在用途的地价称之为耕地潜在各用途的市地价格，以下简称各用途基准地价。在计算出市地价格之后，还需将其通过一定的技术方法转化为市地各用途基准地价。显然，市场比较法、收益还原法、假设开发法等一般的估价方法都无法将市地价格转化为市地各用途基准地价，本研究根据耕地潜在市地价格本身的特点,考虑可采用的转化方法有因素修正法和基准地价模型拟合法。

①因素修正法

因素修正法是指通过因素差异修正系数将市地价格修正到某种潜在用途的基准地价。所谓因素差异修正系数是指将市地价格修正到某种用途基准地价的系数,主要是指用途差异系数。具体计算公式如下:

$$V_m = \left[V_c \times (1 \times K_y) \times K_{ij} \pm F_m \right] \times F_y \tag{4-18}$$

式中:V_m——某种用途基准地价;

$\qquad V_c$——耕地潜在市地价格;

$\qquad K_y$——用途影响因素修正系数之和;

$\qquad K_{ij}$——某用途的容积率修正系数;

$\qquad F_m$——某用途的开发程度修正系数;

$\qquad F_y$——某种用途使用年期修正系数。

②基准地价模型拟合法

土地用途转变和国家的政策倾斜会产生增值,耕地开发后的建设用地价格在货币上则表现为耕地本身价值、增值额和开发费用及利润之和。由于增值额是一个未知变量,耕地开发后的价值不能以此为基数进行计算。对于宗地价格的评估可采用市场比较法、成本法、假设开发等,而对于耕地整体价值评估采用模型拟合优度法,具体的技术思路为:在测算耕地的完整价值的基础上计算不同等级的耕地基准地价,通过对耕地的基准地价与城镇土地各用途土地基准地价进行地价模型拟合,选出拟合度最佳的土地用途地价模型。由于模型本身具有一定的局限性,所以要反复试算,如若拟合结果中存在某种用途的低级别地价大于高级别地价或同一级别的低等用途地价高于高等用途地价,必须用其他用途的地价与该模型进行第二次拟合,直到得到符合实际的地价为止。

具体步骤为:将现行的商业用地、住宅用地和工业用地各级别的基准地价与以耕地价格为基础测算的各级别市地价格组合为一个价格序列(y),以土地级别为自变量(x),以基准地价和市地价格为因变量,对土地级别和价格序列分别进行指数模型、对数模型、乘幂模型和多项式模型拟合。

A. 指数模型:$y = ae^{bx}$ \qquad (4-19)

B. 对数模型:$y = alnx - b$ \qquad (4-20)

C. 乘幂模型:$y = ax^b$ \qquad (4-21)

D. 多项式模型:$y = a_n x^n + a_{n-1} x^{n-1} + \cdots\cdots + a_2 x^2 + ax + a_0$ \qquad (4-22)

进行多次模型拟合后,选出拟合度 R^2 值最高的模型作为基准地价的试算模型。然后分别依据模型试算出各级别的地价,如果各级别地价出现了高级别地价低于低级别地价的现象,则需重新进行模型拟合,直到得出的结果符合现实情况为止。

(3)计算土地开发费用及其利润

这里的土地开发费用及利润与采用成本法评估建设用地价格中所涉及的土地开发成本及利润有一定的区别,此处的土地开发费用是指征地后对土地进行"X通一平"的费用。单位面积土地的开发费用要参照具体的标准,计算具体宗地的开发费用直接根据单位面积的土地开发费用乘以宗地面积来测算。

此处的合理利润是指根据生产要素分配原理,土地开发费用的所有者应该从土地用途变更前后的价格差异中根据土地开发费用的大小而获得合理的利润。

(4)确定耕地发展权价格

根据耕地发展权的内涵,土地开发费用及利润不属于耕地发展权价格的内涵,所以,耕地发展权价格等于建设用地价格减去耕地价格,再减去土地开发费用及利润,用公式表达为:

$$V_{cdr} = V_m - V_g - (C_k + R_k) \qquad\qquad (4-23)$$

式中:V_{cdr}——农地发展权价格;

$\qquad V_m$——耕地开发为建设用地的价格;

$\qquad V_g$——耕地价格;

$\qquad C_k$——开发费用;

$\qquad R_k$——开发利润。

4.4　长沙市耕地发展权价格评估实证研究

本研究以长沙市为例对耕地发展权价格进行评估测算。

4.4.1　耕地价格测算

(1)耕地生产收益价格测算

耕地生产力核算

耕地的生产力核算主要是指对耕地的生产能力进行核算,包括耕地的单位产量、单位产值和总产量的核算。根据长沙市的农作物的种植结构和资料收集的情况,本次测算选取了小麦、玉米、稻谷、大豆、油料、棉花七类农作物作为耕地生产力核算的基准作物。核算方法主要采用统计分析法,核算结果如下表4-1:

表4-1 长沙市各类农作物生产力统计表

Table 4-1 Productivity statistics of main crops in changsha

项目	小麦	玉米	稻谷	大豆	油料	棉花
播种面积 （千公顷）	0.17	3.44	340.19	2.79	35.18	0.75
单产 （公斤/亩）	207.45	412.15	471.317	233.41	116.39	83.64
总产量 （吨）	528.9975	21266.94	2405060	9768.209	61419.003	940.95
总产值 （万元）	374.7	12028.9	469673.3	22268.5	28997.9	28997.9

数据来源:《长沙市统计年鉴2009》。

②计算耕地总纯收益

根据7类作物的单位收益和单位成本(如表4-2),计算长沙市耕地单位面积纯收益;根据耕地单位面积纯收益和作物产量计算各类作物的总纯收益。

$$a_i = I_i - C_i \qquad\qquad (4-24)$$

$$a = \sum_{i=1}^{n} Q_i \cdot a_i \qquad\qquad (4-25)$$

式中:a_i——某农作物的年纯收益;

$\quad I_i$——某农作物的单位收益;

$\quad C_i$——某农作物的单位成本;

$\quad a$——耕地的总年纯收益;

$\quad Q_i$——某农作物的总产量。

经测算,7类基准作物的总纯收益为208459.88万元。

表4-2 主要农作物成本-收益表

Table 4-2 Cost-profit of main crops

项目	小麦	玉米	稻谷	豆类	油料	棉花
单位收益(元/吨)	1660.00	1650.00	1952.85	3702.30	4721.17	13352.60
单位成本(元/吨)	1189.21	1007.20	1156.67	2213.38	2474.14	9888.54
单位净收益(元/吨)	470.79	642.80	796.18	1488.92	2247.03	3464.06
总产量(吨)	529.00	21266.94	2405059.95	9768.21	61419.00	940.95

项目	小麦	玉米	稻谷	豆类	油料	棉花
总纯收益(万元)	24.90	1367.05	191486.53	1454.41	13801.04	325.95

注:单位收益主要通过查找各类作物相关网站获得,单位成本参考《中国统计年鉴2009》。

根据2008年7类基准作物的耕种面积及其占所有农作物面积的比例(表4-3),将基准作物的总纯收益修正到所有农作物的总纯收益。长沙市7类作物的耕地播种面积为392.73千公顷,占长沙市农作物播种面积的578.99千公顷的67.83%,考虑到其他农作物的收入和播种面积较少,因此应适当调高到75%,经计算得长沙市耕地年总纯收益为277946.51万元。

$$208459.88 \div 75\% = 277946.51(万元)$$

根据长沙市农作物总纯收益计算单位面积耕地的年经济收益。长沙市耕地总面积为262.19千公顷,则长沙市耕地的年经济收益为:

$$277946.51 \times 10000 \div (262.19 \times 1000) = 10600.96(元/公顷)$$

表4-3　长沙2008年农作物播种面积及其比例

Table 4-3　Sow area and ratio of crops at 2008 in Changsha

作物种类	播种面积(千公顷)	占总播种面积的比重(%)	作物种类	播种面积	占总播种面积的比重(%)
稻谷	340.19	58.76	麻类	0.11	0.02
小麦	0.17	0.03	甘蔗	0.3	0.05
玉米	3.44	0.59	烟草	10.18	1.76
高粱	0.12	0.02	药材	2.84	0.49
豆类	2.79	0.48	蔬菜	129.63	22.39
薯类	7.24	1.25	瓜果	6.67	1.15
油料	35.18	6.06	其他	39.38	6.80
棉花	0.75	0.13			

注:参考《长沙市统计年鉴2009》。

③确定耕地质量当量

由于不同地区耕地类型组合、作物品种、熟制不同,耕地发展权交易涉及不同地区,因此在耕地生产力核算中,必须构建"耕地质量当量"指数,以使不同区域具有可比性。所谓耕地质量当量是指某耕地的生产能力与全区域平均水平的比值。由于耕地质量差异的存在,其生产力状况也分为不同层次状况,可将耕地生产力分为四个等别。由于长沙市各区的作物品种、熟制情况基本相同,因此本研究采用单因素法确定耕地生产力级别,选取耕地单产作为耕地级别划分的评价因子,由此划分耕地的质量级别。

A. 选定基准农作物

由于各类农作物的产量和产值均不相同,在计算区域平均单产时不可利用全区域农作物总产量与耕地面积相除求取,而应将 7 类不同农作物的产量折算成基准农作物的理论标准粮产量后方可求取。依据各类农作物的播种面积和比例情况,本研究选取水稻作为基准农作物。

B. 求取耕地平均单产

将各类农作物产量折算成水稻产量:

$$Q_a = \frac{(\sum P_i/I_s)B_p}{S_g} \qquad (4-26)$$

式中: Q_a ——区域单位面积基准农作物平均产量;

　　　 P_i ——某农作物年总产值;

　　　 I_s ——标准农作物 – 水稻的单位收益;

　　　 B_p ——选取农作物占所有农作物播种面积的比例;

　　　 S_g ——耕地面积。

将相应数据代入上式,可求得长沙市耕地的理论标准粮平均单产为 14643.75 公斤/公顷。

C. 确定标准农作物最佳状态单产

经初步调查,确定耕地的理论标准粮最佳状态单产为 19950 公斤/公顷。

D. 确定耕地质量当量

选取耕地各级别单产的组中值作为耕地质量当量的比照因子,将其与耕地最佳生产力状况下的产量进行对比求出比值,再将耕地理论标准粮平均单产与最佳生产力状况下的产量进行对比求出比值,然后将两个比值对比求出耕地质量当量。依据抽样调查结果,确定 Ⅰ、Ⅱ、Ⅲ、Ⅳ 级别的耕地理论标准粮的组中值分别为 17280 公斤/公顷、15570 公斤/公顷、14010 公斤/公顷、12990 公斤/公顷。经初步核算,四个级别的耕地质量当量分别为 1.18、1.06、0.96、0.89。

④计算单位面积年经济收益

根据长沙市耕地的平均年经济收益和耕地质量当量,计算四种级别耕地的年经济收益分别为: 12509.40 元/公顷、11271.49 元/公顷、10142.17 元/公顷、

9403.77元/公顷。

⑤还原利率的确定

还原利率是将土地的纯收益还原成土地价格的利率或比率,其实质是一种资本投资的收益率。根据我国耕地的收益特性,耕地的还原利率可以以一年期存款利率为标准,在此基础上进行调整。经查阅近三年人民币存款利率表,取三年平均值可测算出人民币存款利率为3.96%。耕地种植的农作物一般为粮食作物和一般的农副产品,多为一年生农作物,由于农作物产量易受自然灾害的影响,其经济收益有一定的风险性,因此本研究将长沙市耕地的风险调整值定为1.4%,将Ⅰ、Ⅱ、Ⅲ、Ⅳ级别耕地的风险调整值分别定为1%、1.1%、1.5%、1.9%,由此可以得出长沙市耕地的土地还原利率为5.36%;Ⅰ、Ⅱ、Ⅲ、Ⅳ级别耕地的土地还原利率分别为4.96%、5.06%、5.46%、5.86%。

⑥测算耕地经济性生产价格

需要补充说明的是,p为每亩耕地的平均收益价格;a表示的是近三年每亩耕地的平均净收益;s是耕地净收益的递增幅度,农村居民消费水平年增长率为4.53%,但由于农民收入的主要来源并非来自于农业收入,因而耕地的年净收益幅度应小于农民消费水平增长率,本研究假定耕地年净收益年递增的幅度为3.75%;假定Ⅰ、Ⅱ、Ⅲ、Ⅳ级别耕地年净收益年递增的幅度分别为3.88%、3.88%、3.54%、3.54%,土地使用年限确定为无限年期,依此计算长沙市耕地平均生产收益价格为:

$$V_p = \frac{a}{r-s} = \frac{10600.96}{3.96\% + 1.4\% - 3.75\%} = 658444.72(元/公顷)$$

式中,V_p——耕地的生产收益价格;

$\quad a$——耕地年纯收益;

$\quad s$——净收益每年递增的幅度;

$\quad r$——耕地的收益还原利率。

根据各级别耕地的年平均收益、土地还原利率、净收益每年递增的幅度和上述公式可求出各级别耕地的生产收益价格。经测算各级别耕地生产收益价格分别为115.83元/平方米、95.52元/平方米、52.82元/平方米、40.53元/平方米(见表4-4)。

表4-4 长沙市各质量等级耕地的生产收益价格分析表

Table 4-4 Product profit price of cultivated land about various quality grade in Changsha

级别	Ⅰ	Ⅱ	Ⅲ	Ⅳ
耕地质量当量	1.18	1.06	0.96	0.89

级别	I	II	III	IV
耕地平均年经济收益(元/公顷)	10600.96	10600.96	10600.96	10600.96
各级别耕地年平均经济收益(元/公顷)	12509.40	11271.49	10142.17	9403.77
各级别耕地生产收益价格(万元/公顷)	115.83	95.52	52.82	40.53

(2)耕地社会保障价格计算

①人均养老保险费缴纳金额计算

A. 计算耕地的可保障系数

确定农民年人均农业纯收入和农民年人均纯收入后,根据公式4-5及表4-5,计算耕地的可保障系数为:

$$1334.76 \div 8002.3 = 0.167$$

表4-5 长沙市耕地社会保障价格评估基本数据统计表

Table 4-5 The data statistics of Social Security Price of cultivated land in Changsha

项目	数据
农业人口(万人)	4085235
耕地面积(公顷)	262.19
人均耕地(亩/人)	0.96
农民年人均纯收入(元/人)	8002.30
农民年人均农业纯收入(元/人)	1334.76
人均月最低生活保障费(元/人)	125.00
农村年人均医疗保健费(元/人)	240.00
男女性别比	104∶100
男性人口所占比例(%)	51.03
女性人口所占比例(%)	48.97

B. 养老保险价格计算:

参考1998年中国人寿保险公司个人养老保险费率计算标准,设平均年龄为30岁,依据个人养老金保险费率表查找趸缴金额,依据个人养老保险费用计算公式求出平均养老保险价格为:

$(23112.3 \times 51.03\% + 23672.63 \times 48.97\%) \times 125 \div 100 \div 0.96 \times 0.167 = 5064.97(元/亩) = 75974.55(元/公顷)$

通过计算可以确定每公顷耕地承养一位农民的养老保险费为 75974.55 元。

②人均医疗保险费用计算

参考长沙统计年鉴数据,农村医疗保险费为 240 元,其中农民自己交 70 元,村委补贴 170 元,依据投保年龄"男性 30 年,女性 25 年"标准,结合长沙市实际情况,假定长沙市人均投保年龄均为 30 年,则可得出人均医疗保险费用为 7200 元,由此计算:

$(70 + 170) \times 30 \times 0.167 \div 0.96 = 1247.47(元/亩) = 18712.05(元/公顷)$

综上,每公顷耕地的社会医疗保障价格为 18712.05 元。

③人均教育支出费用与技能培训费用计算

A. 人均教育支出费用计算

以九年制义务教育费用支出时间来计算人均教育支出费用。根据长沙市实际情况,2004 年至 2008 年的年均教育费为 561 元,以九年义务教育费用支出时间计算得出人均教育支出费用为 5046 元,则:

$5046 \times 0.167 \div 0.96 = 874.27(元/亩)$

B. 技能培训费用计算

由于个人的学习途径除了九年义务教育之外,还应该有一定的就业与生存的技能培训学习。现假定一个人在 18 - 50 岁期间每年支付学习费用 350 元,三年期平均银行定期存款利率为 3.96%,考虑到物价指数和通货膨胀对折现率的影响,将还原利率定为 1.5%,则技能培训费用合计为:

$350 \times [1 - (1 + 1.5\%)^{37}]/[1 - (1 + 1.5\%)] \times 0.167 \div 0.96 = 2970.504(元/亩)$

$874.27 + 2970.50 = 3844.77(元/亩) = 57671.55(元/公顷)$

根据长沙市耕地的养老保障价格、医疗保险价格、单位面积耕地教育支出和技能培训费用的计算结果,可求出单位面积耕地的社会保障价格为:

$5064.97 + 1247.47 + 2970.50 + 874.27 = 10157.21(元/亩) = 152358.15(元/公顷)$

(3)耕地社会稳定价格计算

耕地不仅对农民生活起着保障体系的作用,对国家粮食安全与社会稳定同样起着保障作用,依据公式 4 - 10,耕地的社会保障价值应等于耕地开垦费、土壤培肥费和土地稀缺性价值之和。

根据《湖南省土地管理条例实施办法》,耕地开垦费按照征地补偿费的 1.5 倍

收取,征地补偿费按照年产值的 6—10 倍计算,长沙市每平方米的耕地开垦费
如下:

$$14700.96 \times 10 \div 10000 \times 1.5 = 22.05(元/平方米)$$

土壤培肥费的计算可根据耕地单位纯收益、培肥年数和还原利率来求取。由
于土地的自然供给无弹性,可开发为耕地的土地也是有限的,在无地可垦的情况
下,即使投入再多也无法确保耕地占补平衡。因此耕地的社会稳定价格应考虑土
地的稀缺性价值,但由于其难以量化,可通过适当延长土壤培肥费的年数来计算
土地的稀缺性价值。长沙市新开发的耕地一般在 3—5 年可以达到一般肥力标
准,考虑到土地的稀缺性价值,将土壤培肥周期确定为 5—8 年;Ⅰ、Ⅱ、Ⅲ、Ⅳ级别
耕地的土壤培肥年数分别为 8 年、7 年、6 年和 5 年。

根据耕地开垦费和土壤培肥费计算结果,评估耕地的社会稳定价格,其结果
如表 4 - 6。

表 4 - 6　长沙市耕地社会稳定价格测算分析表
Table 4 - 6　Calculation analysis of Social Stability Price of cultivated land in Changsha

单位:元/平方米

级别	耕地开垦费	土壤培肥费	社会稳定价格
Ⅰ	22.05	6.49	28.54
Ⅱ	22.05	4.57	26.62
Ⅲ	22.05	3.15	25.20
Ⅳ	22.05	1.77	23.82

(4)生态服务功能价格测算

对耕地生态服务功能价格评估的方法主要有市场价值法、人力资源法、重置
成本法、影子工程法和旅行费用法等。考虑到这些方法本身的局限性和方法所需
数据采集的困难性,本研究以单位面积生态服务价值相当的经济价值来推算耕地
的生态服务价值。谢高地等人(2003)结合 Costanza 等学者估计的各项生态系统
服务价值的成果,制定了中国陆地生态系统单位面积生态服务价值当量表,构建
了生态服务功能强度与生物量的线性关系,测算出适合我国的单位面积生态服务
价值(如表 4 - 7 所示)。

表 4 - 7 2003 年中国农田生态服务价值当量和单位面积生态服务价值表

Table **4 - 7** The ecosystem services value equivalent and the

of ecosystem services value on unit area in China

生态服务功能	生态服务价值当量	单位面积生态服务价值（元/公顷）
气体调节	0.5	442.4
气候调节	0.89	787.5
水源涵养	0.6	530.9
土壤形成与保护	1.46	1291.9
废物处理	1.64	1451.2
生物多样性保护	0.71	628.2
食物生产	1	884.9
原材料	0.1	88.5
娱乐文化	0.01	8.8

长沙市耕地的生态服务价值可以我国的单位面积生态服务价值为基础来进行计算,具体则根据单位面积的生态服务价值年纯收益,确定合适的还原利率,采用收益还原法测算价值。

每公顷农田在气体调节、气候调节、水源涵养等 9 个方面的生态服务总价值为 6114.3 元,还原利率依然取 3.96%。长沙市耕地的生态服务价格为 154401.5元/公顷。

综上,将测算的各级别耕地的生产收益价格、社会保障价格、社会稳定价格和生态服务功能价格相加,即可得长沙市各级别耕地的完整价格分别。长沙市Ⅰ、Ⅱ、Ⅲ、Ⅳ级别耕地的耕地总价格分别为 175.04 元/平方米,152.82 元/平方米,108.70 元/平方米和 95.03 元/平方米(表 4 - 8)。

表 4 - 8 目前长沙市各级别耕地价格

Table **4 - 8** The prices of cultivated land about various levels in Changsha

单位:元/平方米

土地等级	Ⅰ	Ⅱ	Ⅲ	Ⅳ
生产收益价格	115.83	95.52	52.82	40.53
社会保障价格	15.24	15.24	15.24	15.24

土地等级	I	II	III	IV
社会稳定价格	28.54	26.62	25.20	23.82
生态环境价格	15.44	15.44	15.44	15.44
耕地价格	175.04	152.82	108.70	95.03

4.4.2 耕地潜在市地价格测算

在测算耕地价格的基础上,还须估算耕地开发为市地后的价格,在这里称之为耕地的潜在市地价格。前面介绍耕地的潜在市地价格有两种方法,一种是因素修正法,另一种是模型拟合法。由于用途差异产生的因素差异系数难以确定,因此本研究采用模型拟合法测算耕地的潜在市地价格。进行模型拟合的基础变量包括市区基准地价和耕地的潜在基本市地价格。

(1)长沙市市区基准地价

长沙市基准地价更新是按照土地条件划分均质地域,用市场交易价格资料评估区域平均价格作为基准地价。目前,长沙市实行的是 2005 年 7 月 1 日的基准地价结果,如表 4 - 9 所示。

表 4 - 9 2005 年长沙市城镇土地各级别基准地价表

Table 4 - 9 Basic prices of urban land about various levels in Changsha

土地级别	商 业		住 宅		工 业	
	元/平方米	万元/亩	元/平方米	万元/亩	元/平方米	万元/亩
I	5470	364.7	4150	276.7	2180(1710)	145.3(114.0)
II	3740	249.3	3020	201.3	1780(1400)	118.7(93.3)
III	2010	134.0	1610	107.3	1210(950)	80.7(63.3)
IV	1320	88.0	1120	74.7	920(740)	61.3(49.3)
V	890	59.3	800	53.3	710(620)	47.3(41.3)
VI	630	42.0	590	39.3	510(400)	34.0(26.7)

(2)耕地的潜在基本市地价格估算

由于耕转变为城镇建设用地,主要通过投入土地开发费、基础设施配套费、相关税费、利息及获取相应的利润来完成。耕地经过转变用途,进行"五通一平""七通一平"的开发,由"生地"转变为"熟地",就成为可以为城市建设直接利用的城市土地了,因此,耕地潜在基本市地价格可采用成本逼近法进行评估。参照各地的土地开发费标准,初步确定长沙市的五通一平的土地开发费为 98 元/平方米,按投资利润率按 20%,贷款利率按 6%,土地增值收益按 25%计,将耕地的征用地价与土地开发费用、利息、利润和土地增值收益相加即得潜在市地价格。各级别的耕地转化为建设用地后的潜在价格分别为 412.84 元/平方米、379.24 元/平方米、312.53 元/平方米和 291.86 元/平方米,见表 4 – 10。

表 4 – 10   各级别耕地潜在市地价格分析表

Table **4 – 10**   The analysis of potential urban land price of cultivated land about various levels in Changsha

单位:元/平方米

土地级别		耕地价格	土地开发费	利息	利润	土地增值收益	耕地潜在市地价格
长沙市	I	175.04	98.00	16.38	54.61	68.81	412.84
	II	152.82	98.00	15.05	50.16	63.21	379.24
	III	108.70	98.00	12.40	41.34	52.09	312.53
	IV	95.03	98.00	11.58	38.61	48.64	291.86

(3)耕地的潜在市地各用途价格评估

①耕地的潜在市地各用途价格测算

耕地被国家征收后可开发为商业用地、住宅用地和工业用地,每一块耕地都有转化成任一用途的可能性,因此,在测算耕地潜在市地价格的基础上,还应对商业、住宅和工业三种不同用途的潜在市地价格进行估算。具体的计算方法则采用市区的基准地价与耕地的潜在市地价格进行模型拟合得到,将市区各用途的基准地价序列和耕地潜在市地价格序列按照级别大小顺序组合成新的价格序列,建立地价与土地级别的数学关系模型,求出地价级差系数,再用地价级差系数等参数来估算地价。长沙市市区地价与耕地潜在市地价格衔接的价格序列见图4 – 1。

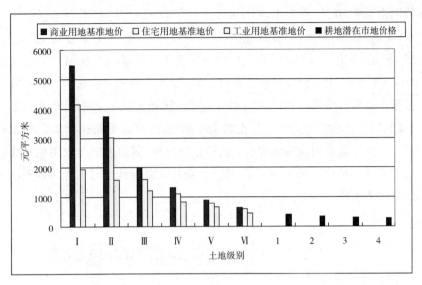

图 4 - 1 长沙市市区基准地价与耕地潜在市地价格衔接序列图

Fig. 4 - 1 Join Sequence of Basic prices of urbanl and and the

potential urban land price of cultivated land in Changsha.

分别将市区商业、工业和住宅用地的基准地价与耕地的潜在市地价格相衔接,进行指数模型、对数模型、乘幂模型和多项式模型的拟合,选出拟合度最高的模型作为地价最佳拟合模型,求地价级差系数。市区基准地价级别数可作为 x 轴变量,由于耕地的潜在基本市地价格的级别差异度大大小于市区基准地价的级别差异度(图 4 - 1),因而耕地潜在市地价格的 x 轴变量应为市地级别数加上耕地潜在市地价格级别数的 0.5 倍,经拟合,三种用途的最佳地价拟合模型及其拟合度如下:

商业用地最佳拟合模型及拟合度:

$y = -15.769x^3 + 370.07x^2 - 290 + 8040.4$

$R^2 = 0.9963$

住宅用地最佳拟合模型及拟合度:

$y = -13.705x^3 + 293.63x^2 - 2205.8x + 6146.1$

$R^2 = 0.9935$

工业用地的最佳拟合模型及拟合度:

$y = 0.4622x^3 + 24.221x^2 - 489.03x + 2429.5$

$R^2 = 0.9976$

根据拟合模型算出各用途对应的潜在市地价格。耕地四级别潜在商业用地价格分别为 469. 30 元/平方米、437. 06 元/平方米、424. 29 元/平方米、419. 15 元/平方米;耕地四级别潜在住宅用地价格分别为 450. 53 元/平方米、392. 55 元/平方米、337. 49 元/平方米、275. 06 元/平方米;耕地四级别潜在工业用地价格分别为 401. 07 元/平方米、351. 65 元/平方米 319. 20 元/平方米和 304. 05 元/平方米。

　　根据模型拟合结果可知住宅用地的最末一级地价低于工业用地的最末一级地价,显然不符合地价用途级差收益的基本原则,因此应重新选择地价模型对其进行修正。由于工业用地的地价模型的拟合度最高,因而可用工业用地基准地价拟合模型得到的地价作为 x 轴变量,建立工业用地基准地价与住宅用地基准地价之间的数学关系模型,如图 4 - 2。

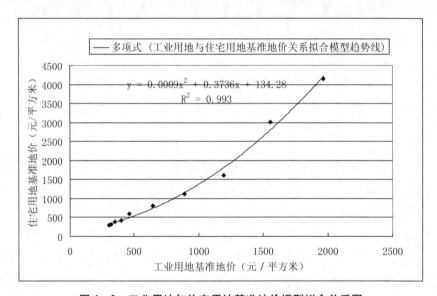

图 4 - 2　工业用地与住宅用地基准地价模型拟合关系图

Fig. 4 - 2　The simulation relation of base premium between industrial land and residential land

　　工业用地与住宅用地基准地价拟合模型为:
$$y = 0.0009x^2 + 0.3736x + 134.28$$
$$R^2 = 0.993$$

　　根据上述模型求出各级别的耕地作为住宅用途的潜在价格分别为 428. 90 元/平方米、376. 95 元/平方米、345. 23 元/平方米、331. 08 元/平方米。

　　综上,耕地转化为市地各用途的基准地价,如表 4 - 11。

表 4 - 11 长沙市各级别耕地分用途潜在基准地价表

Table 4 - 11 Poteutial base premium from cultirated land about varions lovels to different urban land use in changsha

单位:元/平方米

耕地级别	耕地潜在市地基本价格	商业用地潜在价格	住宅用地潜在价格	工业用地潜在价格
Ⅰ	412. 84	469. 30	428. 90	401. 07
Ⅱ	379. 24	437. 06	376. 95	351. 65
Ⅲ	312. 53	424. 29	345. 23	319. 20
Ⅳ	291. 86	419. 15	331. 08	304. 05

(2)耕地的潜在市地价格空间分析

理论上来说,耕地的潜在市地价格与土地级别呈正相关,即耕地级别越高,其潜在市地基准地价也越高,然而这种理论与现实并不符合,例如位于近郊的Ⅱ级耕地的潜在市地价格一般比远郊的Ⅰ级农用地的城镇基准地价要高。这是因为城镇建设用地价格主要出土地的区位因素决定。所以,有必要对求得的城镇基准地价进行空间调整,将长沙市划分为若干均质区域,进而确定农用地各区域内的级别基准地价。

前面测算的耕地潜在市地价格与城镇基准地价具有良好的衔接性,该地价可理解为城市边缘或城乡接合部的城市基准地价,而在近郊、远郊和农村腹地,其价格会逐渐递减,因此,城市边缘带以外的耕地潜在市地价格需在测算的各级别耕地潜在市地价格进行区域因素修正方可得到。依据基准地价评估的一般原理,在评估区域整体价格之前,应将评估区划分为若干均质区域,划分均质区域主要依据耕地转化为城镇建设用地后的区位条件来确定。一般说来,土地区位条件与相对市中心的距离呈正相关,按照这一原理,我们可以将农用地粗略地划分为城乡接合部、近郊、远郊、农村腹地等区域,在此基础上,根据农用地所在区域的区位条件细分为若干均质区域。

划分均质区域后,每个区域内就有四个级别的耕地潜在市地价格,最佳区位的区域级别基准地价与以下各次级区位区域的级别基准地价构成了一个在空间上连续的地价系列。

4.4.3 耕地发展权价格测算

(1)土地开发费用及利润估算

本研究将土地开发费定义为土地开发程度达到"五通一平"的费用,根据全国单位面积土地开发费用和长沙市的土地开发费用,确定土地开发费为98元/平方米,土地开发利润取20%,则土地开发成本为及利润为:

$$98 + 98 \times 20\% = 117.6(元/平方米)$$

(2)耕地发展权价格测算

根据耕地发展权价格内涵,耕地发展权价格为耕地开发为建设用地扣除开发成本及利润后的价格减去耕地完整价格。

将长沙市各级别耕地的耕地完整价格、耕地转化为市地各用途的潜在价格、土地开发费用及利润代入公式4-23,得到各级别耕地的耕地发展权价格,计算结果如表4-12。和耕地潜在市地价格一样,这里估算的耕地发展权价格亦为城市边缘带的价格,城市边缘带以外的耕地发展权价格则依据进行区域因素修正后的耕地潜在市地价格扣除耕地完整价格和土地开发成本及利润得到。

表4-12 长沙市各级别耕地分用途耕地发展权价格

Table 4-12 The price of cultivated land development rights from cultivated land about various levels to different urban land use in Changsha

单位:元/平方米

耕地级别	整体耕地发展权价格	发展为商业用地的耕地发展权价格	发展为住宅用地的耕地发展权价格	发展为工业用地的耕地发展权价格
Ⅰ	295.24	351.70	311.30	283.47
Ⅱ	261.64	319.46	259.35	234.05
Ⅲ	194.93	306.69	227.63	201.60
Ⅳ	174.26	301.55	213.48	186.45

第 5 章

耕地发展权价格评估的理论与方法研究（Ⅱ）

——基于多指标综合评价的评估理论与方法

5.1　耕地发展权价格评估原则

耕地发展权评估遵循如下原则：

（1）最有效利用原则

最有效利用原则是指进行土地估价时通常假定土地处于最有效最佳利用状态。土地在不同利用方式下价值有差异，土地在同一利用方式不同利用程度下，价值也有差异，只有当土地处于最有效最佳利用状态时，土地价值才会得以最优发挥，达到最大值，以此作为优化配置土地资源的依据，能保证土地资源的有效利用。土地价格评估以评估对象的利用最有效为前提，得出一个公平合理的价格。

（2）替代原则

按照经济替代原理，在同一商品市场中，同一属性的商品应保持相同的价格。根据市场运行规律，在同一公开市场中，同价格效用大者需求大，同效用价格低者需求大，一种商品的价格升高或降低会引起另一种商品的需求增大或减少，则这两种商品互为替代，作为特殊商品的土地也是如此。在同一区域或类似区域，同一时期功能相同或类似的土地在相同土地利用条件下，其价格相近，源于彼此的相互竞争，使价格相互牵制而趋于一致。

（3）预期收益原则

土地价格是指人们为获取未来年期土地收益而付出的代价，即地租的资本化，其中土地价格高低取决于所获取的未来年期土地收益。过去的土地收益有助于推测未来收益的变化趋势，但并不决定土地价格，估价人员应当对过去土地权利收益情况进行熟悉，并对影响土地价格的土地市场现状以及影响土地市场运行的政策方针等因素进行分析，对土地市场发展趋势以及土地投资行为在正常情况下客观的成本收益情况进行预测，进而对收益价格进行估算。预期收益必须是持续且有规律产生的,保证安全可靠、客观合理是在正常的经营管理水平和市场交易情况下的土地纯收益。

(4)供需原则

在市场经济条件下,商品的价格由市场对该商品的需求和供给共同影响,作为特殊商品的土地与其他商品一样,其供需情况对价格的影响程度也很大。土地位置的固定性直接决定了土地市场的地域性,从而引起土地供需的强烈地域性。土地供给包括土地自然供给和土地经济供给,其中,土地自然供给是没有弹性的;土地经济供给因土地用途、政策、土地使用者的不同以及科学技术的进步而产生变动,它会对市场价格在一定程度上产生影响。而随着社会经济发展和人们生活水平的提高,人们对土地的需求则越来越大,因此,土地价格在一定条件下主要受需求的影响。

(5)贡献原则

贡献原则是指影响土地价值的某因素对土地整体的价值贡献,或者当缺少它时对整体价值下降的影响程度。根据经济学的边际收益原则,各生产要素对总收益的贡献大小决定它的价值大小,评估土地价格时应考虑到土地这一要素的贡献具有优先性和特殊性,因为地价在进行总体开发投资之前就需要支付。按照生产函数理论,企业的经营收益应当依据劳动、资本、土地及经营等各生产要素的贡献大小来进行分配,将属于土地所贡献的部分收益通过适当的还原利率进行还原就可以得到土地价格。贡献原则可用于调整土地或建筑物的投资和土地的部分改良,分析其对土地价值的贡献大小,来判定该项追加投资是否合理;还可以通过贡献原则判断土地最有效利用的上升程度,即将某土地投资改良前后的最有效利用进行对比分析,确定其上升程度。

(6)变动原则

土地市场的需求和供给会伴随着影响土地价格的社会、经济、行政和环境因素的动态变化而变动,这些变动最终影响土地的价值,因此,土地估价必须要在对现在与过去的变动分析的基础上,了解该土地的效用、稀缺性和有效需求,以及与这些因素发生变动密切相关的一般因素、区域因素和个别因素,并灵活把握各因素相互之间的动态影响程度,才能评估出该土地的有效价格。变动原则又称估价时点原则,意味着所评估的土地价格只是某一时点的价格,由于对价格的变动难以准确预测,适用这个估价结果的时间是比较短的。

(7)均衡原则

均衡原则一方面是指应当均衡配置土地内部各要素,不造成任何内部要素价值的浪费,达到最大的收益。构成土地价值的土地、劳动力、资本和经营管理等四个因素配置越均衡,该土地产生的效用越大,如果投资过度或经营不善,则会导致效用的降低;另一方面是指土地应当保持与其外在的环境相适应,才能体现出它最高的市场价值,否则,土地的价值会降低。因此,判定土地是否适应环境的标准是它是否为最有效利用。同样,均衡原则对于判定土地是否处于最有效利用状态十分重要,土地内部构成要素的组合状态与外部环境如果达到最优组合,即处于均衡状态,也即处于最有效利用阶段。因土地与其所处区域之间有相互依赖和补充等关系,深受区域环境影响,土地只有与其所处地区保持协调一致,才能发挥其最大效用,因此,均衡原则也称为适合原则或协调原则。

5.2　基于多指标综合评价的耕地发展权价格估算方法

国外对土地发展权价格评估方法的研究成果较为丰富,我国对土地发展权价格评估方法的研究甚少,而研究耕地发展权价格评估方法的成果就更为稀少。本研究将采用模糊综合评判法和改进的三标度层次分析法评估耕地价格,市地价格数据从国土资源公报上获取,并在此基础上运用差值法估算出市地价格与耕地价格、土地开发费、利润、利息四者之和的差额,从而估算耕地发展权价格。

5.2.1　测算耕地价格

5.2.1.1　指标体系构建原则

(1)系统性和层次性原则

耕地是一个自然—经济—社会复合系统,耕地的属性就是影响耕地价格的因素,建构评估耕地价格的指标体系必须是一个有机整体,它要覆盖影响耕地价格的各个方面,构成相应的系统,反映各指标对耕地价格的影响以及各自之间的相互关系。指标体系包含多因素、多层次,成为一个等级体系,从其结构上看,形成系统、亚系统、子系统的等级层次。

(2)全面性和代表性原则

所选指标必须能全面说明影响耕地价格的内容,一旦漏选或错选就会造成结果的不合理甚至不正确,但是由于收集数据的困难性以及追求指标的数量并不一定能加强结果的正确性,因此,不应该把所有内容都完全提取出来,要避免出现不重要或内容上和其他部分重叠的指标,应选取对估算耕地价格有代表性的指标,避免指标体系过于庞大。

(3)科学性与可操作性原则

各项评价指标必须具有科学性,能科学反映耕地估价结果,并且应该具备可操作性;所需数据应容易获取和整理;处理数据的方法应科学且容易掌握;数据来源必须保证准确,可以从统计或相关部门直接收集指标数据,也可以通过抽样调查或典型调查等有效途径来获取数据;数据的统计口径应当保持一致。

5.2.1.2 指标体系的构建

根据评价指标选取原则,应用文献资料法和专家咨询验证,定性分析、筛选评估耕地价格指标,选取指标的工作流程是:指标初选—归纳分析剔除明显不合理指标—初步论证与专家筛选—确定指标。对耕地价格评估的方法大多为收益还原法等基本估价方法,收益的确定难以把握其客观性和合理性,本研究从综合考虑耕地社会、经济和生态效益等三方面的属性,从耕地投入产出因素、耕地社会因素、耕地生态环境因素等三个方面构建评估耕地价格的指标体系,其中包括单位耕地净年产值、人均耕地面积、旱涝保收面积指数等 16 个指标,寻求全方位地论证耕地价格。

5.2.1.3 数据标准化

考虑到指标体系中各指标的单位并不统一,难以比较,为方便本研究数据部分的操作,把指标分为正向指标、负向指标和中间适宜指标,采用标准化的方式对原始数据进行处理:

$$u'_{ij} = \begin{cases} \dfrac{u_{ij}}{\max(u_{ij})} & \text{正向指标时} \\[3mm] \dfrac{\min(u_{ij}, u_o)}{\max(u_{ij}, u_o)} & \text{中间适宜效果时} \\[3mm] \dfrac{\min(u_{ij})}{u_{ij}} & \text{负向指标时} \end{cases} \qquad (5-1)$$

式中,u'_{ij} 表示原始数据标准化后的值;u_{ij} 表示各因子数列中的每一项;u_o 为中间适宜效果指标时的最优值;$\max(u_{ij})$ 表示该因子数列中的最大值;$\min(u_{ij})$ 表示该因子数列中的最小值。

5.2.1.4 建立评价标准

建立评价标准集 $S = \{s_1, s_2, s_3, \cdots, s_m\}$,参考相关文献评价标准,确定估算耕地价格评价标准集 $S = \{Ⅰ级, Ⅱ级, Ⅲ级, Ⅳ级, Ⅴ级\} = \{高, 偏高, 一般, 偏低, 低\}$,即本研究把耕地价格分为 5 级,$m = 5$。根据向专家咨询的意见,确定单因子分级标准。

5.3.1.5 计算隶属度,给出单因素评价矩阵 L

建立单因素评判体系,即建立一个从 u' 到 f(s) 的模糊映射,由 f 确定出模糊关系,则第 i 个因子的单要素评判向量为 S 上的模糊集 $L_i = \{l_{i1}, l_{i2}, {}_{i3}, \cdots, l_{im}\}$,单因素评判矩阵则为 $L = (l_{ij})_{n \times m}$。

隶属度是指因子集中每个评价因子每一评价参数对评价集中每一等级的隶属程度,它是通过隶属函数来求得。隶属度的取值可以是区间 $[0,1]$ 之中的任何数,若隶属度值接近于 1 时,表示隶属程度高;反之,若隶属度值接近于 0 时,表示隶属程度低。隶属函数种类繁多,这里选取降(升)半梯形分布,建立一元线性隶属函数。

结合本处计算实际,其数学模型为:

$$\mu_1(u'_i) = l_{i1} = \begin{cases} 1 & u'_i \geq s_{i1} \\ \left| \dfrac{u'_i - s_{i2}}{s_{i2} - s_{i1}} \right| & s_{i2} < u'_i < s_{i1} \\ 0 & u'_i \leq s_{i2} \end{cases} \quad (5-2)$$

$$\mu_j(u'_i) = l_{ij} = \begin{cases} \left| \dfrac{u'_i - s_{i,j-1}}{s_{i,j} - s_{i,j-1}} \right| & s_{i,j} < u'_i < s_{i,j-1} \text{ 且 } j=2,3,4 \text{ 时} \\ \left| \dfrac{u'_i - s_{i,j-1}}{s_{i,j} - s_{i,j+1}} \right| & s_{i,j+1} < u'_i \leq s_{i,j} \text{ 且 } j=2,3,4 \text{ 时} \\ 0 & u'_i \leq s_{i,j+1} , u'_i \geq s_{i,j-1} \text{ 且 } j=2,3,4 \text{ 时} \end{cases}$$

$$(5-3)$$

$$\mu_5(u'_i) = l_{i5} = \begin{cases} 1 & u'_i \leq s_{i,5} \\ \left| \dfrac{u'_i - s_{i,4}}{s_{i,5} - s_{i,4}} \right| & s_{i,5} < u'_i \leq s_{i,4} \\ 0 & u'_i \geq s_{i,4} \end{cases} \quad (5-4)$$

式中,$s_{i,j}(i=1,2,\cdots,n;j=1,2,3,4,5)$ 表示第 i 个因子分别对应于耕地资源价格 I 级、II 级、III 级、IV 级、V 级的评价标准;u'_i 表示第 i 个因子的评价特征数据;$\mu_j(u'_i)$表示u'_i对j级的隶属度,其取值在$[0,1]$之间。

耕地价格评估模糊关系可用$n \times 5$维模糊矩阵表示:

$$L = (l_{ij})_{n \times 5} = \begin{bmatrix} l_{11} & l_{12} & \cdots & l_{15} \\ l_{21} & l_{22} & \cdots & l_{25} \\ \vdots & \vdots & \vdots & \vdots \\ l_{n1} & l_{n2} & \cdots & l_{n5} \end{bmatrix} \qquad (5-5)$$

5.2.1.6 建立权重向量

权重是用来衡量就评价对象而言评价指标较其他评价指标对其的重要程度,本研究结合数位专家的专业判断意见以及运用改进的三标度层次分析法计算权重值。

已知因子集$U' = \{u'_1, u'_2, u'_3, \cdots, u'_n\}$与评价集$S = \{s_1, s_2, s_3, s_4, s_5\}$,并设对各因子的权重分配为$U'$上的模糊子集$Q,Q = \{q_1, q_2, q_3, \cdots, q_n\}$,而$q_i$为第$i$个因子$u'_i$对应于所在因素区域内的权重值,且$\sum_{i=1}^{n} q_i = 1$。

采用改进的三标度层次分析法,即IAHP方法,将指标分成各个层次,建立不同比较层次的比较矩阵,在此基础上建立感觉判断矩阵、客观判断矩阵以及进行归一化处理,得出各指标的权重。

步骤如下:

(1)构造主观比较矩阵$R = [r_{ij}]$,当指标i比指标j重要时,取$r_{ij} = 1$;当指标i与指标j同等重要时,取$r_{ij} = 0$;当指标j比指标i重要时,取$r_{ij} = -1$。

(2)建立感觉判断矩阵$W = [w_{ij}]$,$W_{ij} = g_i - g_j, g_i = \sum_{j=1}^{m} r_{ij}$

(3)计算客观判断矩阵$K = [k_{ij}]$,$k_{ij} = p^{w_{ij}/w_m}, w_m = \max_{i,j}(w_{ij})$,p为使用者定义的标度扩展范围,定义$p = 5$。

(4)通过对R的任一列元素进行归一化处理得到权重向量$[q_1, q_2, \cdots, q_n]^T$。

IAHP方法具有操作简便、结果客观、完全一致等三大优点,该方法采用主观赋权和客观赋权相结合,建立不同比较层次的比较矩阵时,采用主观法;而建立感觉判断矩阵、客观判断矩阵以及进行归一化处理时均采用客观法。

5.2.1.7 模糊合成运算

对权重模糊矩阵Q和模糊关系矩阵L进行模糊合成运算,就得到模糊综合评判结果矩阵X:

$$X = Q \circ L = (\overline{q}_1, \overline{q}_2, \cdots \overline{q}_n) \begin{bmatrix} l_{11} & l_{12} & \cdots & l_{15} \\ l_{21} & l_{22} & \cdots & l_{25} \\ \vdots & \vdots & \cdots & \vdots \\ l_{n1} & l_{n2} & \cdots & l_{n5} \end{bmatrix} = (x_1, x_2, x_3, x_4, x_5) \quad (5-6)$$

模糊集 $X = Q \circ L$ 就是对评价对象运行模糊综合评判而得到的结果,式中"$\circ$"为模糊矩阵的复合运算符号。

5.2.1.8 耕地价格向量的求取

确定耕地价格向量的关键在于对耕地价格上限的把握(姜文来,1998)。本研究采用年产值倍数法得出的最大值来确定耕地价格的上限 Z,由此可知,耕地价格在 $(0, Z)$ 之间,根据之前把耕地价格已分为五级,再采用等差间隔法将耕地价格划分开来,设级别间的间隔差为 D,$D = Z/4$,则价格向量 V 表示为 $(Z, 3/4Z, 2/4Z, 1/4Z, 0)$。

5.2.1.9 耕地价格的测算

因为 X 是耕地价格综合评价的结果,是一个无量纲的向量,必须通过某种方法将其转化为耕地价格,因此,引用耕地资源的价格向量 V,采用耕地资源模糊定价模型 $P = X \circ V$,可以得出耕地价格 P。

5.2.2 测算市地价格

从国土资源公报上或网络上收集单位面积的土地出让收入资料,再查询年度土地出让金总收入和土地出让总面积的统计数据,两者相除,就可以得到市地价格数据。

5.2.3 测算土地开发费、利息、利润

参照已有文献资料,根据全国土地开发成本和当地土地开发成本数据,将其调整到所需的某一年土地开发成本数据,利用年际间物价指数变化程度作为修正系数,进而可测算出 2001—2010 年当地土地开发成本数据。其中利息采用年贷款利率以静态的方式计算,利润则应用成本利润率测算。

5.2.4 测算耕地发展权价格

本研究从成本逼近法的思维角度出发,确定测算耕地发展权价格的方法为差值法,公式为:

耕地发展权价格 = 市地价格 − 耕地价格 − 土地开发费 − 利息 − 利润 　(5-7)

5.3　湖南省耕地发展权价格评估实证研究

按照上述耕地发展权价格评估方法程序,以湖南省为例进行实证研究,可以估算出 2001—2010 年湖南省耕地发展权价格,以及分析出 10 年间的耕地价格、市地价格和耕地发展权价格的变化动态和变化趋势。

5.3.1　建构指标体系

当前对耕地价格的研究大多只考虑其经济收益,呈现片面性,本研究从耕地的功能出发,从耕地价值的内涵分析,考虑到湖南省耕地资源利用现状、影响耕地资源价格的因素和指标体系构建的依据以及相关文献确定的指标体系,从耕地投入产出因素、耕地社会因素、耕地生态环境因素等三方面建构湖南省耕地资源价值评估指标体系,全面核算耕地价格,基于是否可获得准确的数据以及最终评价结果是否能综合反映湖南省耕地资源价值实情这两方面考虑,在评价指标体系的基础上选取了单位耕地年净产值、人均耕地面积、每公顷播种面积化肥施用量等16 个指标来进行评价,具体情况见表 5 – 1。

表 5 – 1　指标体系构建和权重的确定

Table 5 – 1　Constructing the indexes system and confirming the weights of indexes

目标层	准则层	权重	指标层	权重	指标层说明
耕地资源价值评估指标体系 A	耕地投入产出层 B1	0.61	单位耕地年净值 C1	0.15	(耕地年产值 – 耕地投资额) /耕地面积
			单位耕地投资完成额 C2	0.12	耕地投资完成额/耕地面积
			耕地灌溉保证率 C3	0.17	有效灌溉面积/耕地面积
			复种指数 C4	0.08	农作物播种面积/耕地面积
			每公顷耕地农业机械化水平 C5	0.14	农业机械总动力/耕地面积
			每公顷耕地用电量 C6	0.09	农业用地量/耕地面积
			耕地产出率 C7	0.24	粮食总量/耕地面积

目标层	准则层	权重	指标层	权重	指标层说明
耕地资源价值评估指标体系 A	耕地社会因素层 B2	0.27	人均耕地面积 C8	0.32	耕地面积/总人口数
			单位耕地农业劳动力 C9	0.07	农业劳动力总数/耕地面积
			粮食保证率 C10	0.26	粮食总量/总人口数/400 * 100
			非农人口化水平 C11	0.12	（总人口 - 农业人口）/总人口 * 100
			非农产业产值比 C12	0.14	第二三产业产值之和/GDP * 100
			农业保险保费收入 C13	0.08	从湖南省统计年鉴收集
	耕地生态环境层 B3	0.12	年平均降水量 C14	0.17	从湖南省统计年鉴收集
			旱涝保收面积指数 C15	0.60	旱涝保收面积/耕地面积 * 100
			每公顷播种面积化肥施用量 C16	0.23	化肥施用量/农作物播种面积 * 100

各指标权重主要是通过改进的三标度层次分析法,参考类似研究区域各指标的权重值进行初步确定,之后通过咨询专家意见,再根据湖南省现状,对评价指标的两两比较重要性进行科学定位。各因子的权重值是在比较矩阵的基础上,建立感觉判断矩阵和客观判断矩阵得来的。因素、因子权重值与其对耕地价格影响程度的大小成正比,并且在[0 - 1]之间波动,因素权重值总和以及每个因素所对应的因子权重值总和都为1。

5.3.2 数据标准化

由于原始数据数值过大,并且指标体系中的各指标因子对湖南省耕地资源价格的影响性质也不一样,为了方便本研究后续部分的数据处理以及确保各因子数据处理后对湖南省耕地资源价格的影响作用都是正向的,采用(公式5 - 1)对原始数据进行处理。其中,人均耕地面积是负向性指标,单位耕地投资完成额、年平均降水量、每公顷播种面积化肥施用量等三个指标是中间适宜效果指标,其他都是正向性指标。对各项指标数据进行量化处理之后,就更加简便、明确和易于计算,具体结果见表5-2。

表5-2　各评价因子原始数据处理结果

Table 5-2　The processing results of the original data for evaluation factors

	2001	2002	2003	2004	2005	2006	2007	2008	2009	2010
C1	0.38	0.40	0.43	0.58	0.62	0.65	0.80	1.00	0.96	0.96
C2	0.74	0.19	0.37	0.09	0.31	0.55	0.88	0.58	0.47	0.33
C3	0.95	0.96	0.97	0.98	0.98	0.99	0.99	0.99	1.00	1.00
C4	0.90	0.89	0.90	0.95	0.97	1.00	1.00	0.93	0.94	0.96
C5	0.49	0.52	0.57	0.62	0.68	0.74	0.79	0.86	0.94	1.00
C6	0.46	0.49	0.54	0.58	0.66	0.74	0.77	0.83	0.95	1.00
C7	0.88	0.82	0.81	0.94	0.96	0.98	0.98	1.00	0.98	0.96
C8	0.90	0.91	0.93	0.94	0.95	0.96	0.95	0.97	0.98	1.00
C9	1.00	0.99	0.99	0.98	0.97	0.97	0.95	0.94	0.94	0.93
C10	0.94	0.87	0.85	0.97	0.98	0.99	0.99	1.00	0.97	0.93
C11	0.71	0.74	0.77	0.82	0.85	0.89	0.93	0.97	1.00	1.00
C12	0.92	0.93	0.95	0.96	0.97	0.98	0.97	0.98	0.99	1.00
C13	0.01	0.01	0.01	0.01	0.01	0.01	0.59	1.00	0.93	0.84
C14	0.95	0.72	0.86	0.95	0.91	0.95	0.87	0.92	1.00	0.92
C15	0.82	0.82	0.84	0.84	0.85	1.00	0.84	0.86	0.85	0.85
C16	0.90	0.93	0.94	0.96	0.97	0.98	0.99	0.92	0.90	0.90

5.3.3　确定评价标准

评价标准的确定是为后续部分对各指标进行量化提供前提准备,这可以减少数据误差并且更加确保综合评判结果的正确性,其内涵就是细化各指标值,并对各指标值进行分段处理,划分成多个区段。

本研究参考类似研究区域各指标的评价标准并且多次征询专家意见,制定出符合湖南省实情的单因子评价标准,共分为高、偏高、一般、偏低、低五个级别,具体情况见表5-3。

表 5 -3　湖南省耕地价格评估单因子分级标准

Table **5 -3**　The classification standard of the single factor for the
price assessment of cultivated land in Hunan province

	高	偏高	一般	偏低	低
单位耕地净产值 C1	0.90	0.80	0.70	0.55	0.30
单位耕地投资完成额 C2	0.85	0.70	0.55	0.40	0.30
耕地灌溉保证率 C3	0.95	0.85	0.70	0.55	0.40
复种指数 C4	0.95	0.85	0.70	0.55	0.40
每公顷耕地农业机械化水平 C5	0.90	0.80	0.65	0.50	0.35
每公顷耕地用电量 C6	0.90	0.80	0.65	0.50	0.40
耕地产出率 C7	0.95	0.85	0.75	0.55	0.35
人均耕地面积 C8	0.95	0.80	0.60	0.40	0.20
单位耕地农业劳动力 C9	0.95	0.80	0.70	0.55	0.35
粮食保证率 C10	0.90	0.80	0.70	0.55	0.40
非农人口化水平 C11	0.90	0.80	0.65	0.50	0.35
非农产业产值比 C12	0.95	0.80	0.70	0.60	0.40
农业保险保费收入 C13	0.90	0.80	0.65	0.40	0.20
年平均降水量 C14	0.90	0.85	0.75	0.60	0.45
旱涝保收面积指数 C15	0.90	0.80	0.70	0.55	0.40
每公顷播种面积化肥施用量 C16	0.90	0.80	0.65	0.55	0.35

5.3.4　隶属度计算和因素评价矩阵确定

为计算耕地价格而对耕地资源进行综合评判时,其中必然涉及诸多因素,而且,某些评判因素或级别还是模糊的,例如,当因子单位耕地净产值高级别的划分标准为0.9,而某地单位耕地净产值为0.89时,难道该地块对应于耕地价格的级别划分就为不高? 因此,要评价耕地价格就必须对影响该价格的指标进行量化,数据量化结果的准确度对耕地资源价格评判结果的合理性有着直接重大的影响,这也是估算耕地价格的核心环节之一。本研究对每个等级内数据进行量化,选择合适的量化函数即隶属函数,计算各指标对耕地价格各等级的隶属度。

根据2001年原始数据处理后的结果以及耕地价格评价标准,确定2001年耕地价格单因素评价矩阵:

$$L_{B1} = \begin{bmatrix} 0.00 & 0.00 & 0.00 & 0.33 & 0.67 \\ 0.27 & 0.73 & 0.00 & 0.00 & 0.00 \\ 1.00 & 0.00 & 0.00 & 0.00 & 0.00 \\ 0.50 & 0.50 & 0.00 & 0.00 & 0.00 \\ 0.00 & 0.00 & 0.00 & 0.91 & 0.09 \\ 0.00 & 0.00 & 0.00 & 0.59 & 0.41 \\ 0.31 & 0.69 & 0.00 & 0.00 & 0.00 \end{bmatrix} \qquad (5-8)$$

$$L_{B2} = \begin{bmatrix} 0.70 & 0.30 & 0.00 & 0.00 & 0.00 \\ 1.00 & 0.00 & 0.00 & 0.00 & 0.00 \\ 1.00 & 0.00 & 0.00 & 0.00 & 0.00 \\ 0.00 & 0.41 & 0.59 & 0.00 & 0.00 \\ 0.78 & 0.22 & 0.00 & 0.00 & 0.00 \\ 0.00 & 0.00 & 0.00 & 0.00 & 1.00 \end{bmatrix} \qquad (5-9)$$

$$L_{B3} = \begin{bmatrix} 1.00 & 0.00 & 0.00 & 0.00 & 0.00 \\ 0.15 & 0.85 & 0.00 & 0.00 & 0.00 \\ 0.98 & 0.02 & 0.00 & 0.00 & 0.00 \end{bmatrix} \qquad (5-10)$$

5.3.5 模糊合成运算

在运用模糊数学的基础上建构综合评价模型时需要考虑各因子以及各因素的权重和原始数据处理后的分值,再进行一级计算、二级计算和综合计算,最终呈现出对耕地价格的影响成果。

在上述单因素矩阵的基础上,再与权重模糊矩阵进行模糊合成运算,得到2001年模糊综合评判结果:

$$Q_{B1} = (0.15, 0.12, 0.17, 0.08, 0.14, 0.09, 0.24) \qquad (5-11)$$

$$X_{B1} = Q_{B1} \circ L_{B1} = (0.32, 0.30, 0, 0.23, 0.15) \qquad (5-12)$$

$$Q_{B2} = (0.32, 0.07, 0.26, 0.12, 0.14, 0.08) \qquad (5-13)$$

$$X_{B2} = Q_{B2} \circ L_{B2} = (0.67, 0.18, 0.07, 0, 0.08) \qquad (5-14)$$

$$Q_{B3} = (0.17, 0.60, 0.23) \qquad (5-15)$$

$$X_{B3} = Q_{B3} \circ L_{B3} = (0.49, 0.51, 0, 0, 0) \qquad (5-16)$$

$$Q_{2011} = (0.61, 0.27, 0.12) \qquad (5-17)$$

$$L_{2001} = \begin{bmatrix} 0.32 & 0.30 & 0.00 & 0.23 & 0.15 \\ 0.67 & 0.18 & 0.07 & 0.00 & 0.08 \\ 0.49 & 0.51 & 0.00 & 0.00 & 0.00 \end{bmatrix} \qquad (5-18)$$

$$X_{2001} = Q_{2001} \circ L_{2001} = (0.43, 0.29, 0.02, 0.14, 0.12) \qquad (5-19)$$

同理,2002 - 2010 年模糊综合评价结果如下:

$$X_{2002} = Q_{2002} \circ L_{2002} = (0.33, 0.26, 0.09, 0.16, 0.16) \qquad (5-20)$$

$$X_{2003} = Q_{2003} \circ L_{2003} = (0.35, 0.26, 0.11, 0.19, 0.09) \qquad (5-21)$$

$$X_{2004} = Q_{2004} \circ L_{2004} = (0.58, 0.09, 0.12, 0.12, 0.10) \qquad (5-22)$$

$$X_{2005} = Q_{2005} \circ L_{2005} = (0.61, 0.08, 0.16, 0.06, 0.09) \qquad (5-23)$$

$$X_{2006} = Q_{2006} \circ L_{2006} = (0.67, 0.08, 0.19, 0.03, 0.02) \qquad (5-24)$$

$$X_{2007} = Q_{2007} \circ L_{2007} = (0.69, 0.28, 0.03, 0.01, 0) \qquad (5-25)$$

$$X_{2008} = Q_{2008} \circ L_{2008} = (0.82, 0.12, 0.06, 0, 0) \qquad (5-26)$$

$$X_{2009} = Q_{2009} \circ L_{2009} = (0.88, 0.04, 0.04, 0.04, 0) \qquad (5-27)$$

$$X_{2010} = Q_{2010} \circ L_{2010} = (0.87, 0.05, 0, 0.02, 0.05) \qquad (5-28)$$

5.3.6　耕地价格向量的求取和耕地价格的测算

确定耕地资源价格向量的关键是制定耕地资源价格上限,采用年产值倍数法计算耕地资源价格上限,考虑到耕地生产收益和耕地社会稳定因素,土地管理法规定土地补偿费和安置补助费不得超过前三年耕地年产值平均值的 30 倍,因此,本研究把前三年耕地年产值平均值的 30 倍作为该年耕地价格上限 Z,则 $Z_{2001} = (39222.67 + 37375 + 31923)/3 * 30 = 108.52$ 万元,将 108.52 进行等差间隔,间隔差 D 为 27.13,构造价格向量 V_{2001}。

$$V_{2001} = (108.52, 81.39, 54.26, 27.13, 0) \qquad (5-29)$$

$$P_{2001} = (0.43, 0.29, 0.02, 0.14, 0.12) \times (108.52, 81.39, 54.26, 27.13, 0) =$$
75.02(万元/公顷) = 75.02(元/平方米) $\qquad (5-30)$

式中,P_{2001} 为 2001 年湖南省耕地资源价格。

同理,可确定 2001 - 2010 年耕地价格上限 Z、间隔差 D、耕地资源价格 P,见表 5 - 4。

表5－4 2001－2010年耕地价格上限 Z、间隔差 D、耕地资源价格 P 统计表

Table 5－4 The determination of Z,D,P respectively standing for the price upper limit of cultivated land, interval deviation, the price of cultivated land

	2001	2002	2003	2004	2005	2006	2007	2008	2009	2010
Z	108.52	102.82	100.04	105.74	122.34	141.63	160.30	179.80	213.63	241.97
D	27.13	25.70	25.01	26.43	30.58	35.40	40.07	44.95	53.40	60.49
P	75.02	62.79	62.41	77.22	94.78	117.79	145.83	168.67	198.84	223.65

5.3.7 差值法计算耕地发展权价格

本研究中的市地价格数据是从湖南省国土资源公报上或网络上收集来的,主要是以直接或者间接的方式获取的单位面积土地出让收入。

根据全国土地开发成本和湖南省土地开发成本数据,初步测算出湖南省2009年土地开发成本是80元/平方米,进而利用年际间物价指数变化程度作为修正系数,测算出2000—2010年湖南省土地开发成本数据。按年贷款利率按6%,投资利润率按20%计,利息和利润的计算基数均为土地取得费、土地开发费和各项税费之和。

下面采用差值法确定耕地发展权价格,具体公式为:耕地发展权价格＝市地价格－耕地价格－土地开发费－利息－利润。2001—2010年估算耕地发展权价格所运用的差值法所需数据具体情况见表5－5。

表5－5 估算耕地发展权价格所运用的差值法所需数据

Table 5－5 The demand data for the estimation on the price of cultivated land development rights by use of differential value method

	2001	2002	2003	2004	2005	2006	2007	2008	2009	2010
市地价格	222.60	235.85	251.73	271.77	284.67	293.64	395.77	532.00	596.43	687.26
耕地价格	75.02	62.79	62.41	77.22	94.78	117.79	145.83	168.67	198.84	223.65

续表

	2001	2002	2003	2004	2005	2006	2007	2008	2009	2010
物价指数变化程度（以上年为100）	107.70	103.90	109.00	109.70	109.70	107.80	111.40	109.00	108.90	109.10
土地开发费	41.18	42.79	46.64	51.16	56.12	60.50	67.40	73.46	80.00	87.28
利息	6.97	6.33	6.54	7.70	9.05	10.70	12.79	14.53	16.73	18.66
利润	23.24	21.11	21.81	25.68	30.18	35.66	42.64	48.43	55.77	62.19
耕地发展权价格	76.19	102.83	114.33	110.02	94.53	69.00	127.11	226.92	245.10	295.48

5.3.8　结果分析

从图 5-1 中可以看出,耕地价格、市地价格、耕地发展权价格在 2001—2010 年间从总体上来看都是上升的态势。市地价格在 2001—2010 年间是逐渐递增的态势,尤其在 2006 年之后市地价格涨幅剧增。耕地价格从 2001—2003 年出现微小幅度的下跌,究其原因是 2002 和 2003 这两年的耕地年净产值和耕地投资完成额都呈一个下降的趋势;2003 年之后耕地价格又呈现幅度相当的上涨趋势。耕地发展权价格 2001—2003 年呈上升的趋势,2003—2006 年却发生很大的回落,2006—2010 年依然回到剧增的态势;究其原因是 2003—2006 年由于人们对耕地保护意识增强,对耕地的投入水平增加,单位耕地净产值上升很大,耕地价格上涨幅度大于市地价格上涨幅度,导致耕地发展权价格下降,但是 2006 年之后,由于社会经济发展速度加快,市地价格上涨幅度大于耕地价格上涨幅度,耕地发展权价格呈大幅上升,从分析中可以预测,未来耕地价格、市地价格、耕地发展权价格都会呈动态上升趋势。

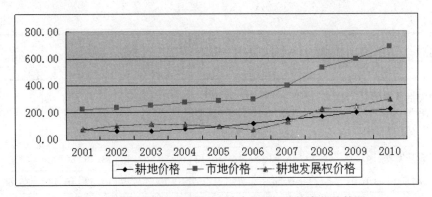

图 5 - 1　耕地价格、市地价格、耕地发展权价格变化趋势图

Fig. 5 - 1　The change trend of the price of cultivated land, construction land and cultivated land development rights

第6章

耕地发展权交易机制设计研究

耕地发展权价格的确定是耕地发展权交易的基本依据。耕地发展权交易必须构建交易机制,但目前我国对这方面的研究还很少。耕地发展权交易机制设计应确定耕地发展权交易的主体、类型、方式、交易运行机制、交易规则和交易程序及保障措施等。耕地发展权交易的推行可有效保护耕地,实现土地资源的市场优化配置。

6.1 耕地发展权交易

6.1.1 耕地发展权交易主体

(1)农村集体经济组织

耕地发展权是基于耕地所有权并与耕地所有权相分离的一种用益物权,按照产权分配理论,耕地发展权应归集体所有,考虑到国家对耕地的公权力限制,农民集体并没有完备的耕地发展权,但农村集体经济组织对耕地发展权仍有部分处分权和收益权,仍是耕地发展权的直接所有者,也是耕地发展权交易的主体,国家要获得耕地开发建设的权利,首先须向农村集体经济组织购买集体经济组织的耕地发展权。

(2)国家

国家虽不是耕地发展权的直接所有者,但耕地发展权的关键性权利掌握在国家手中,这一权利便是耕地发展权的购买权。国家通过对耕地发展权的买断,可有效地保护耕地,保障国家的粮食安全和生态安全,因此,国家是耕地发展权最关键的交易主体。

(3)其他单位和个人

在国家未购买耕地发展权之前,耕地发展权就作为一种客观的权利存在于耕地所有权中,集体经济组织可将其转移给其他集体经济组织;国家购买到农村集体经济组织的耕地发展权后,可以储备耕地发展权,也可将其转移给作为耕地发展权使用者的其他单位和个人。

6.1.2 耕地发展权交易类型和方式

(1)耕地发展权购买

耕地发展权购买是指国家向集体经济组织购买不属于国家所有的耕地发展权部分权利束以获得完整耕地发展权的经济行为。国家可以通过两种方式购买耕地发展权:其一是耕地发展权通过土地征收的方式随同土地所有权一同转移到国家手中;其二是国家为了保护基本农田和优质农田通过与农村集体经济组织签订耕地发展权购买合同来获得耕地发展权,其实质是对耕地发展权的买断,以确保耕地保护目标的实现。

(2)耕地发展权转移

耕地发展权转移是指耕地发展权在未被购买之前,农村集体经济组织或地区可将耕地发展权转移给需要开发的单位和地区;转移行为发生后,转移方不得改变耕地耕种用途,必须按原用途永续利用,而被转移方因获得发展权可提高其土地开发的强度。这种转移模式是借鉴美国的可转移发展权制度提出的(丁丽丽等,2009)。

(3)耕地发展权出让

耕地发展权出让是指国家经合法程序取得耕地发展权后,将其拥有的耕地发展权出售给其他耕地发展权需求者的交易行为过程,即国家通过征收或购买获得耕地发展权后将手中的耕地发展权出让给耕地发展权需求者。耕地发展权需求者可以是集体经济组织、农民、其他单位和个人。

(4)耕地发展权转让

耕地发展权转让是指某社会主体经合法程序取得耕地发展权后,将其拥有的耕地发展权转让给其他需求者的交易行为过程,耕地发展权转让方通过出让获得耕地发展权后,可将手中的耕地发展权转移给其他需求者。耕地发展权需求者可以是耕地所有者、耕地使用者、社会其他单位和个人、其他地区及其地方政府。

(5)耕地发展权互换

耕地发展权互换是指两个耕地发展权权利主体将其所拥有的耕地发展权互相交换的交易行为过程,包括两种方式:一种是指在耕地发展权购买前,一个集体经济组织将其耕地发展权和另一个集体经济组织的耕地发展权进行的互换交易;另一种是在耕地发展权购买后,耕地发展权的拥有者将其耕地发展权与其他拥有者进行的互换交易。耕地发展权的互换可以在集体经济组织之间、国家与其他社会主体之间、单位之间、个人之间、单位与个人之间、地区与地区之间进行。

（6）耕地发展权抵押

耕地发展权抵押是指作为耕地发展权拥有者的债务人或者第三人不转移其拥有的耕地发展权，而将其抵押作为债权的担保，当债务人不履行债务时，债权人有权依法以耕地发展权折价或以拍卖、变卖耕地发展权的价款而优先受偿。耕地发展权抵押的方式有两种：一种是国家因融资需要将其储备的耕地发展权抵押给银行等融资机构；另一种是单位和个人在获得耕地发展权之后但在未行使耕地发展权之前可将其拥有的耕地发展权抵押给其债务人。

6.2 耕地发展权交易运行机制

6.2.1 耕地发展权市场流转机制

耕地发展权的流转包括耕地发展权的购买和耕地发展权的转移，与此相适应，耕地发展权流转包括耕地发展权的购买市场和耕地发展权的转让市场。

①耕地发展权购买市场

建立耕地发展权的购买市场是指国家向作为耕地发展权供给者的集体经济组织购买其拥有的部分耕地发展权的部分子权利以获得完整耕地发展权的市场交易行为的总和。

国家购买耕地发展权有两种运作模式：一是随同购买模式。国家通过征地行为将集体所有的土地转化为国家所有的土地，实际上是对耕地所有权的一种购买，此时，耕地发展权随同土地所有权一起转移到国家手中。二是分离购买模式。未纳入国家征地计划的耕地可采用此种模式，农村集体经济组织可根据自己的出售意愿提出耕地发展权出售申请，国家根据耕地面积的大小、耕地质量的优劣状况、未来的城市规划发展情况等因素确定购不购买和如何购买，此时，国家购买的耕地发展权是与土地所有权相分离的用益物权，农民须放弃耕地开发为建设用地的权利，并按照合同规定永久耕种土地。

②耕地发展权一级市场和二级市场

耕地发展权一级市场和二级市场分别指耕地发展权的出让市场和转让市场。由于耕地发展权的出让和转让是伴随着国有土地使用权的出让和转让而发生的，因此耕地发展权出让和转让的市场模式与国有土地使用权出让和转让一致，在此不作具体阐述。

③耕地发展权转移市场

耕地发展权转移市场是指占有耕地发展权的权利主体将其拥有的耕地发展权权利束转移给耕地发展权需求者所形成的市场。耕地发展权转移市场一般是通过发送区和接受区之间发展权的交易来运行的。

发送区即耕地保护区,它是可出售耕地发展权的地区,该地区的耕地需得到永久保护;另一方则为接受区,接受区的密度和强度因耕地发展权"接受"而变得更高。国家根据城市发展方向、城市经济空间聚集、城市基础建设等方面确定接受区的空间地理范围;发送区则应根据土地利用总体规划的基本农田保护区域、国家的政策倾斜度等划定其具体范围。处于发送区和接受区的耕地发展权的供给者和需求者在自愿平等的原则下交易耕地发展权。

6.2.2 耕地发展权储蓄机制

国家根据土地利用总体规划、城市规划和供地计划确定具体的征地范围后,拟定耕地发展权购买计划,对在规划近期的需征用的耕地购买耕地发展权。由于受国家财政预算的限制,国家对于大部分耕地的发展权缺乏购买的财力,为解决制度与经济无法兼容的难题,国家可引入耕地发展权的储蓄机制,即国家购买耕地发展权后可以不必一次性付清交易价款,但须按周期支付给耕地发展权供给者相当于交易价款的利息收入,这就如同把钱存入银行,储蓄者通过存款这种投资方式可获得与存款相应的利息,因此,可将这种交易的支付方式称之为耕地发展权储蓄,其储蓄利息实际上相当于目前基本农田保护的补偿收益。储蓄利息确定的步骤如下:

①确定耕地发展权的购买价格

耕地发展权购买应以耕地发展权价格的准确评估为基础。耕地发展权购买价格的测算可依据耕地发展权价格和耕地发展权收益分配比例来计算。根据国外的经验,一般将土地开发增值收益税定为40%—60%,但由于我国耕地发展权的增值收益属于国家所有,农民则以产权收益的方式分享部分增值收益,因此,可将农民的收益比例暂定为30%,则耕地发展权购买价格计算公式如下:

$$V_b = V_{cdr} \times R_f \tag{6-1}$$

式中:V_b——耕地发展权的购买价格;

V_{cdr}——耕地发展权价格;

R_f——农民集体经济组织分享的增值收益比例。

②确定耕地发展权的储蓄利息

根据已求出的耕地发展权购买价格和银行定期存款利率确定耕地发展权的储蓄利息。银行定期存款利率仍取 3.96%,则国家每年向集体经济组织支付的价款为:

$$U = V_b \times r \qquad (6-2)$$

式中:U——耕地发展权储蓄利息;

　　　V_b——耕地发展权的购买价格;

　　　r——银行定期存款利率。

经计算,长沙市城市边缘带各级别耕地的发展权购买价格分别为 88.57 元/平方米、78.49 元/平方米、58.48 元/平方米、52.28 元/平方米。

长沙市城市边缘带各级别耕地的发展权年利息分别为 3.51 元/平方米、3.11元/平方米、2.32 元/平方米、2.07 元/平方米。具体结果见表 6-1。

表 6-1　长沙市耕地各级别发展权购买价格及年利息

Table 6-1 Development rights purchase price and annual interest of cultivated land about various levels in Changsha

单位:元/平方米

耕地级别	耕地发展权购买价格				耕地发展权年支付利息			
	整体	商业用地	住宅用地	工业用地	整体	商业用地	住宅用地	工业用地
I	88.57	105.51	93.39	85.04	3.51	4.18	3.70	3.37
II	78.49	95.84	77.81	70.22	3.11	3.80	3.08	2.78
III	58.48	92.01	68.29	60.48	2.32	3.64	2.70	2.40
IV	52.28	90.47	64.04	55.94	2.07	3.58	2.54	2.22

耕地发展权储蓄是一种基于耕地发展权交易的自愿市场行为。国家购买耕地发展权后即可将其纳入国家耕地发展权储备库,一旦未来规划确定该区需要开发建设,则可根据供地计划征收该区耕地,此时,国家向集体经济组织支付的价款等于集体经济组织拥有的耕地发展权的全部价值扣除已收益年限价值的余额。以长沙市 III 级耕地转化为工业用地为例,假设集体已收益年限为 2 年,则耕地征收时国家应付价款为 60.48 元/平方米。

60.48 - 60.48 × 3.96% - 60.48 × (1 + 3.96%) × 3.96%

= 55.60 元/平方米

6.2.3　辅助机制——收益补偿机制

（1）耕地的正外部性功能价值的补偿

耕地的正外部性功能主要是指耕地的生态服务功能。长期以来，农民仅从作物中获取耕地的部分收益，而耕地的生态服务价值却无法得到补偿；其他社会主体则在没有支付任何成本的情况下仍可享受到耕地提供的田园和生态环境保护的利益。

耕地最主要的生态功能表现为固碳制氧功能，这一功能可以直接从排碳的经济单位直接受偿。具体做法是国家向排碳的经济单位课征碳税，将所得税款按照每亩耕地固碳价值补偿给农民。

（2）征地补偿

现行的耕地征地补偿标准一般是按照年产值的若干倍来计算的，这种计算方式只考虑了耕地的生产收益价格，而且以年产值计算缺乏理论依据。在创设耕地发展权后，国家应相应出台征用耕地的新的补偿标准，理论上来说，征用耕地的补偿标准应该为耕地的生产收益价值、社会保障价值、社会稳定价值和生态环境价值四种功能价值的总和，但如若把未来的生产收益价格全额补偿给农民，显然不符合收益分配的基本原则，因为耕地的未来无限年期的收益是未来农民劳动创造的，所以对现在农民的补偿应该是有限年期的。假定农民的平均寿命为70岁，现将使用年限确定为70年，同理，生态环境价格的补偿额计算也应将生态环境价格的使用年限修正到有限年期70年。

因此，生产收益价格征地补偿额应为：

$$V_{p补} = V_p \times \left(1 - \frac{(1+s)^n}{(1+r)^n}\right) \tag{6-3}$$

$$V_{e补} = V_e \times \left(1 - \frac{1}{(1+r)^n}\right) \tag{6-4}$$

式中：$V_{p补}$——生产收益价格的补偿额；

$V_{e补}$——生态环境价格的补偿额；

V_p——耕地的生产收益价格；

V_e——耕地的生态环境价格；

n、r、s 分别为使用年期、还原利率、生产收益的递增率。

根据公式6-3和6-4可分别算出耕地的生产收益价格和生态环境价格征地补偿额。由于耕地开垦费由国家承担，在对耕地的社会稳定价格给予补偿时只计土壤培肥费，耕地的社会保障价格以全额计，由此可得各级别耕地的征用补偿额分别为115.10元/平方米、99.33元/平方米、68.81元/平方米、59.06元/平方米。

表 6 - 2   长沙市各级耕地征收补偿额标准

Table **6 - 2** Expropriation compensation standard of cultivated land about various levels in Changsha

单位:元/平方米

土地等级	I	II	III	IV
生产收益价格补偿额	78.95	65.10	36.00	27.62
社会保障价格补偿额	15.24	15.24	15.24	15.24
社会稳定价格补偿额	6.49	4.57	3.15	1.77
生态环境价格补偿额	14.42	14.42	14.42	14.42
征地价格补偿额	115.10	99.33	68.81	59.06

对于在征地前未出售耕地发展权的农民集体经济组织,还需对其耕地发展权价值做出相应补偿,补偿额即为耕地发展权的购买价格。

6.3   耕地发展权交易保障

6.3.1   创立耕地发展权法律制度

目前我国还未创设农地发展权和耕地发展权,耕地发展权法律制度的缺失不利于耕地发展权交易制度的运行。创设耕地发展权是耕地发展权交易的前提和基础,创设耕地发展权的法律制度首先应创设耕地发展权,除已征收的耕地外,所有耕地均应创设耕地发展权。国家向耕地发展权的所有者——农村集体经济组织颁发耕地发展权证后,农村集体经济组织随即可到土地行政主管部门办理耕地发展权登记。

创设耕地发展权还应建立相关的法律制度以确保耕地发展权交易的正常运行,如耕地发展权的归属,耕地发展权的收益分配原则和方式,耕地发展权的交易程序、交易方式等。

6.3.2   建立耕地发展权价格评估制度

创设耕地发展权后,要在我国现有的地价体系的基础上建立耕地发展权地价体系,耕地发展权地价体系包括耕地发展权的基准地价、标定地价、宗地地价。在建立地价体系之前,应在农用地分等定级的基础上进行耕地分等定级,要建立一整套符合我国耕地发展权特点的耕地发展权估价方法体系与土地估价的技术标准,如国家可颁布《耕地发展权估价规程》,以规范耕地发展权价格评估的程序和技术方法。

6.3.3 加强土地规划和管理

土地利用总体规划的土地利用功能分区是国家确定是否购买耕地发展权的重要依据,土地用途管制制度、基本农田保护制度和耕地占补制度是耕地发展权交易的制度保障。耕地发展权的交易必须依据土地利用规划的要求来实施。

在土地利用总体规划中,可划定基本农田保护区、允许建设区、限制建设区和禁止建设区,允许建设区和禁止建设区可作为国家购买耕地发展权的重点区域;基本农田保护区则可作为国家实施耕地发展权储蓄机制的重点区域。此外,在土地利用总体规划中,还应确定发送区和接受区的空间范围,以确保耕地发展权转移交易有据可依。

6.4 耕地发展权交易的规则设计

6.4.1 耕地发展权流转和权能设计

耕地发展权在流转的过程中,其拥有子权利的主体也随同耕地发展权交易发生变化。耕地发展权分为可购买的耕地发展权和可转移的耕地发展权,由于两类耕地发展权性质不同,因而其流转方式和权能流向也有所差异。

可购买的耕地发展权是指国家向耕地所有者购买耕地发展权的部分权能后,才能获得耕地发展权的完整权能和对耕地开发建设的权利;可转移的耕地发展权是指农村集体经济组织可直接将其手中的耕地发展权权利束转移给发展权的需求者,但发展权需求者获得的不是农村集体经济组织的耕地发展权,而是在自己已获得的土地上提高集约度和建筑密度的发展权利。

(1)可购买的耕地发展权流转权能设计

可购买的耕地发展权在未出售之前的初始权能包括占有权、行使权、处分权和收益权,其中,行使权、处分权之购买权和收益权之增值收益权归国家所有,占有权和收益权之产值收益权归农村集体经济组织所有。这一权能设计安排,可形成一种耕地保护的相互制约机制,占有权是行使权发生的前提,国家由于只有发展权的行使权而没有占有权,因此无法直接获得耕地发展权;而农村集体经济组织只有占有权而没有行使权,也无权将耕地开发为建设用地。

　　由于国家和农村集体经济组织的耕地发展权的权能结构都不是完整的,因此,任何一方要获得耕地发展权都必须从另一方购买自身缺失的那部分权力束。而从初始权能设计的情况来看,只有可能是国家向农村集体经济组织购买自身缺失的权利束。国家购买了集体经济组织的占有权和部分收益权后,便获得了耕地发展权的完整权能。完整权能的获得是行使耕地发展权的充要条件,国家获得了耕地发展权的完整权能之后,还可将其进行出让和转让(图6-1)。

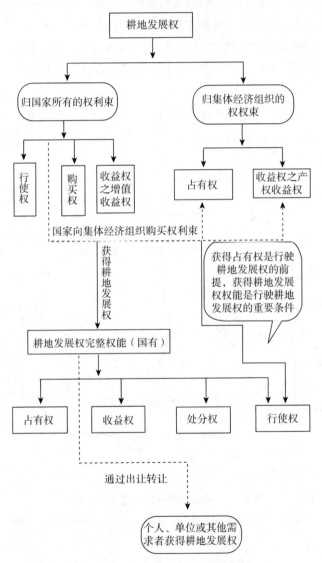

图6-1 可购买的耕地发展权流转权能变化图

Fig. 6-1 Circulation rights change of purchasable cultivated land development rights

（2）可转移的耕地发展权交易设计

可转移的耕地发展权一般是通过农村集体经济组织将其拥有的耕地发展权转移给建设用地发展权的需求者。耕地发展权转移后，农村集体经济组织将彻底失去耕地发展权，必须按原有的耕种用途永久使用耕地，而接受方获得的也不是耕地发展权本身，而是获得另外一种形式的发展权，即在其拥有的建设用地上提高现有集约度的发展权权利。因此，虽然集体经济组织没有完整的耕地发展权权能，但是接受方交换的并非是耕地发展权本身，而是通过农民舍弃其拥有的耕地发展权权利束来获得建设用地的发展权。也就是说，农民以舍弃耕地发展权并永续耕种为交易条件，接受方则以货币补偿为交易条件来完成两类不同性质的发展权交易行为。因此交易主体完成交易行为后，耕地发展权的相应权能并不会转移到接受方手中，而是通过交易条件的作用获得了一种新的发展权。这种制度设计可以理解为国家基于耕地保护的正外部性行为对接受方的一种建设用地发展权的收益补偿（图6-2）。

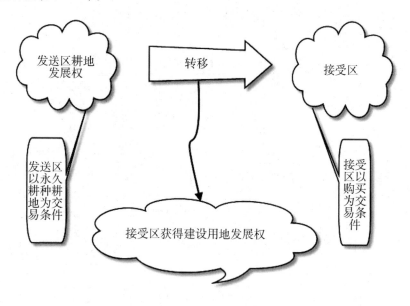

图6-2　可转移耕地发展权交易示意图

Fig. 6-2　Transferable cultivated land development rights trade

6.4.2 交易程序(图6-3)

(1)流转程序

可购买的耕地发展权流转程序:购买—出让—转让。

可转移的耕地发展权流转程序:直接转移。

(2)购买程序

集体经济组织根据国家的征地计划和自身的耕种意愿,向国家提出出售耕地发展权部分权能的申请,国家依据土地规划、供地计划和财政预算进行审核,确定是否出售耕地发展权的部分权能,审核通过后,农村集体经济组织需向国家呈交耕地发展权证,国家随即公布刊登购买情况,并与农村集体经济组织签订耕地发展权购买合同,国家和集体经济组织则需到土地管理相关部门办理耕地发展权购买登记。

(3)转移程序

接受区和发送区取得耕地发展权转移的一致意见后,分别派法人代表向国家提出耕地发展权转移申请,国家根据土地利用总体规划、城市规划、基本农田保护区范围、接受区和发送区的空间地理位置等条件进行审查,经批准后农村集体经济组织向国家呈交耕地发展权证,发送方和接受方派法人代表签订耕地发展权转移合同,农村集体经济组织到土地管理相关部门办理耕地发展权购买登记。

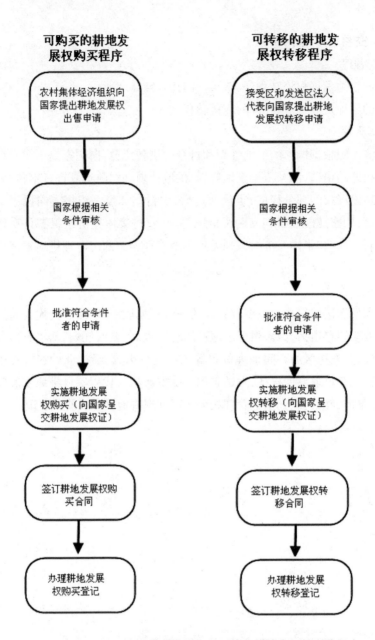

图 6 - 3 可购买耕地发展权和可转移耕地发展权交易程序

Fig. 6 - 3 Trade program of purchasable cultivated land development rights and transferable cultivated land development rights

第 7 章

总结与展望

随着城市化、工业化的高速发展以及生态退耕与自然灾害毁坏对耕地的空前压力,我国耕地保护的形势日益严峻。现有的耕地保护制度缺乏有效的经济激励,通过增设新的产权可提高土地资源利用效率。国外农地发展权实施的积极效果启发了我国学术界纷纷展开了对农地发展权的研究,但由于我国发展权制度的缺失,目前国内对该问题的研究仍处于初步阶段,许多问题还未达成共识。本研究在借鉴国内外现有研究的基础上,针对我国国情提出创设耕地发展权,对耕地发展权基本理论问题做了系统的细化研究,并对耕地发展权的价格评估方法和交易机制设计进行了探索,研究成果对丰富土地产权理论、保护耕地与粮食安全,优化土地资源配置,保护土地生态环境,增强保护耕地的主动性与积极性,充分发挥市场在配置资源中的决定性作用等方面,具有重要的理论意义与现实意义。

7.1 研究总结

本研究对耕地发展权的基本理论问题、价格评估方法和交易机制设计进行了探索,得出了以下主要结论:

(1)分析研究了耕地发展权的内涵、特性、类型、功能、归属、收益分配、交易等基本理论问题。从产权基本理论和权能细化角度探索了耕地发展权的归属,耕地发展权可细分为占有权、行使权、处分权之购买权、处分权之转移权、收益权之产权收益权、收益权之增值收益权,其中占有权、处分权之转移权、收益权之产权收益权归农村集体经济组织所有,行使权、处分权之购买权、收益权之增值收益权则归国家所有。以耕地发展权归属理论为基础,提出了耕地发展权收益为产权收益、用途转换增值收益、政策增值收益之和。

(2)对耕地发展权的价格评估的理论与方法进行了探索。探讨了基于耕地价格构成要素的耕地发展权价格评估的理论与方法,借鉴农用地发展权价格概念界定了耕地发展权价格的内涵,即耕地开发为建设用地后的价格差异扣除开发成本及利润;从耕地的功能角度分析了耕地的价值构成及其对应的价格,耕地的完整价格应包括生产收益价格、社会保障价格、社会稳定价格和生态服务功能价格。以内涵界定和价值构成理论为基础,研究了耕地发展权的价格评估思路:先计算耕地的完整价格,再计算耕地开发为建设用地后的潜在市地价格和开发费用及利润,最后将耕地的潜在不同建设用地用途的价格减去耕地的完整价格及开发利润即为耕地发展权价格,并以长沙市为例,进行实证评估。

多指标综合评价的耕地发展权价格评估方法,采用模糊综合评判法和改进的三标度层次分析法估算耕地价格,这创新了耕地价格评估方法,为大范围耕地价格评估研究也提供了新的视角,同时也为耕地发展权价格评估方法的创新奠定基础,在取得耕地价格、市地价格、土地开发费、利润和利息等数据的基础上,利用差值法估算耕地发展权价格,进一步创新耕地发展权价格评估方法。并且以湖南省为研究对象进行实证研究,按照差值法估算耕地发展权价格,进而分析了2001 –2010 年湖南省耕地发展权价格的变化趋势和变化动态。实证评估结果较为客观、准确,比较符合实情,具有较高的可信度,进一步证明了耕地发展权价格测算方法的合理性和准确性,达到理论与实践的统一。

(3)研究了耕地发展权交易机制设计问题。耕地发展权交易的主体包括国家、农村集体经济组织、其他单位和个人,耕地发展权的类型有购买、转移、出让、转让、抵押等类型和方式,探索了耕地发展权交易运行的三大机制:耕地发展权市场流转机制、储蓄机制、辅助机制之收益补偿机制;从耕地保护和权能分配角度分别对可购买耕地发展权和可转移耕地发展权进行了交易规则设计。

7.2　研究展望

耕地发展权是一个较新的研究课题,参考资料少,本研究做了一些开创性地研究,但仅探讨了耕地发展权的基本理论、价格评估理论与方法及交易机制等部分理论问题,在广度和深度上,一些问题还需进一步探索和研究。

(1)本研究对耕地发展权的探讨主要是围绕耕地转为国有建设用地展开的,耕地转化为集体建设用地的权利也属于耕地发展权范畴,而此种性质的耕地发展权的收益如何分配、价格如何评估、交易如何设计也是创设耕地发展权后必须要解决的基础理论问题。

(2)耕地发展权收益分配还有待进行量化研究。本研究从定性的角度提出了耕地发展权的产权收益归农村集体经济组织所有,增值收益归国家所有,但是如何确定产权收益和增值收益的具体数值则是有待进一步研究探索的问题。

（3）耕地发展权价格评估理论还有待进一步深化。耕地发展权价格评估中,耕地价格的评估方法和理论还需进一步探索,本研究提出了耕地的社会稳定价格应为耕地的耕地开垦费、土壤培肥费和土地的稀缺性价值之和,而土地的稀缺性价值如何量化未展开具体分析。本研究中测算的耕地发展权价格只是城市边缘带的耕地发展权价格,而如何确定城市边缘带以外的耕地发展权区域差异修正系数则是需要进一步研究的问题。

（4）耕地发展权交易规则设计的合理性还有待检验。本研究对耕地发展权交易机制进行了大胆的假设和探索,并提出了自己的见解,但交易规则设计的合理性与完备性还有待检验,因此对于这方面还有待进一步的研究。

第二篇

02

基于虚拟耕地战略的市场机制研究

第 8 章

研究概述

8.1 研究背景与意义

8.1.1 研究背景

随着全球人口的不断增加,人类对粮食的需求也越来越大,诺贝尔奖得主诺曼·博洛革曾指出,"要满足预计的粮食要求,到 2025 年,所有谷物的平均产量必然比 1990 年的平均产量提高 80%"。人类生存面临着巨大的挑战,而作为一个农业大国的中国,面临的问题将会更加艰巨(罗贞礼,2007)。我国的基本国情是人多地少、区域差异大,据统计,2008 年全国耕地面积 12171 万公顷,人均耕地面积为 0.09 公顷,约相当于世界人均耕地面积的 40%;23.7% 的县级行政区划单位低于联合国粮农组织所确定的人均耕地 0.053hm^2 的警戒线。"十分珍惜和合理利用每一寸土地,切实保护耕地"是我国的基本国策之一,2008 年 10 月党的十七届三中全会《中共中央关于推进农村改革发展若干重大问题的决定》明确提出,"坚持最严格的耕地保护制度,层层落实责任,坚决守住 18 亿亩耕地红线";粮食安全问题也将是我国未来所要面临最为严重的问题之一,因此,切实保护耕地是关系到我国经济和社会可持续发展的全局性战略问题,必须大力推进耕地保护,确保粮食安全。

当前我国正处于经济快速发展时期,在城市化、工业化进程中,我国耕地的数量和质量保护将面临更大的威胁和更为严峻的挑战:一是城市化进入快速发展阶段,必将占用城镇附近大量优质耕地;二是经济建设、产业升级仍需要占用大量耕地;三是生态建设退耕战略的实施将导致耕地面积的进一步减少;四是可整理开发复垦为耕地的后备资源越来越少;五是人口的增长和粮食需求量的增加对耕地资源产生的压力不断加大,因此,耕地资源短缺、耕地资源不合理利用、耕地资源浪费、生态环境恶化等问题将进一步突出,人地矛盾也将日益尖锐,并成为制约经济增长与社会发展的主要瓶颈因素。如何协调两者之间的尖锐矛盾,是我国经济发展必须解决的问题(罗贞礼等,2004)。

解决耕地资源短缺问题,传统方法主要运用行政和工程技术手段:一是在稳定耕地面积的基础上进行扩耕,如开垦荒地,但这将受到生态保护的限制;二是努力提高粮食单位面积产量,但单产的提高并不是无限的,这些都是从耕地资源本身出发,诚然,这些手段是必要的,但运用经济、管理和制度手段来解决耕地资源危机问题并未得到足够重视。本书研究虚拟耕地战略,在法制与行政管理的硬性约束下,更多的引入市场机制来保护耕地资源,二者有机结合,从全新视野实现耕地资源的高效利用和优化配置,最终达到保护耕地和自然生态环境、保障粮食安全的目的,协调吃饭、建设、生态之间的矛盾,探索经济发展中土地管理机制、体制改革的新途径。

全球经济一体化与开放贸易体系也为虚拟耕地战略的实施提供了平台基础,耕地资源短缺地区的决策者通过人口、粮食、贸易三者之间的特殊连接,能够在更大范围内、更高尺度上寻找缓解耕地资源短缺的新途径。在一个保守和封闭的经济社会里,国家的发展只能依靠本国自有资源来实现,然而,在一个开放的、互通的经济社会,一个国家的发展战略目标可以通过进口其他国家资源密集型产品或出口利用本国丰富资源生产的产品来实现,因此,通过进口耕地密集型产品或者出口耕地稀疏型产品,耕地资源短缺的国家可以间接的满足本国耕地资源需求,缓解本国耕地资源压力,保障本国耕地资源安全。

目前,伴随着世界经济一体化和地区间经济合作的趋势不断加深,区域间经济系统的开放性和依赖性也在不断增加,在这一客观形势下,虚拟耕地贸易成为国家与国家之间或地区与地区之间提高耕地利用效率的一个重要工具,也是耕地资源短缺地区获得耕地安全的一个重要途径。虚拟耕地战略创新了传统的耕地资源管理体制、保障了耕地资源短缺地区的耕地安全和粮食安全。

8.1.2 研究意义

(1)虚拟耕地战略开辟了保障粮食安全的新途径。在耕地资源短缺的地区,粮食安全和耕地安全是紧密相连的,因为耕地资源短缺直接影响粮食安全,如果我们片面地追求粮食安全,而对耕地资源开发利用过度,也会危害生态环境安全。把虚拟耕地纳入社会经济系统流通过程中,可以通过贸易的方式相互调剂,这样,耕地资源短缺的地区可以通过从耕地资源丰富的地区进口虚拟耕地来平衡土地资源利用赤字,缓解耕地资源压力,实现区域间粮食供给平衡。因此,虚拟耕地贸易就成为一种新的且有效的调节手段,可以间接地增加耕地资源紧缺地区的土地资源供应,保障了国家或地区的粮食安全和耕地安全。

(2)虚拟耕地战略提高了耕地资源的利用效率。通常情况下,就虚拟耕地含量和耕地资源的机会成本相比较而言,耕地资源紧缺的国家或地区比耕地资源丰富的国家或者地区都要高,两者呈正相关关系。从国际来看,耕地资源紧缺的国家或地区从耕地资源丰富的国家或地区进口虚拟耕地,实际上就是节约了本国有限的耕地资源,提高了国家或地区间甚至全世界的耕地资源利用效率,获得更大的耕地资源使用效益。从国内来看,耕地资源紧缺地区从耕地资源富足的地区进口虚拟耕地,不仅可以保障粮食的供给平衡,还可以释放出更多的生态用地,保障生态环境建设;耕地资源紧缺地区可以更充分的利用有限的耕地资源,调整种植结构,发展优质高效农业,减缓自身的生态压力,提高单位耕地资源的利用效率,实现耕地资源效益最大化。

(3)虚拟耕地战略优化了土地资源的配置。从经济效益和环境效益的角度来看,通过虚拟耕地贸易形式对区域间的耕地资源进行调配,具有很强的可操作性和优越性。通过对虚拟耕地贸易流量和虚拟耕地比较优势的分析,可以发挥农作物的比较优势,降低耕地资源的机会成本,依托区域本身自己的优势,优化土地资源的配置,达到集约节约利用耕地资源的目的。

(4)虚拟耕地战略优化了产业结构。耕地是经济发展的重要载体,耕地利用的变化与产业结构的调整密切相关(陈岸,2006)。在农业产业结构调整中,国家或地区实施虚拟耕地战略,能发挥区域比较优势,认真调整农业产业布局,合理调整种植结构,扩大优质农产品的生产,发展特色、优质、高效农业,促进农业经济发展。在整个产业结构调整中,通过虚拟耕地机会成本和虚拟耕地战略优势度分析,可以为第二、三产业的发展提供更多的耕地占用资源,合理安排商业用地、工业用地、住宅用地、交通和旅游用地等用地,提供更多的生态用地,对经济发展和生态保护模式有一定的探索效果(曲福田,2000;宋金平等,2000)。

(5)虚拟耕地战略创新了土地资源管理体制。虚拟耕地理论开拓了耕地资源和耕地安全研究的新领域,属于耕地资源管理中最高层次的社会化管理,丰富了耕地资源管理、耕地资源配置的内涵,为区域或国家耕地战略的制定提供科学依据,有利于耕地资源在全国各地区甚至全球实现有效配置、实现耕地资源利用的公平与效率、保障耕地资源的可持续利用。

(6)基于虚拟水与虚拟耕地战略的中国水土资源匹配利用研究,拓展了水土资源研究视野和配置途径。以往学者在研究虚拟水和虚拟耕地资源的过程中,往往选取其中一个视角进行单独的研究,本研究打破了这一传统,将这两类虚拟资源结合进行综合全面的研究,是在传统理论和方法基础上的创新,丰富了水资源、耕地资源和虚拟资源相关理论体系;将虚拟水和虚拟耕地的概念引入水土资源利用匹配度评价体系,选取指标构建虚拟水—耕地资源利用匹配度评价模型,为研究区域虚拟水土资源的匹配程度提供了更科学合理的理论和方法依据,丰富和拓展了水土资源利用评价的理论体系。水资源和耕地资源的合理利用是区域发展的基础,将市场经济活动和水土资源利用纳入统一的研究体系,对创新水土资源配置途径和促进经济发展具有战略指导意义。

8.2　国内外研究现状及评述

8.2.1　国内外研究现状

（1）虚拟耕地战略研究动态

目前,国外关于虚拟耕地战略的研究较少,相关研究主要由国内学者展开。国内关于虚拟耕地战略的研究主要集中在以下三个方面:理论研究,实证研究及量化计算研究。

在理论研究方面,罗贞礼等(2004)借鉴虚拟水的概念,首次提出了"虚拟土"及"虚拟土战略"的概念和涵义,并进一步对虚拟土战略视角下区域土地资源的可持续利用管理问题进行了探讨,并提出了可持续利用管理的创新策略(罗贞礼,2006)。闫丽珍等(2006)在研究"虚拟资源"的基础上,对"虚拟耕地"和"虚拟耕地战略"做出了定义,并系统阐述了耕地资源配置的生态代价、经济代价和社会公平代价。颜章雄等(2006)运用粮食安全系数评价法对广西县域粮食安全状况进行评价分级,分析了广西县域粮食安全的主要因素,指出通过实施虚拟土地战略可以保障县域粮食安全,并提出实施虚拟土地战略的对策建议。严志强等(2007)提出并探讨了"虚拟土地"以及"虚拟土地战略"的相关理论。张燕林等(2009)认为虚拟耕地贸易量不仅包括国家与地区之间粮食贸易所折合而成的虚拟耕地量,也包括在其他地区租赁或购买的土地数量,完善了虚拟耕地贸易的概念和内涵。

在实证研究方面,胡宝清(2006)基于"虚拟土战略"视角,构建了县级尺度的虚拟土安全战略评价体系,评价分析了西部缺粮县和产粮基地的虚拟土战略机制。刘红梅等(2007)对中国粮食虚拟土地资源进口状况进行了分析,建立了影响中国粮食虚拟土地资源进口量因素的理论模型,采用多元回归模型,对1978—2004年中国粮食虚拟土地资源进口的影响因素进行了详细分析。饶映雪(2007)

探求了影响虚拟资源战略实施的各类因素,提出了具有中国特色的虚拟资源战略实施建议。赵菊勤等(2008)提出了虚拟资源这一概念,在分析我国粮食生产的区域格局的基础上,对以粮食为载体的南北方虚拟资源进行了比较优势分析,并将其与虚拟资源的机会成本进行对比,得到了我国粮食生产和消费的宏观变化的新认识。吴锋等(2009)基于粮食安全背景,对中国 31 个省(区)的虚拟耕地资源进行了研究。瞿商等(2009)对 1980—2004 年中国虚拟耕地的数量及其贸易量进行分析,考察了粮食安全与中国耕地动态调整的关系。陈伟华等(2010)通过分析1996—2008 年我国稻谷、玉米、小麦和大豆的虚拟耕地进出口量(陈伟华,2010),提出了缓解耕地资源紧张、确保粮食安全和维护生态环境的虚拟耕地战略实施对策建议。邹君(2012)计算了 1999—2009 年中国各个地区农产品虚拟耕地与水资源、耕地资源、人口、水土流失治理以及 GDP 等资源环境经济要素的基尼系数,在此基础上核算了 2009 年全国 8 大区域农产品虚拟耕地—资源环境经济要素的不平衡指数。李红伟等(2012)从不同尺度分析了我国 2008 年粮食生产、消费中的虚拟耕地含量及虚拟耕地平衡空间分布规律。在此基础上,李红伟等(2013)立足全国各省 13 种农高产品产量及播种面积,进一步建立了农畜产品虚拟土地计算模型,计算了 2010 年中国省级间农畜产品虚拟土地的流动现状,分析总结了虚拟土地的动态变化规律。

在量化计算研究方面,成丽等(2008)分析了改革开放以来中国粮食对外贸易的特点,并核算了虚拟耕地贸易量。闫丽珍等(2008)通过分析玉米区域供需及区际贸易现状,估算了玉米虚拟水土资源的流动,分析了玉米虚拟水土资源的流动效应及其成因,并提出相应对策。李景刚(2009)等以青岛市为研究对象,构建了耕地资源价值体系核算其货币价值。沈雅(2011)对湖南省主要粮食作物虚拟耕地贸易量、虚拟耕地生产与消费盈亏量和虚拟耕地消费城乡差别等进行了计算与分析,提出了湖南省实施虚拟耕地战略的保障措施。王维方等(2011)研究了大豆虚拟土的量化方法,并计算了不同国家大豆的虚拟土含量,分析了我国大豆贸易下隐含的虚拟土贸易。学者们在研究过程中发现了虚拟耕地贸易对输入区和输出区经济、社会和生态环境等方面产生的影响,基于协调发展的目的,提出了对输出区进行生态补偿的设想。闫丽珍(2006)分析了中国玉米在"北粮南运"过程中产生的虚拟耕地资源流动对地区耕地资源配置的影响,提出了给予耕地流出区补助的政策建议。孙才志(2013)基于虚拟资源—生态要素流动视角,提出从发展生态农业、盘活农业生态资本和提供农业生态补偿 3 个角度出发建立农业生态补偿长效机制的设想。经过国内外学者近年来不懈的努力,虚拟耕地的研究在横向和纵向上都有了进一步的拓展,虚拟耕地的量化计算也延伸到了预测研究领域。曹冲等(2015)针对中国棉花的进出口贸易现状,运用灰色 Verhulst 模型对中国棉花贸易中的虚拟土地资源进行研究,并预测了其发展趋势。

(2)虚拟水研究动态

目前国内外有关虚拟水的研究主要围绕产品虚拟水相关理论、量化计算、实证研究和战略意义及实施 4 个方面开展。

在理论研究方面,"虚拟水"的研究首先在国外展开,这一理念由 Fishelson 提出的"物化水"概念演变而来,在此基础上,英国学者 Tony Allan(1993)提出"虚拟水"的概念,并于 1996 年将"虚拟水"定义为在生产商品和服务的过程中所需要的水资源数量,因其是凝结在产品和服务中的、无形的、虚化的水,所以被称作"虚拟水"。随着研究的深度和广度不断加强,虚拟水进出口量、虚拟水贸易平衡量、水足迹等相关的概念也随之产生。Hoekstra 等(2002)在虚拟水研究的基础上提出了水足迹的概念,定义为一个国家或地区的人所消费的产品和服务中包含的直接和间接的水资源总量。Chapagain 等(2003)将虚拟水进一步细分为绿虚拟水、蓝虚拟水和稀释虚拟水等类别,丰富了虚拟水的概念和内涵。我国关于"虚拟水"的研究始于程国栋教授(2003)从国外引入"虚拟水"的概念,他提出虚拟水战略属于社会化管理层次,是水资源管理制度和方法的创新。邹君等(2008)定义了区域虚拟水战略优势度的概念,以此来量化计算一定区域内虚拟水战略实施的适宜性以及虚拟水战略背景对区域经济社会生态等的影响程度。在此基础上,邹君等(2010)为探究虚拟水战略背景下我国粮食生产的理想布局模式,提出了区域粮食生产优势度的概念,构建了粮食生产优势度和粮食生产布局调整指数的定量评价模型。王红瑞等(2006)在以往学者学术成果的基础上进一步完善了畜产品虚拟水资源的相关理论体系,计算了我国主要畜产品的虚拟水含量和虚拟水贸易量,并将各省市畜产品虚拟水含量的历年变化、现状分布情况与当地的水资源总量进行了对比分析。邹君等(2013)在计算农畜产品虚拟水资源流动适宜性的基础上,提出了农畜产品虚拟水流动合理性的概念并构建了定量评价模型,计算了中国省际间农畜产品虚拟水资源流动合理性指数。石常峰等(2016)在虚拟水及水期权相关研究基础上提出了虚拟水期权的设想,界定了虚拟水期权的内涵,设计了虚拟水期权交易机制,分析了虚拟水期权对于不确定性干旱的对冲机理,并提出了保障虚拟水期权契约实施的政策建议。

在量化计算研究方面,目前定量研究虚拟水的方法主要有两类,分别是以生产树法为代表的自下而上的方法和以投入—产出法为代表的自上而下的方法(赵旭等,2009;Hong Yang et al,2007;Huang Jing et al,2014)。生产树法主要用于计算某一企业或生产部门的产品水足迹,通过统计与累加最终产品生产链上各个环节的用水量来计算虚拟水（王红瑞等,2006;Hokestra A Y et al,2011;Zimmer D et al,2003;Liu Junguo et al,2007;Liu Junguo et al,2007）,这类从下至上的方法虽然能够详细地反映某个企业或部门每个生产环节的用水情况,但没有考虑到企业间或部门间的关联性,因此,容易产生漏算或重复计算的风险。在全面核算多个产业部门最终产品的虚拟水含量时,通常采用自上而下的投入—产出法。这一方法由 Leontief(1941)提出,通过国民经济投入产出表来计算和分析所有直接或者间接地包含于产品消费中的资源使用量（石常峰等,2016;Chen Xikang et al,2000;陈锡康等,2005;Zhao Xu et al,2010;Zhang Zhuoying et al,2011;Mubako S et al,2013）。部分学者对投入—产出法进行了拓展研究,提出利用混合投入—产出法来计算各部门输入的中间产品水足迹,此方法能更加清晰地描述部分中间产品与最终产品的虚拟水关系（Lenzen M,2000;Lenzen M,2002;Lenzen M et al,2013）。除此之外,陈锡康等(2005)在考虑各部门投入与产出的同时也考虑了占用的部分,提出了投入占用—产出法计算虚拟水。Morrillo 等(2015)指出,为了避免在评价分析用水状况时出现低估的情况,不仅要考虑耗水量,也要考虑用水量。因此,从供需角度分析用水量与可供水量,将全部用水量纳入虚拟水计算很有必要。

在实证研究方面,邹君等(2008)根据 2003 年湖南农畜产品的生产和消费数据,采用动态平衡的方法分析了湖南 2003 年主要农畜产品虚拟水生产和消费的态势。周姣等(2008)运用改进的虚拟水资源计算方法对华北地区的虚拟水贸易进行实证分析,并指出了我国实行区域虚拟水战略所迫切需要解决的问题。邹君等(2009)从水资源供给、非农水资源需求、水资源管理和农业发展 4 个方面构建了综合定量评价指标体系,对我国 31 个省级行政区虚拟水战略优势度进行了定量评价。靳雪等(2011)在进行农业区划的过程中引入虚拟水的概念,以我国黄淮海地区为例,基于虚拟水视角对其进行了农业分区。邹君等(2012)运用水足迹方法对湖南省城乡居民虚拟水消费结构和城乡居民用水效率进行了综合评价。除此之外,邹君(2014)还构建了虚拟水战略背景下的农业与工业生产布局诊断与调整模型,对湖南 14 个地区的工农业生产布局与水资源之间的匹配关系进行了科学地诊断。

在虚拟水的战略意义及实施方面,王新华等(2004)使用特定的方法和模型计算了河南、江西、湖北和湖南主要农畜产品的单位虚拟水含量,并阐述了虚拟水贸易对环境和社会经济所产生的巨大影响。龚新梅等(2007)在水资源管理领域应用了虚拟水的相关理论和方法,并且探讨了虚拟水的相关理论和方法在绿洲生态恢复等可持续发展领域的利用前景。邹君等(2008)基于虚拟水战略背景,描述了我国水资源安全形势将会发生的一系列变化,并提出了相应的对策。为探究我国不同区域虚拟水研究和实践的发展方向,邹君等(2010)运用指标体系评价方法和列联表互斥的矩阵分类方法对我国虚拟水战略区划进行了研究。杨玉蓉等(2010)对虚拟水战略背景下湖南粮食生产的环境进行了评价分析,并提出了针对性的战略定位和发展对策。邹君等(2009)提出了虚拟水战略优势度的概念并分析了其概念内涵及影响因素,构建了综合定量评价指标体系对中国 31 个省级行政区虚拟水战略优势度进行定量评价。邹君等(2010)将虚拟水战略背景下我国区域农业生产划分为布局合理型、布局过密型和布局过疏型三类,分别给出了其农业生产发展的方向。宋娇艳等(2010)通过界定"虚拟水"以及"虚拟水贸易"阐述了其必要性,从政府角色定位上和建设虚拟水贸易市场上分析了其重要性。刘丽萍(2013)分别从经济、社会、生态及水资源 4 个方面对实施虚拟水战略的支撑影响因素进行分析,运用 AHP – GRA 方法构建评价指标体系对区域虚拟水战略适宜度进行定量评价。邹君(2014)从虚拟水战略视角出发,运用定量模型方法构建了虚拟水战略背景下的农业与工业生产布局诊断与调整模型,对湖南 14 个地区的工农业生产布局与水资源之间的匹配关系进行了科学诊断。

(3)农业水土资源匹配利用研究动态

国外学者对水土资源匹配利用的研究主要集中在提高其利用效率和促进水土资源平衡两个方面。Tanner C 等(1983)提出了在粮食作物生产过程中提高水资源利用效率的一系列措施。Schoups G 等(2006)从微观角度出发,对雅基河谷的灌溉农业水资源管理提出了一系列具有针对性的管理措施。Roberts 等(1992)以英格兰的一个小流域为研究对象,通过不同品种植被的蒸发量来研究各种土地利用类型和流域水资源平衡之间的关系。Priess 等(2011)将水土利用动态建模方法与灌溉水评估法相结合,以蒙古中部地区为例,研究了地区的水土平衡现状,为土地利用规划和水资源管理决策提供了科学的参考依据。

国内学者关于水土资源匹配利用的研究主要集中在量化计算和评价分析两个方面:

在量化计算方面,测算水土资源匹配指数的方法主要有基尼系数法和单位面积耕地所拥有的水资源量法两种方法。吴宇哲等(2003)构建了区域基尼曲线和基尼系数,为区域水土资源的匹配研究开拓了一条新的道路。刘彦随等(2006)采用单位面积耕地可拥有的水资源量来表示农业水土资源匹配系数,根据市域尺度各个地区农业水土资源匹配程度的差异性,将农业水土资源匹配程度划分为 5 个等级,分别为匹配较优、匹配良好、匹配一般、匹配较差和匹配极差。姜秋香等(2011)引入水资源可利用量作为水资源量的表征参数,从水资源的可利用量与耕地资源的匹配角度,构建了区域水土资源匹配测算模型。黄克威等(2015)认为基于 DEA 的水土资源匹配模型能更精确地反映地区水土资源匹配程度和农业产值之间的关系,并以四川省为例,运用该模型测算了该省的水土资源匹配状况,进行了评价和分析。李慧等(2016)以延安市及其 13 个区县为研究对象,通过构建洛伦兹曲线以及农业水土资源匹配计算模型测算了研究区农业水土资源的匹配程度。许长新等(2016)结合我国 2003—2013 年农业水土资源自然禀赋与实际利用情况,选取单位耕地面积的农业水资源量测度方法和当量系数描述了我国农业生产过程中水土资源匹配的现实情况。

在评价分析方面,主要有水土资源时空匹配分析、格局分析和承载力分析三个方向。张孝存等(2007)从商洛市水土资源总量及二者匹配关系分析入手,构建了农业水土资源匹配分析模型,根据县域水土资源匹配系数的差异性,将商洛各县(区)农业水土资源匹配程度划分为匹配较好、一般和较差 3 个等级,提出加强耕地资源保护和开发工作力度、开展水资源规划管理和水利工程建设等措施建议。杜怀玉(2008)以张掖市为例,运用层次分析法评价了研究区水资源的承载力,运用主成分分析法分析了研究区土地资源的承载力,利用 ArcGIS9.0 软件将水资源和土地资源承载力进行叠加获得水土资源综合承载力分布表,在此基础上对张掖市水土资源的承载力状况进行综合分析,初步提出主体功能区规划的政策建议。王薇等(2014)将研究范围锁定在黄河三角洲中心城市东营市及所辖区县,分析了研究区水土资源在空间分布上的差异,通过构建水土资源匹配测算模型计算了研究区的水土资源匹配系数,在此基础上对水土资源空间匹配程度进行分等定级。顾莉丽等(2016)以吉林省为研究对象,运用农业水土资源匹配测算模型计算了该省的农业水土资源匹配程度,并对其进行了划分。

8.2.2 研究评述

首先,到 2025 年,预计全球城镇人口几乎将翻两番达到 51 亿人,其中增长的90% 的城镇人口来自于发展中国家,即每天城镇人口规模增长约 15 万人,届时城镇化水平将达到 60%(WRI,1996)(Mark W Rosegrant, et al,1999),由于人口迅速增长和城镇化水平的快速提高,全球粮食供给和耕地需求结构也必定会发生巨大变化。其次,据国际粮食政策研究机构预测,全球粮食产量年增长率将从 1982—1993 年间的 1.5% 下跌到 1993—2020 年间的 1.1%。城镇人口的增长与粮食产量年平均增长率的下降,使得粮食安全问题更显突出(陈强强,2005)。

人口的增长,粮食需求的加大,城镇化率的提高,建设用地需求的不断增加,大量耕地被挤占,使得粮食安全面临严重的问题。我国人均耕地少,后备耕地资源不足,使得不断增长的建设用地需求和日益紧缺的耕地资源之间的矛盾更加尖锐。虽然国家对耕地保护采取了一系列的政策措施,如实行基本农田保护制度、耕地占补平衡制度、耕地总量动态平衡制度等,但耕地总量平衡(包括数量与质量、时间与区域平衡)并未真正实现。虚拟耕地战略不仅是解决这些矛盾的有效方法,而且是创新传统的耕地资源管理体制、解决人地矛盾、保障粮食安全和生态安全的一种有效的战略手段。

通过对虚拟水、虚拟耕地的研究进行比较分析,可以发现虚拟水的应用涉及面较广,从研究对象来看,不仅包括粮食等植物类农产品的虚拟水应用研究,还扩展到了畜产品、渔产品等动物类农产品的研究;从研究内容的深度和广度来看,从最初的虚拟水含量核算拓展到水资源管理、虚拟水贸易、农业布局及量化预测等方面。虚拟耕地的概念是我国学者在虚拟水概念的基础上提出的,由于起步较晚,多数研究成果都是在虚拟水研究的基础上不断完善得到的,研究对象主要集中在粮食、经济作物等植物型农作物上,关于畜产品、渔产品等动物性农产品的研究较少。以上研究都是从粮食安全角度入手,研究还较零散,主要研究表现在:虚拟土(地)、虚拟土(地)战略的概念、特征;虚拟土(地)战略与土地资源社会化管理的关系;虚拟土(地)战略在土地资源优化配置、社会化管理等方面的作用与对策;以县级为尺度的虚拟土安全战略评价体系;虚拟土(地)的计算方法、主要粮食产品虚拟耕地资源进出口的实证研究等方面。因为针对粮食安全的虚拟土地战略内容过于宽泛,针对性不是很强,所以对深入研究和成果的针对性、应用性和操作性带来局限。考虑到耕地的基础功能是粮食生产,本书在总结国内外学者虚拟耕地战略概念的基础上,进行了虚拟耕地贸易流量的计算,分析了虚拟耕地贸易的比较优势,构建了虚拟耕地战略优势度评价体系,以期发展虚拟耕地战略的研究。

在国内外学者的不断努力下,虚拟水资源和虚拟耕地资源的相关研究取得了卓有成效的进展,但都是分别从虚拟水、虚拟耕地、虚拟养分、虚拟能等角度进行研究和应用,将两种或两种以上虚拟资源相结合的研究甚少,因此,虚拟资源的综合研究有待进行更加深入的挖掘。

通过对水土资源匹配利用的研究进行分析,不难发现,当前对水土资源匹配利用的研究主要是基于实体水土资源数据,通过分析水资源系统和土地资源系统的匹配度来完成的,忽视了贸易和流通的影响。在更深层次的理论体系和计算方法的研究中,应充分考虑贸易和市场对水土资源配置的影响,进一步完善水土资源匹配利用理论体系和计算模型。

8.3　研究内容

（1）基础理论研究

包括虚拟耕地、虚拟耕地战略的概念、内涵、特性，虚拟水、虚拟水战略的概念、内涵、特性，资源耦合与协调的基本概念与内涵；虚拟水与虚拟耕地战略研究的理论基础；虚拟水与虚拟耕地量化方法与模型等；虚拟水土资源匹配度评价方法等。

（2）中国与湖南省虚拟耕地战略分析

核算中国虚拟耕地贸易流量，建立虚拟耕地贸易平衡表，探讨虚拟耕地贸易在解决耕地紧缺和主要粮食产品结构调整方面的积极意义。核算湖南省虚拟耕地贸易流量，构建虚拟耕地贸易平衡表，探讨虚拟耕地贸易如何促进耕地资源实现价值最大化和保障粮食安全；核算湖南省虚拟耕地生产消费盈亏量，为湖南省在全国各省份中成为供区还是销区提供理论分析；探析了湖南省城乡虚拟耕地消费特征和差别，提出其在完善粮食消费结构和缩小城乡差距方面的积极意义。

（3）中国虚拟耕地贸易比较优势研究

研究比较优势理论在虚拟耕地战略中的应用，分析了2008年中国与印度、中国与美国虚拟耕地的机会成本，评价了1996—2008年中国虚拟耕地贸易的比较优势，提出优化农业产业结构调整的建议和对策。

（4）中国与湖南省虚拟耕地战略优势度评价

通过构建评价指标体系，定量评估各省的虚拟耕地优势度，据此划分为若干类型，找出其区域组合和总体分布规律，并提出各类型区基于虚拟耕地战略的耕地保护、粮食安全和经济发展对策。定量评估湖南省14个市州的虚拟耕地战略优势度，提出虚拟耕地发展策略。

（5）中国虚拟水战略分析

选取稻谷、玉米、小麦和大豆这四种贸易主要粮食作物作为研究对象，收集近年《中国统计年鉴》和《中国粮食年鉴》的相关数据，分别核算了这4种粮食产品的虚拟水资源生产量和贸易量，并对近年中国虚拟水资源的贸易平衡情况进行了计算和分析。

（6）中国主要粮食作物虚拟水与虚拟耕地资源利用匹配度评价分析

在了解中国各地区虚拟水与虚拟耕地资源现状的基础上，建立虚拟水—耕地资源利用匹配度计算模型和评价体系。选取2014年全国内地31个省级行政区

（未包括台湾、香港和澳门）的相关数据计算各省虚拟水—耕地资源利用匹配系数，对结果进行分级，在此基础上对各省水土资源利用匹配情况进行分析评价，提出建设东部战略发展区、中部战略促进区和西部战略开发区的布局设想。

（7）中国虚拟耕地战略实施的保障措施体系与中国水土资源匹配利用对策

基于以上的研究，提出虚拟耕地战略实施的保障措施体系，对中国水土资源利用匹配度进行评价分析，提出中国水土资源匹配利用政策建议。

8.4　研究方法和技术路线

8.4.1　研究方法

本研究主要采取了如下研究方法：

（1）文献研究法

通过学校内外图书馆、互联网、数据库等多种途径，查阅各种纸质、电子档文献参考资料，收集相关的计算数据，了解国内外关于虚拟水、虚拟耕地以及水土资源匹配利用的最新研究成果和发展动态，为进一步研究打下坚实的基础。

（2）实证分析法与规范分析法

实证分析与规范分析是科学研究的两个组成部分（张莉娜，2008）。采用规范分析的方法，研究虚拟耕地、虚拟水、水土资源匹配等的概念界定、虚拟耕地与虚拟水及水土资源匹配的计算方法和评价指标体系的建立。以中国国家层面为主体，下延省级上延主要国家进行了虚拟耕地与虚拟水战略的实证研究。

（3）定量和定性分析方法相结合

本研究采用定性分析的方法对虚拟耕地、虚拟水战略相关概念与内涵进行分析。通过定量分析方法，利用中国统计年鉴、中国统计局信息网、中国国土资源部网、中国农业部网、世界粮农组织（FAO）网站、中国粮食年鉴、湖南省统计年鉴、湖南省条件信息网等数据，计算了中国及湖南省主要粮食产品的虚拟耕地、虚拟水含量和虚拟耕地贸易量、虚拟水贸易量；主要采用了李嘉图模型、显示性比较优势法、净出口指数法等方法分析虚拟耕地比较优势；主要采用层次分析法与模糊综合评价法构建虚拟耕地战略优势度评价体系与进行评价；运用综合评价法对内地31个省虚拟水和虚拟耕地资源利用匹配度进行评价分析。

8.4.2　技术路线

通过研究相关理论和文献,提出虚拟水和虚拟耕地战略的相关概念和内涵。建立了虚拟水和虚拟耕地量化模型,分别进行虚拟耕地战略分析与虚拟水战略分析。虚拟耕地战略分析主要包括中国主要粮食作物的虚拟耕地含量、贸易量、贸易平衡及总量,湖南省主要粮食作物虚拟耕地贸易量、虚拟耕地生产消费平衡、城乡虚拟耕

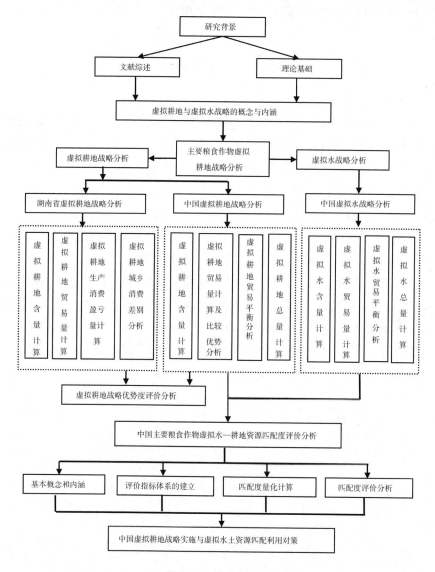

图 8 - 1　技术路线图

Fig. 8 - 1　The Technological Roadmap

地消费差异等,虚拟耕地优势度评价。虚拟水战略分析主要包括中国主要粮食作物的虚拟水含量、贸易量、贸易平衡及总量的核算。在核算各省虚拟水量和虚拟耕地量的基础上,提出虚拟水—耕地资源利用协匹配度评价的概念,并建立评价指标体系对内地31个省级行政区虚拟水和虚拟耕地资源利用匹配度进行量化计算,并对结果进行评价分析,从而了解各省虚拟水和虚拟耕地资源利用匹配程度。最后提出中国虚拟耕地战略实施与虚拟水土资源匹配利用对策(图8-1)。

8.5 主要创新点

(1)较系统深入地进行了虚拟耕地战略分析。本研究进行了中国主要粮食作物虚拟耕地国际贸易、国内区域间贸易(华北区、华中区……)、省内地市间贸易分析,并进行了虚拟耕地贸易比较优势分析,内容较系统深入。"'虚拟耕地战略'不但为全球和全国范围内耕地资源的高效配置提供了一种切实可行的新方法,也为耕地贫乏国家和地区的耕地资源管理提供了一种新思路。"(许坚,2012)。

(2)进行了虚拟耕地生产消费盈亏、城乡虚拟耕地消费差别分析等研究,开拓了虚拟耕地战略研究内容,引领了这方面全国研究的先河。

(3)最早通过建立指标体系,采用多种定量方法对内地31个省和湖南省内14个地州市进行了虚拟耕地战略优势度评价,分析了虚拟耕地战略优势度的区域分异规律,据此提出了虚拟耕地战略的区域管理对策。

(4)开拓性地进行了中国主要粮食作物虚拟水与虚拟耕地资源利用匹配度评价,据此提出了虚拟水土资源匹配利用对策。

第 9 章

虚拟耕地战略基础理论研究

9.1　虚拟水、虚拟水战略的概念、内涵

1993 年,英国学者 Tony Allan 最早提出了"虚拟水"的概念,他在 SOAS(伦敦大学亚非学院)的一次讨论会上首次提出虚拟水是指生产农产品所需要的水(Allan J A, 1993；Allan J A. ,et al, 1997)。Allan J A(1996)又界定了"虚拟水"的定义:生产商品或服务所需要的水资源量(Hoekstra A Y,1998),例如,当你消费 1 千克食物,实际上你一并消费了生产这些食物所需要的 1000 升水资源。这些依附在粮食作物贸易中的水就是虚拟水,因为在粮食商品的生产过程中需要消耗水资源,隐藏在粮食贸易背后的这一部分看不见的被交易的水资源就被称为"虚拟水"(Paul Van Hofwegen,2003)。"虚拟水"又叫"外来水"或"镶嵌水",其中,"外来水"特指进口虚拟水的国家或地区使用外地的水资源(王新华,2004)。2003 年 3 月第二届世界水论坛在日本京都举行,对"虚拟水"的一些基本问题进行了激烈讨论(吴晓华,2007),受到国内外许多学者的高度重视和关注。

在我国,程国栋(2003)首先引进"虚拟水"的概念,并对 2000 年西北各省(区)虚拟水消费量和水资源足迹(姚蓝,2006)进行了初步核算;随后魏万进、龙爱华、张志强、柯兵、柳文估等一大批学者对我国虚拟水作了深入的研究和探讨(龙爱华等,2003)。

虚拟水战略是指水资源贫乏的国家或地区根据水资源的商品属性,通过贸易的方式从水资源丰富的国家或地区购买水资源密集型农产品(尤其是粮食)来获得水资源和保障粮食安全。它从系统的角度出发,通过系统思维的方法来寻求解决问题的最佳策略,提倡出口水资源密集型商品,进口本地缺水型的粮食产品,通过贸易的形式最终解决水资源紧缺和粮食安全问题(程国栋,2003)。

由于全球气候变化和人类对水资源需求的增加,缺水国家和地区的用水压力

日益增大,为了持续地满足人们生产生活的用水需求,越来越多的国家和地区开始尝试实施虚拟水战略来保障本区域的粮食和水安全。与实体水的流动相比,虚拟水的成本更低,且更加便利、安全,能有效提高水资源利用效率。实施虚拟水战略,缺水的国家和地区可以通过进口水密集型产品、出口水稀疏型产品的贸易策略节约大量本地的水资源,这些水资源可以用来满足本地其他经济活动的用水需求;而水资源丰富的国家和地区则可以利用丰富的水资源来赚取比较利益,获得的资金可以进一步增强本地区的经济实力,为本地区的经济发展提供更加强有力的资金支持。

虚拟水战略突破了传统的解决水资源短缺的办法——开源和节流,通过加入"市场贸易"这一新元素,将水资源管理从静态的类型和结构研究转向动态的过程和机制研究,符合当前全球经济一体化的发展趋势。

9.2　虚拟土、虚拟土战略的概念、内涵

受到"虚拟水"概念的启发,罗贞礼等(2004)第一次提出了虚拟土及虚拟土战略的概念。他指出虚拟土是指在生产商品和服务过程中所需要的土地资源数量。虚拟土以"虚拟"的形式隐形于产品中,并不是可以看得见的真实土地。

虚拟土战略,就是指土地资源贫乏的国家(地区)通过贸易的方式从土地资源富足的国家(地区)购买土地资源密集型农产品(尤其是粮食等大宗土地密集型产品)来获得土地资源和保障粮食安全。一个国家(地区)对其他国家(地区)出口土地资源密集型产品,实际上就是通过虚拟的形式出口了土地资源(罗贞礼等,2004)。

类似于虚拟水战略的研究(常永志,2009),过去人们习惯于在问题发生的区域范围内部寻求解决耕地和粮食安全问题的方案,虚拟耕地战略概念的提出,运用系统思维的方式找寻与问题相关的诸多影响因素,在问题发生的外部范围寻求解决这一问题的最佳应对策略。

9.3　虚拟耕地、虚拟耕地战略的概念、内涵

水和耕地资源是农业生产的基本条件,是关系到国家粮食安全的重要资源。随着虚拟水相关理论的提出,虚拟资源的研究延伸到了虚拟耕地等领域。闫丽珍

等(2006)提出虚拟耕地是指生产某种商品或某项服务所需要的耕地资源数量。虚拟耕地战略则是指为了获得耕地资源和保障粮食安全,耕地资源短缺的国家或地区采取贸易的方式从耕地资源丰富的国家或地区购买耕地资源密集型农产品的有效战略(成丽等,2008),这样,本身不可移动的耕地资源就以虚拟的形式依存于发生贸易的农产品中,进而转换成一种虚拟资源,可以在地区或国际间进行流动。也就是说,农产品在地区或国际间进行的贸易,从另一个角度可以看作是与其相对应的耕地资源贸易。

虚拟耕地战略突破了耕地资源流动时在地理位置上的局限,通过方便、快捷的贸易流通使耕地资源在地区间更合理地分配。耕地资源丰富的地区可以通过种植、出售农作物,将本地的耕地资源转换为货币,为本地的经济发展提供资金支持;耕地资源缺乏的地区可以通过粮食贸易的方式满足自身的粮食需要,为本地的发展提供更有效的土地保障。在全球经济一体化和区域经济开放性增强的背景下,虚拟耕地战略为土地资源管理提供了新思路,是土地资源社会化管理的体现,也是土地资源管理进入高层次的解决方案。

部分学者对虚拟水、虚拟土和虚拟土地的特性做过研究,但是关于虚拟耕地特性的研究,还没有人做过这方面的尝试。本研究借鉴了国内学者对虚拟水、虚拟土和虚拟土地特性的研究(罗贞礼等,2004;严志强等,2007),提出了虚拟耕地的特性,主要表现为:

第一,虚拟耕地的非真实性。虚拟耕地不是看得见,摸得着的实体耕地,而是以另外一种存在形式依附于其他产品当中,这种形式是虚构的,不是实际存在的,是一种看不见的耕地资源。

第二,虚拟耕地的社会交易性。虚拟耕地不是客观上存在的耕地,只有通过商品之间的交易才能实现,如果没有了商品交易,也就没有了虚拟耕地,更无从谈起虚拟耕地战略。虚拟耕地的交易不是单一的个体行为,它强调社会的整体性,如果只是单一个体的交易行为,很难形成真正意义上的虚拟耕地,很难进行分析,随着商品之间的交易或服务次数的增多,虚拟耕地也会随之增加。

第三,虚拟耕地的便捷性。如果进行实体耕地的贸易,是不符合经济学要求的,也不具备很强的操作性,会增加大量的耕地机会成本。而虚拟耕地以一种“无形”的形式,依附在其他商品当中,运输便捷,交易方便,可以减少耕地交易的机会成本,有效缓解耕地资源短缺带来的社会经济压力。

第四,虚拟耕地的分布广泛性。虚拟耕地以其特殊的形式广泛隐含于各种耗地产品之中,除了依附于农产品之外,其他需要利用耕地资源、耗费耕地成本的各种产品,同样也包含着虚拟耕地,只是由于其分析和计量的困难性,目前还没有很好的方式方法来进行研究。

第五,虚拟耕地含量的差异性。由于各个国家或地区的自然资源状况、社会经济条件,生产技术水平、耕地资源本身生产力状况等诸多因素的不同,会导致各个国家或地区产品的产量和耕地资源利用效率也不同,这样,同一国家或地区所生产的不同产品或产生的不同耕地服务,其虚拟耕地含量不一样;不同国家或地区生产的同一产品或产生的同一耕地服务,其虚拟耕地含量也不一样。这就使得虚拟耕地含量存在很大的差异性。

第六,虚拟耕地的价值隐含性。虚拟耕地不是真正意义上的实体耕地,难以直接进行价值估算,它依附在各种产品和服务的交易之中,其价值隐含在参与交易的产品和服务之中,体现在交易双方所带来的社会、经济、生态、环境效益之中,也表现在解决耕地资源紧缺矛盾和供需矛盾所带来的效益之中,具有很大的隐含性。

第七,虚拟耕地理论的超常规性。虚拟耕地理论突破了传统的观念和思维方式,克服耕地资源不能移动的局限,从国家与区域之外的全新角度提出解决耕地资源短缺与区域不平衡问题的方法;克服了传统管理方案的诸多弊端,发挥优势,从而创新了耕地保护、资源优化配置与保障粮食安全的管理机制。

9.4　资源耦合与协调的基本概念与内涵

耦合是指两个或多个系统或运动形式在相互作用的过程中彼此影响的现象,是各子系统在良性互动的状态下彼此协调、互相依赖和共同促进的动态关联关系(刘耀彬等,2005;董会忠等,2008)。

在系统科学研究中,协调是为促进系统总体目标的实现,两种或多种相互关联的系统或系统要素之间和谐一致、配合得当、相互促进的一种正向循环态势(杨士弘等,1996)。

系统之间的关系,可以是耦合,也可以是相悖,这是两种相反的状态。当系统内部各要素之间相辅相成、相互促进,实现了"1＋1＞2",这样朝正向发展的状态即为系统耦合;反之,当系统中各要素在发展过程中相互制约、相互阻碍,系统朝负向发展的状态称为系统相悖(朱鹤健等,2003;刘定惠等,2011;郑重等,2008)。

将耦合与协调理论引入水土资源匹配程度评价研究,通过研究水资源利用和耕地资源利用的匹配程度,分析一个国家或地区的水土资源利用是否科学合理,从而分析水资源和耕地资源之间的耦合协调机理,可以为优化地区水土资源利用结构提供建议。

9.5　虚拟耕地研究的理论基础

9.5.1　资源流动理论

在社会经济不断发展过程中，人类日益增长的自然资源需求与日益短缺的自然资源之间的矛盾越来越激烈（苏筠等，2003），资源在区域间的不平衡分布和经济发展对资源需求程度的差异促使资源在区域间进行流动（成升魁等，2007）。对一个区域内自然资源进行准确的量算，分析维持经济正常运转所需的自然资源，了解自然资源在经济社会发展中的正确流动，可以更好地帮助我们理解社会经济活动与自然环境之间的密切关系，认识区域内自然资源的自我供给能力和对外部的依赖性，有助于制定科学决策，提高自然资源利用效率、减轻环境污染，保证自然资源的可持续利用（肖俊等，2007）。学者们为了协调缓解资源压力和满足经济发展需要两者之间的矛盾，实现所谓的"dematerialization"，即单位产出对资源消耗的绝对或相对减少量（Chambers N et al，2005），展开了对资源流动的研究。在这种情况下，"资源流动理论"应运而生，这是一种注重自然资源的社会流动过程、反映自然资源动态运动规律的新理论模式（姚治君等，2004），是对自然资源进行的综合管理，有利于促进社会、经济、生态环境的协调发展。

结合国内学者成升魁等（2005）和国外学者（Wuppertal，2005）的研究，将资源流动定义为在人类活动的驱使下，资源在不同的区域之间或不同产业、消费链条之间的运动、转移和转化。资源流动不仅包括资源在地理位置上发生的空间位移（横向流动），还包括其从加工到形成产品的过程中形态、功能、价值的转化（纵向流动）。虚拟水和虚拟耕地战略从本质上来说也属于资源流动的研究范围，虚拟水战略和虚拟耕地战略分别从水资源和耕地资源的利用入手，通过估算生产产品的需水量和耕地资源数量来整合分布不均的水资源和耕地资源，为制定合理的用水用地措施提供科学的依据，使有限的水资源和耕地资源实现最大化利利用。

为了更好地认识国家和区域的资源自给能力，维持经济的运转，促进经济的发展，计算国家或地区发展所需要的自然资源的数量，了解自然资源的流动过程变得尤为重要。

9.5.2　资源替代理论

随着人类社会的不断发展,许多不可再生资源将会消耗殆尽,资源替代是人类解决资源紧缺问题的一种技术进步,是实现资源可持续利用最有效的手段之一。"资源替代"是指在扩大生产规模的过程中,通过先进的科学技术实现可再生资源对不可再生资源的替代,较高层次的资源对较低层次资源的取代(李明,2007),是从源头和根本上解决自然资源,尤其是不可再生资源濒于枯竭对经济发展的制约,是循环经济的一种更高境界。一般认为耕地资源具有稀缺性、不可替代性,在人类社会经济发展中发挥着无法代替的作用。针对某一耕地资源紧缺的国家或地区来说,耕地作为一种特殊的自然资源,可以通过虚拟耕地贸易的方式直接获得需要利用耕地资源进行生产的产品,从而替代无法参与生产的那一部分耕地资源,从这个角度看,耕地资源同样具有可替代性。事实上,这种替代是资源功能的替代,而不是资源本身的替代(孙克,2007)。

9.5.3　比较优势理论

比较优势理论是在亚当·斯密1776年提出的绝对优势理论基础上发展而来的。1815年罗伯特·托伦斯首次提出了比较优势理论,后经大卫·李嘉图和詹姆斯·穆勒加以发展(不过,李嘉图的论述最为全面,通常以李嘉图冠名),再经过赫克歇尔—俄林的资源禀赋理论的补充,成为一个在国际贸易理论范畴中颇具说服力的体系。该理论认为各国或区域存在不同的要素禀赋,这样就使得生产成本不同,导致产品价格的不同,进而造成了国际或区域比较优势的产生和差异(薛敬孝,2000;郑芳,2006;杨亭,2007)。该理论认为,一个国家或地区应该选择生产并出口本国或本地区具有比较优势的产品,同时应进口本国或本地区不具有比较优势或者具有比较劣势的产品,通过这样的国际贸易使国家获得更大的利益(王云凤,2011)。

粮食作物不仅是水资源密集型产品,也是耕地资源密集型产品,水和耕地是其生产过程中必不可少的要素。产品在国际和区际间的贸易伴随着虚拟水和虚拟耕地的流动,因此,大部分学者都认为比较优势理论是虚拟水和虚拟耕地战略的应用理论基础。不同国家地区的水资源和耕地资源禀赋不同,比较优势的差异导致产品的成本也各不相同。在水资源丰富的国家和地区,水资源比较廉价,生产粮食作物的水资源用量投入花费较小,在其他生产要素条件相当的情况下,其成本更低,市场竞争力更强,耕地资源也是同样的,然而,由于水资源与耕地资源往往存在着时间或者空间的不匹配,某地的粮食作物的虚拟水资源和虚拟耕地资源的比较优势存在不同步性,有的粮食作物可能在虚拟水资源上具有比较优势,但在虚拟耕地资源上又具有比较劣势;而有的粮食作物可能在虚拟水资源上具有比较劣势,而在虚拟耕地资源上又具有比较优势。但是,如果缺乏水资源的国家或地区能以较低的成本生产粮食作物,即使水资源作为一个关键要素严重缺乏,该国或地区生产这种粮食作物仍具有绝对优势。相同的,耕地资源缺乏的国家或地区,如果能以较低的成本生产粮食作物,也具有绝对优势,可以发展该作物的生产。在国际贸易与区际贸易中,比较优势是各国和各地区考虑的首要因素,具备绝对优势意味着该国家和地区应该出口产品,而相对优势取决于贸易双方对产品机会成本的估计和贸易双方之间的机会成本两个要素,综合考虑绝对优势和相对优势才能最终确定贸易策略。

9.5.4 区域资源配置理论

所谓资源配置是指在资源数量既定的情况下,如何把有限的人力、物力和财力资源投向不同的地区、部门及生产企业,实现效益的最大化。人类对资源的合理配置高度关注,是因为资源具有稀缺性,虚拟耕地战略,为解决耕地资源的稀缺性问题,提供了一种全新的方式。虚拟耕地战略以提高耕地资源的利用效率为目的,反对耕地资源的分割式管理,实行耕地资源的统一社会化管理。虚拟耕地战略的主要功能在于降低使用耕地资源的机会成本,提升耕地资源配置效率,降低耕地损失,不断提高耕地资源的有效利用效率,达到节约耕地、缓解耕地紧张矛盾、保障耕地资源安全、粮食安全和生态安全的目的,充分发挥耕地资源在生产、生活和生态方面的最大综合资源价值,在资源社会化管理的过程中实现耕地资源利用的最大效益(任致远,2000;王万茂,1996;Wackennagel M,et al.,1999)。

9.5.5 系统理论

系统的整体观念是系统论的核心思想,即把研究和处理对象看作一个系统进行分析,研究系统、要素、环境之间的相互关系和变动规律(Rone Tbom,1994)。该理论认为:所有复杂的系统都是由各种简单的子系统构成的,子系统与子系统之间、子系统和大系统之间协调发展、相互促进,共同保障大系统的良性循环和发展。

将系统理论引入虚拟水—耕地资源匹配利用的研究中,将虚拟水—耕地资源匹配利用看作一个复杂的大系统,把虚拟水资源系统和虚拟耕地系统看作简单的两个子系统,通过对虚拟水资源系统和虚拟耕地资源系统进行协同分析,充分考虑这两个子系统之间、子系统与复杂大系统之间、复杂大系统与外部环境之间相互依存、相互影响和相互制约的关系,客观地反映虚拟水—耕地资源匹配利用的现状,为构建整体、综合的评价指标体系提供科学参考。

第 10 章

中国虚拟耕地战略研究

10.1 虚拟耕地量计算与虚拟耕地账户

10.1.1 虚拟耕地含量的计算

在对虚拟耕地的含量进行计算之前,首先有必要介绍一下生态足迹理论。20世纪 90 年代初,加拿大生态经济学家 William 及其博士生 Wackemagel 首先提出生态足迹(Ecological Footprint)理论。生态足迹就是能够持续地提供资源或消纳废物的、具有生物生产力的地域空间(Biologically Productive Areas),其含义就是要维持一个人、地区、国家或者全球的生存所需要的或者能够容纳人类所排放的废物的、具有生物生产力的地域面积(柳文华等,2005)。利用生态足迹模型计算的生态足迹,实质上就是"虚拟土地",具有全球(或区域)的可比性,可直接量化可持续发展的程度。

我们可以参照生态足迹的理论,来计算农产品虚拟耕地的含量。由于农产品生产所需要的耕地资源受各种各样的因素影响,各个国家或地区的自然条件、耕作水平、复种指数、化肥使用量和科技投入等因素各不相同,这些因素制约着农产品的单位产量(即生产产品所需的耕地资源),因此农产品虚拟耕地含量计算也是复杂的,难以量化的,只能是对特定地区的一种粗略估计。参考国内有关学者柳文华等(2005)和曹建廷等(2004)有关虚拟水的计算模型,结合国内虚拟土地的研究方法(严志强等,2007),虚拟耕地含量的计算可以用下式来表达,即:

$$SFD[n,c] = CFR[n,c]/C[n,c] \qquad (10-1)$$

$SFD[n,c]$——国家或区域 n,作物 c 单位产量的虚拟耕地含量,单位:hm^2/kg;

$CFR[n,c]$——国家或区域 n,作物 c 的耕地需求面积,单位:hm^2;

$C[n,c]$——国家或区域 n，作物 c 的总产量，单位：kg。

通过上述计算得到单位产品虚拟耕地含量，我们可以看出对于耕地资源比较短缺的地区，可以种植一些虚拟耕地含量较低的产品，从而节约本地的耕地资源；对于耕地资源比较丰富的地区，可以种植虚拟耕地含量较高的产品，以充分利用当地的耕地资源。

10.1.2 虚拟耕地量的计算

与虚拟水研究类似（邓大才，2004），虚拟耕地贸易研究是一种采用产品账户的方式来解释耕地资源在全球经济系统中有效配置的尝试。关于虚拟耕地贸易量的计算，主要借鉴国内外学者关于虚拟土地（严志强等，2007）的计算公式。

（1）虚拟耕地总量计算

国家或地区的虚拟耕地总量是指本国或地区虚拟耕地量与净进出口量的总和，用式（10-2）表示。

$$VFA[n,t] = \sum_{n,c} \frac{TP[n,c,t] + NEV[n,c,t]}{CY[n,c]} = \sum_{n,c} TPA[n,c,t] + \sum_{n,c} \frac{NEV[n,c,t]}{CY[n,c]}$$

$$(10-2)$$

VFA——国家或区域 n，在时间 t 的虚拟耕地总量，单位：hm^2；

TP——国家或区域 n，作物 c，在时间 t 的生产总量，单位：kg；

TPA——国家或区域 n，作物 c，在时间 t 的播种总面积，单位：hm^2；

NEV——国家或区域 n，作物 c，在时间 t 的净进出口量，净进口量为"+"，净出口量为"-"，单位：kg；

CY——国家或区域 n，作物 c 的单位产量，单位：kg/hm^2。

（2）虚拟耕地贸易量

虚拟耕地贸易量的计算方法有以下两种：

①根据国家或地区的虚拟耕地进口量的绝对值与虚拟耕地出口量的绝对值之和来共同确定虚拟耕地贸易量。

$$VFT[n,t] = \sum_{n,c} \frac{|TI[n,c,t]| + |TE[n,c,t]|}{CY[n,c]}$$

$$(10-3)$$

VFT——国家或区域 n，在时间 t 的虚拟耕地贸易量，单位：hm^2；

TI——国家或区域 n，作物 c，在时间 t 的进口量，单位：kg；

TE——国家或区域 n，作物 c，在时间 t 的出口量，单位：kg；

CY——国家或区域 n，作物 c 的单位产量，单位：kg/hm^2。

②根据国家或地区的商品贸易量和单位商品的虚拟耕地含量的乘积来共同

确定虚拟耕地贸易量。

$$VFT[n,c,t] = CT[n,c,t] \times SFD[n,c] \tag{10-4}$$

VFT——国家或区域 n，在时间 t 的虚拟耕地贸易量，单位：hm^2；

CT——国家或区域 n，作物 c，在时间 t 的贸易量，单位：kg；

SFD——国家或区域 n，作物 c 的虚拟耕地含量，单位：hm^2/kg。

（3）虚拟耕地进出口总量

①单个农产品虚拟耕地进口量等于当年该农产品的进口量除以产品的单产所得到的比值。

$$VFI[n,c] = \frac{TI[n,c,t]}{CY[n,c]} \tag{10-5}$$

VFI——国家或区域 n，作物 c 的虚拟耕地进口量，单位：hm^2；

TI——国家或区域 n，作物 c，在时间 t 的进口量，单位：kg；

CY——国家或区域 n，作物 c 的单位产量，单位：kg/hm^2。

②虚拟耕地进口总量是所有产品虚拟耕地进口量的总和：

$$GVFI[n,t] = \sum_{n,c} VFI[n,c,t] \tag{10-6}$$

GVFI——国家或区域 n，在时间 t 的虚拟耕地进口总量，单位：hm^2；

VFI——国家或区域 n，作物 c，在时间 t 的进口量，单位：hm^2。

③单个农产品虚拟耕地出口量等于当年该农产品的出口量除以产品的单产所得到的比值。

$$VFE[n,c] = \frac{TE[n,c,t]}{CY[n,c]} \tag{10-7}$$

VFE——国家或区域 n，作物 c 的虚拟耕地出口量，单位：hm^2；

TE——国家或区域 n，作物 c，在时间 t 的出口量，单位：kg；

CY——国家或区域 n，作物 c 的单位产量，单位：kg/hm^2。

④虚拟耕地出口总量是所有产品虚拟耕地出口量的总和：

$$GVFE[n,t] = \sum_{n,c} VFE[n,c,t] \tag{10-8}$$

GVFE——国家或区域 n，在时间 t 的虚拟耕地出口总量，单位：hm^2；

VFE——国家或区域 n，作物 c，在时间 t 的出口量，单位：hm^2。

（4）虚拟耕地净贸易量

①国家或地区的虚拟耕地净贸易量由进出口产品的总量和产品的单产来共

同确定(成丽等,2008):

$$NFLI[n,t] = \sum_{i=1}^{n} \frac{TI[n,c,t] - TE[n,c,t]}{CY[n,c]} \tag{10-9}$$

$NFLI$——国家或区域 n,在时间 t 的虚拟耕地净贸易量,单位:hm^2,其为正值表示虚拟耕地净进口,为负值表示虚拟耕地净出口;

TI——国家或区域 n,作物 c,在时间 t 的进口量,单位:kg;

TE——国家或区域 n,作物 c,在时间 t 的出口量,单位:kg;

CY——国家或区域 n,作物 c 的单位产量,单位:kg/hm^2。

②国家(或地区)虚拟耕地净贸易量也可以根据总虚拟耕地进口量减去总虚拟耕地出口量所得到的差值来表示。

$$NFLI[n,t] = GVFI[n,t] - GVFE[n,t] \tag{10-10}$$

$NFLI$——国家或区域 n,在时间 t 的虚拟耕地净贸易量,单位:hm^2,其为" + "表示虚拟耕地净进口,为" - "表示虚拟耕地净出口;

$GVFI$——国家或区域 n,在时间 t 的虚拟耕地进口量,单位:hm^2;

$GVFE$——国家或区域 n,作物 c,在时间 t 的出口量,单位:hm^2。

10.1.3　虚拟耕地资源账户

虚拟耕地资源账户是指采用虚拟耕地量化模型和计算方法,对国家或地区的虚拟耕地资源含量和利用效益进行核算,对虚拟耕地资源的流量进行分析,构建虚拟耕地投入产出平衡表,评价虚拟耕地资源的社会、经济、生态和综合效益。主要包括以下内容:国家或地区实体耕地资源储备和利用情况核算;国家或地区虚拟耕地含量、流量、机会成本的核算;编制国家或地区虚拟耕地资源货币型、成本型、价值型、综合型等资源账户;构建国家或地区虚拟耕地资源投入产出平衡表;评价虚拟耕地资源各方面的效益等内容。由于篇幅有限,核算的复杂性和资料获得的不易性,在此不作深入探讨,只提供虚拟耕地量化模型和核算方法(见 9.6节)。

10.2　中国主要粮食作物虚拟耕地贸易量分析

10.2.1　中国粮食贸易特征

随着中国经济的迅速发展,建设占用耕地面积不断扩大,灾害毁损与退耕还湖、还林、还草等,粮食安全面临严峻挑战。我国是发展中的农业大国,发展粮食贸易,积极利用国际市场调节国内供需,不仅有利于确保国内粮食平衡,提高人民生活水平,优化本国的粮食生产布局,而且会促进世界粮食贸易市场的繁荣发展(成丽等,2008)。一直以来,中国粮食贸易都是在国内粮食供大于求时就出口粮食,供不应求时就进口粮食,把粮食贸易作为平衡国内粮食供求和稳定粮食价格的主要手段。2001 年中国加入 WTO 后,粮食贸易面临着新的机遇与挑战,对粮食贸易依存度增加,同时逐渐发挥出在国际市场中的积极主动性(陈阵,2005)。

如表 10 - 1 所示,从粮食贸易总量上来看,中国是主要粮食作物净进口的国家,1996—2008 年的 13 年间,粮食净进口有 7 年,占 53.85%;粮食净出口有 6 年,占 46.15%;其中 7 年主要粮食产品进口总量为 2.43 亿吨,6 年主要粮食产品出口总量为 1.17 亿吨,进口总量是出口总量的 2.08 倍,多 1.26 亿吨,进口远远大于出口。

从粮食贸易时间序列上来看,中国主要粮食作物贸易量越来越大,2001—2005 年和 1996—2000 年相比,中国粮食贸易量增长了 9170.71 万吨。自 2001 年中国加入 WTO 以来,粮食贸易量迅速增加,尤其是粮食进口呈直线上升趋势,其主要原因是大豆进口量的大规模增加,尤其是 2003—2008 年 6 年间,中国大豆进口量均在 2000 万吨以上,这意味着对国际市场的依存度明显增加。

从粮食贸易结构上来看,品种也发生了很大变化。进口方面,自 1996 年以来,大豆的进口量迅速上升,目前大豆已经成为中国最主要的粮食进口品种;2003 年,中国进口大豆达 2074 万吨,占粮食贸易总额的 90.9%,而小麦只占 2.0%,大米只占 1.1%,玉米进口量很少,几乎不占比例。出口方面,大豆、大米的出口比例在逐渐减少,玉米、小麦的出口比例逐渐增加,同样以 2003 年为例,中国出口玉米 1639 万吨,占粮食出口总量的 75.7%,而大米、小麦和大豆分别只占 11.7%、11.3% 和 1.3%,比重严重偏小。

表 10 - 1　1996—2008 年中国主要粮食作物进出口情况表

Table 10 - 1　The Import and Export of China's Major Grain Crops from 1996 to 2008

单位:万吨

年份	大米		玉米		小麦		大豆		合计		
	进口	出口	进口	出口	进口	出口	进口	出口	进口	出口	净进口
1996	76.00	27.00	44.00	16.00	825.00	56.50	106.88	19.00	1051.88	118.50	933.38
1997	33.00	94.00	0.22	661.00	186.00	45.82	274.70	19.00	493.92	819.82	-325.90
1998	24.00	375.00	25.00	469.00	149.00	27.49	307.75	17.00	505.75	888.49	-382.74

续表

年份	大米		玉米		小麦		大豆		合计		
	进口	出口	进口	出口	进口	出口	进口	出口	进口	出口	净进口
1999	17.00	271.00	7.00	431.00	45.00	16.42	408.74	20.00	477.74	738.42	-260.67
2000	24.00	295.00	0.23	1047.00	88.00	18.80	1042.00	21.00	1154.23	1381.80	-227.58
2001	27.00	186.00	2.73	600.00	69.00	71.29	1394.00	25.00	1492.73	882.29	610.44
2002	24.00	199.00	0.55	1167.00	63.00	97.70	1132.00	28.00	1219.55	1491.70	-272.15
2003	26.00	262.00	0.07	1639.00	45.00	251.40	2074.00	27.00	2145.07	2179.40	-34.33
2004	77.00	91.00	0.14	232.00	726.00	108.89	2023.00	33.00	2826.14	464.89	2361.25
2005	52.00	69.00	0.30	864.00	354.00	60.50	2659.00	40.00	3065.30	1033.50	2031.80
2006	73.00	125.00	4.51	310.00	61.00	152.46	2827.00	38.00	2965.51	625.46	2340.05
2007	49.00	134.00	3.25	492.00	10.00	162.33	3082.00	46.00	3144.25	834.33	2309.92
2008	33.00	97.00	2.53	27.00	4.00	119.62	3744.00	47.00	3783.53	290.62	3492.91
合计	535.00	2225.00	90.53	7955.00	2625.00	1189.21	21075.07	380.00	24325.60	11749.21	12576.39

资料来源:表中数据来源历年《中国统计年鉴》《中国农村统计年鉴》。

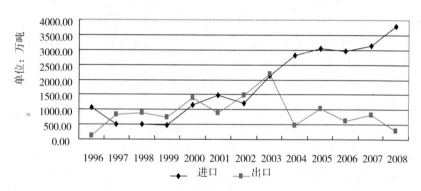

图 10-1 1996—2008 年中国主要粮食产品进出口变化趋势图

Fig. 10-1 The Import and Export Changes of China's Major Grain Products from **1996** to **2008**

从图 10-1 可以看出,中国粮食进出口贸易量存在明显的波动性:进口方面,小幅波动,整体上升,特别是 2001 年以后,进口量大幅度上升,增长迅猛。出口方面,以 2003 年为分界点,2003 年以前呈小幅波动上升趋势;2003 年以后呈波动下降趋势;进出口量在 1997—1999 和 2004—2007 年间趋于稳定平衡状态,其主要原因是中国政府对粮食贸易的宏观调控所致。

10.2.2　中国主要粮食作物虚拟耕地含量计算

选取 1996—2008 年中国主要粮食作物,应用 10.1.1 节虚拟耕地含量计算方法,分别对大米、玉米、小麦和大豆等农作物产品虚拟耕地含量进行计算,并得到相应的量化结果(表 10 - 2),为后续虚拟耕地贸易量分析,战略选择准备基础数据。

表 10 - 2　1996—2008 年中国粮食虚拟耕地含量情况

Table 10 - 2　The Virtual Farmland Content in China's Grain from 1996 to 2008

年份	大米			玉米			小麦			大豆		
	产量	面积	含量	产量	面积	含量	产量	面积	含量	产量	面积	含量
1996	19510.30	31406.00	0.1610	12747.10	24498.00	0.1922	11056.90	29611.00	0.2678	1790.30	10543.00	0.5889
1997	20073.50	31765.00	0.1582	10430.90	23775.00	0.2279	12328.90	30057.00	0.2438	1875.50	11164.00	0.5953
1998	19871.30	31214.00	0.1571	13295.40	25239.00	0.1898	10972.60	29774.00	0.2713	2000.60	11671.00	0.5834
1999	19848.70	31283.00	0.1576	12808.60	25904.00	0.2022	11388.00	28855.00	0.2534	1894.00	11190.00	0.5908
2000	18790.80	29962.00	0.1595	10600.00	23056.00	0.2175	9963.60	26653.00	0.2675	2010.00	12660.00	0.6299
2001	17758.00	28812.00	0.1622	11408.80	24282.00	0.2128	9387.30	24664.00	0.2627	2052.80	13268.00	0.6463
2002	17453.90	28202.00	0.1616	12130.80	24634.00	0.2031	9029.00	23908.00	0.2648	2241.20	12543.00	0.5597
2003	16065.60	26508.00	0.1650	11583.00	24068.00	0.2078	8648.80	21997.00	0.2543	2127.50	12899.00	0.6063
2004	17908.80	28379.00	0.1585	13028.70	25446.00	0.1953	9195.20	21626.00	0.2352	2232.10	12799.00	0.5734
2005	18058.80	28847.00	0.1597	13936.50	26358.00	0.1891	9744.50	22793.00	0.2339	2157.70	12901.00	0.5979
2006	18171.80	28938.00	0.1592	15160.30	28463.00	0.1877	10846.60	23613.00	0.2177	2003.70	12149.00	0.6063
2007	18603.40	28919.00	0.1555	15230.00	29478.00	0.1936	10929.80	23721.00	0.2170	1720.10	11780.00	0.6848
2008	19189.60	29241.00	0.1524	16591.40	29864.00	0.1800	11246.40	23617.00	0.2100	2043.30	12118.00	0.5931
平均	18561.88	29498.15	0.1590	12996.27	25774.23	0.1999	10364.43	25453.00	0.2461	2011.45	12129.62	0.6043

资料来源:根据历年《中国统计年鉴》《中国农村统计年鉴》整理。

注:产量是指全年总产量,单位:万吨;面积是指全年播种面积,单位:千公顷;含量是指虚拟耕地含量,单位:公顷/吨。

计算结果表明,对 1996—2008 年中国主要粮食作物虚拟耕地含量中,不同农业产品的虚拟耕地含量具有较大的差异,其中虚拟耕地含量最高的是大豆,其次是小麦、玉米,最低的是大米。虚拟耕地含量越低则当年粮食产量越高,耕地机会成本越小,比如近几年大米虚拟耕地含量的降低,一方面是自然灾害的减少,另一方面是科学技术的提高,使得粮食大量增产。在进行虚拟耕地贸易时,可以增加虚拟耕地含量较高产品的进口量,扩大虚拟耕地含量较低产品的出口量,降低本国耕地资源成本,获得更大的经济效益。

10.2.3　中国主要粮食作物虚拟耕地贸易量计算

考虑资料的可得性和可靠性,以及在中国粮食贸易中,大米、玉米、小麦和大豆所占比重较大,本研究选取这四种主要粮食贸易作物作为分析对象,核算了1996—2008 年这四种粮食产品贸易中的虚拟耕地贸易量(表 10 - 3)(陈伟华等,2010)。

表 10 - 3　1996—2008 年中国粮食贸易中的虚拟耕地贸易量变动情况

Table 10 - 3　The Changes of the Virtual Farmland Trade in China's Grain Trade from 1996 to 2008

单位:万公顷

年份	大米		玉米		小麦		大豆		合计		
	进口	出口	进口	出口	进口	出口	进口	出口	进口	出口	净进口
1996	12.23	4.35	8.46	3.07	220.94	15.13	62.94	11.19	304.57	33.74	270.83
1997	5.22	14.87	0.05	150.66	45.35	11.17	163.51	11.31	214.13	188.02	26.11
1998	3.77	58.90	4.75	89.03	40.43	7.46	179.53	9.92	228.48	165.31	63.16
1999	2.68	42.71	1.42	87.16	11.40	4.16	241.48	11.82	256.98	145.85	111.13
2000	3.83	47.04	0.05	227.73	23.54	5.03	656.30	13.23	683.72	293.03	390.69
2001	4.38	30.18	0.58	127.70	18.13	18.73	900.98	16.16	924.07	192.77	731.30
2002	3.88	32.15	0.11	236.98	16.66	25.87	633.54	15.67	654.21	310.67	343.53
2003	4.29	43.23	0.01	340.57	11.45	63.94	1257.41	16.37	1273.16	464.10	809.06
2004	12.20	14.42	0.03	45.31	170.75	25.61	1159.99	18.92	1342.96	104.26	1238.70
2005	8.31	11.02	0.06	163.41	82.80	14.15	1589.89	23.92	1681.05	212.50	1468.55
2006	11.62	19.91	0.85	58.20	13.28	33.19	1714.15	23.04	1739.90	134.34	1605.56
2007	7.62	20.83	0.63	95.23	2.14	35.23	2110.61	31.50	2121.02	182.79	1938.23
2008	5.03	14.78	0.46	4.86	0.84	25.12	2220.44	27.87	2226.76	72.63	2154.13
合计	85.06	354.40	17.44	1629.92	657.75	284.79	12890.76	230.91	13651.01	2500.02	11150.99

资料来源:根据历年《中国统计年鉴》《中国农村统计年鉴》整理。

1996—2008 年 13 年间,中国主要粮食产品虚拟耕地贸易进口量由 304.57 万公顷增加到 2226.76 万公顷,年均增长率为 4.85%,总体呈上升趋势,但有局部波动,主要有以下四次波动:①1996—1997 年,由于小麦进口量的下降,1997 年虚拟耕地进口量为 214.13 万公顷,比 1996 年减少了 90.44 万公顷;②1998—2001 年,主要由于大豆虚拟耕地进口量的增加,2001 年虚拟耕地进口量为 924.07 万公顷,比 1997 年增加了 709.94 万公顷,年平均增长率 82.94%;③2001—2002 年,由于大豆虚拟耕地进口量的减少,2002 年虚拟耕地进口量为 654.21 万公顷,比 2001 年减少了 269.86 万公顷;④2003—2008 年,由于大豆进口量迅速增加,2008 年虚拟耕地进口量为 2226.76 万公顷,比 2002 年增加了 1572.55 万公顷,6 年间年均增长达 40.06%。由此可见,在整个虚拟耕地贸易量中,大豆所占比重最大,影响着中国虚拟耕地贸易总量的变化和整个趋势的发展。

1996—2008 年 13 年间,中国主要粮食产品虚拟耕地贸易出口量总体数量上比较小,波动幅度也比较小,但波动频率较多,13 年间,经历了多次增长和下降,从 1996 年的 33.74 万公顷增长到 1997 年的 188.02 万公顷之后略有回落,1999 年减少到 145.85 万公顷;随后几年间,虚拟耕地出口量经历了几次小的振荡,2000 年增加到 293.03 万公顷,2001 年又减少到 92.77 万公顷,2003 年达到 464.10 万公顷,突破了历史记录,后来又经历了小幅波动,2004 年下降到 104.26 万公顷,2005 年又回升到 212.50 万公顷,2006 年,虚拟耕地出口量又回落至 134.34 万公顷,2007 年又稍有升温,出口量增长到 182.79 万公顷,2008 年又再度下降到 72.63 万公顷。整个虚拟耕地出口量就在保持平稳中发展,多次振荡,总体小幅下降。

此外,从具体产品品种上来看,四种产品虚拟耕地贸易量在虚拟耕地贸易总量中所占的比重也有较大的差别。从虚拟耕地进口量来看,大豆是中国粮食虚拟耕地贸易中的主要进口品种,其虚拟耕地进口量占虚拟耕地进口总量的 94.43%,比其他三者的总和还多 12130.51 万公顷。大豆虚拟耕地进口量自 1996 年以来,一直处于上升态势,2001 年以后急剧增长,只有 2002 年稍有回落。从出口来看,玉米虚拟耕地贸易出口量占虚拟耕地出口总量的 65.26%,比其他三者的总和多 759.82 万公顷,有着较大的比重。

10.2.4 贸易规模分析

图 10-2、图 10-3 更为清晰地展示了 1996 年至 2008 年间中国主要粮食作物虚拟耕地进出口量和净进口量相对持续稳定增长的发展状况,虽然中间略有小幅回落,但不影响整体趋势。其中,2001 年中国加入 WTO 以后虚拟耕地贸易进口数量出现较大幅度增长,导致虚拟耕地的净进口量也相应呈现大幅度持续增长的态势;而虚拟耕地出口量波动次数较多,波动幅度较小,总体上呈现波动下降趋势。

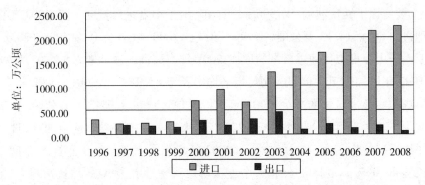

图 10 - 2　1996—2008 年中国主要粮食产品虚拟耕地进出口量

Fig. **10 – 2**　The Import and Export of Virtual Farmland in

China's Major Grain Products from **1996** to **2008**

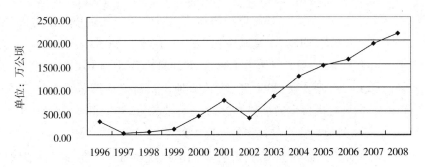

图 10 – 3　1996 – 2008 年中国主要粮食产品虚拟耕地净进口量

Fig. **10 – 3**　The Net Import of Virtual Farmland in China's

Major Grain Products from **1996** to **2008**

10.2.5　产品结构分析

　　从贸易结构图 10 – 4、10 – 5 和 10 – 6 上来看,四种产品在虚拟耕地贸易总量中所占的比重有着较大的差别。整体而言,大豆在虚拟耕地贸易量中占据着较大的比重,1996—2008 年间大豆虚拟耕地进口量占总进口量的 94.93%,出口量占总出口量的 9.24%,而净进口量也占 84.88%;其次是玉米,1996—2008 年间玉米虚拟耕地进口量虽然只占总进口量的 0.13%,但其出口量占总出口量的 65.26%,而净进口量也占 10.81%;再次是小麦,1996—2008 年间小麦虚拟耕地进口量占总进口量的 4.82%,出口量占总出口量的 11.39%,净进口量也占 2.50%;最后是大米,1996—2008 年间大米虚拟耕地进口量占总进口量的 0.62%,出口量占总出口量的 14.18%,净进口量也占 1.81%。

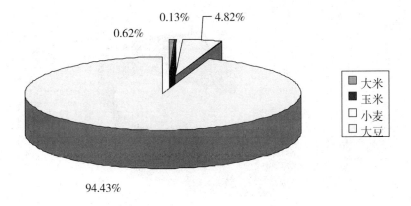

图 10 - 4 1996—2008 年中国主要粮食产品虚拟耕地进口量结构

Fig. **10 - 4** The Imports Structure Construct of Virtual Farmland in

China's Major Grain Products from **1996** to **2008**

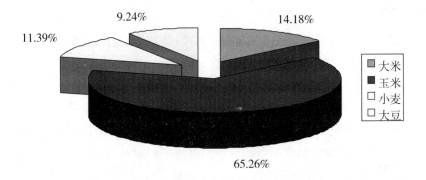

图 10 - 5 1996—2008 年中国主要粮食产品虚拟耕地出口量结构

Fig. **10 - 5** The Exports Structure of Virtual Farmland in China's

Major Grain Products from **1996** to **2008**

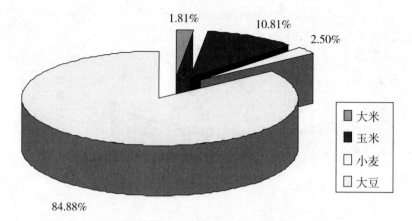

1.81%   10.81%   2.50%

84.88%

大米
玉米
小麦
大豆

图 10－6 1996—2008 年中国主要粮食产品虚拟耕地净进口量结构

Fig. **10－6** The Net Imports Structure of Virtual Farmland in China's Major Grain Products from **1996** to **2008**

10.2.6 贸易平衡分析

从表 10－4(虚拟耕地贸易平衡表)和图 10－3 来看,中国一直保持较大的虚拟耕地进口量,且呈持续增长的态势。就产品而言,大豆一直都是虚拟耕地净进口,而大米、玉米,除了 1996 年之外,其他年份都是虚拟耕地出口;小麦虚拟耕地净进口量有 7 年,净出口量有 6 年,在 2000 年之前是虚拟耕地净进口,在 2000 年之后(除 2004 和 2005 年之外)实现了虚拟耕地净出口。虚拟耕地的进口有效地保障了中国的粮食安全,相当于缓解了中国耕地资源短缺,解决了耕地资源紧张的部分压力。鉴于中国日益严峻的耕地紧张形势,建议相关部门和各地方政府可适当增加虚拟耕地进口量,缓解部分压力。

表 10－4 中国主要粮食产品虚拟耕地净进口变动情况

Table **10－4** The Changes of the Net Imports of Virtual Farmland in China's Major Grain Products

单位:万公顷

年份	大米	玉米	小麦	大豆	合计
1996	7.89	5.38	205.81	51.75	270.83
1997	－9.65	－150.61	34.18	152.20	26.11
1998	－55.14	－84.29	32.97	169.61	63.16
1999	－40.03	－85.75	7.24	229.66	111.13

续表

年份	大米	玉米	小麦	大豆	合计
2000	-43.21	-227.68	18.51	643.08	390.69
2001	-25.80	-127.12	-0.60	884.82	731.30
2002	-28.28	-236.87	-9.19	617.86	343.53
2003	-38.94	-340.55	-52.49	1241.04	809.06
2004	-2.22	-45.28	145.14	1141.07	1238.70
2005	-2.72	-163.35	68.65	1565.97	1468.55
2006	-8.28	-57.35	-19.91	1691.11	1605.56
2007	-13.21	-94.60	-33.06	2079.10	1938.23
2008	-9.75	-4.40	-24.28	2192.56	2154.13
合计	-269.34	-1612.48	372.96	12659.85	11150.99

10.2.7　虚拟耕地贸易在保障粮食安全方面的贡献

虚拟耕地战略是国家和地方政府进行宏观调控的一种有效工具,通过虚拟耕地贸易,充分利用国际市场和国际资源,参与国际分工与合作,对稳定国内粮食生产、调整粮食价格、维护粮食安全具有十分重要的意义。中国部分粮食的生产成本比其他国家较高,如果在本国生产全部的产品,是不经济、不合理的。发展虚拟耕地贸易,实行虚拟耕地贸易政策,可以平衡国内粮食的供需,提高人民生活质量水平,优化粮食种植结构调整,保障耕地资源和粮食的安全(朱彬,1999)。

在经济和贸易全球一体化的国际形势下,实施虚拟耕地战略,发展粮食贸易,有利于维护粮食安全和促进经济增长,耕地资源紧张国家或地区可以通过实施虚拟耕地战略来实现自身有限耕地资源供给的价值最大化。中国能够依靠自己的力量实现粮食基本自给,这是我国政府解决粮食安全问题的基本方针;坚持立足国内资源确保国家粮食安全的同时,统筹利用国内外粮食资源,建立利用国际资源弥补我国耕地资源严重短缺的长期战略机制,具有巨大的现实意义。我国不但可以通过保持90%左右的粮食自给率来保障粮食安全,还可以通过虚拟耕地贸易的方式来保障粮食安全和实现耕地供需平衡,减轻国内耕地资源紧缺带来的巨大压力,缓解耕地保护与建设占用耕地之间的矛盾(毛德华,1999)。

(1)虚拟耕地贸易在解决耕地紧缺方面的意义

①填补国内短缺粮食品种的供应缺口

为了保障我国粮食安全,适当增加虚拟耕地进口是必然的、经济的、有效的选择。积极发展虚拟耕地贸易,适度地、合理地进口一定规模的资源短缺型粮食产品,可以降低耕地资源供给成本,缓解耕地资源短缺的压力,从而保障我国粮食安全(褚庆全等,2006)。

从粮食贸易发展趋势来看,在耕地资源紧张的国家或地区,适量的进口虚拟耕地,是具有经济性、合理性的,通过进口虚拟耕地可以缓解国内耕地资源紧缺的矛盾。进口虚拟耕地,可以缓解耕地资源危机,保护国内自然资源,维持生态环境的平衡,促进经济生产可持续发展。众多研究成果表明,在中国部分劳动密集型农产品上是具有竞争优势的,但在主要粮食生产品种上已经不再具有竞争优势。如果我国依然奉行自供自足的方针政策,那么我们会为耕地资源的利用付出高昂的机会成本。从粮食贸易发展现状看,如果中国过分强调粮食自给自足,采取过激的农业保护政策,扭曲市场理论下的资源配置机制,会加大国内粮食安全生产成本,降低了世界粮食和耕地资源的配置效率,因此,实施虚拟耕地战略,填补国内短缺粮食品种的供应缺口,是我国实现保障粮食安全、促进粮食生产可持续发展目标的一种有效途径。

②有利于提高人民生活质量水平

中国农业劳动力成本比较低下,农业生产基础设施完善程度较差,生产规模也以个体承包经营为主,规模较小,政府农业补贴较低,加上中国粮食品种和地理位置等因素影响,粮食收益不是很高。长期以来,由于受农民自身种植惯性的影响,不愿意对劣质粮进行更新换代,导致国内粮食种植结构调整速度缓慢,消费粮食的总体质量较低,存在许多的劣质粮,因此通过虚拟耕地贸易,可以适当进口国际市场的优质粮食品种,调整国内粮食市场的品种结构,使人们吃到价优质高的粮食品种,有效地提高人民生活质量水平。

③以贸易需求拉动粮食种植结构调整

随着全球经济一体化的快速发展,通过虚拟耕地贸易进口一些虚拟耕地含量较低的优质品种,可以促进国内市场粮食产品的竞争,淘汰一些国内的虚拟耕地含量较高的劣质产品,以此来拉动粮食种植结构的调整。根据虚拟耕地贸易市场需求的分析,可以了解国际市场紧缺的粮食品种,市场需要什么产品就种植什么产品,以此调整国内种植结构。通过粮食虚拟耕地贸易的分析,当我国某粮食作物的虚拟耕地含量低于世界平均值,而我国在进口该粮食作物的同时,也应该加大该品种在国内的生产,增加农民收入。虚拟耕地贸易,不仅可以提高农产品质量,提供更多的优质产品,还可以根据市场需求及时调整粮食种植比例,实现农产品总量平衡的宏观调控,提高农民收益,改善人们生活水平。实施虚拟耕地战略,一方面有利于维持粮食供应稳定,保障粮食安全;另一方面也有利于增加市场供应品种,引进优良品种,优化商品结构。我国农产品品种繁多,需要发挥比较优势,出口具有生产和价格优势的产品,进口不适合国内大规模生产的粮食品种,优化进出口结构,丰富国内市场。

(2)虚拟耕地贸易的战略选择

①虚拟耕地含量在粮食作物中最为明显。中国耕地资源紧缺危机日益严重,国家和各地方政府可以放宽对粮食进口总量的限制政策,发展循环经济,把发展虚拟耕地贸易与调整产业结构紧密结合,通过运用虚拟耕地战略,提高粮食安全保障系数。

②由于受诸多因素的影响,不同粮食产品的产量不同,导致虚拟耕地含量也不同,所以在进口粮食产品时,应该选择那些虚拟耕地含量较高的粮食产品,降低本国耕地资源成本。中国粮食产品虚拟耕地贸易中,大豆一直占有较高的比重,进口结构相对单一,对保障耕地资源和粮食生产安全会产生不利影响,因此应根据粮食产品的虚拟耕地含量,在扩大虚拟耕地贸易总量的基础上,进一步丰富虚拟耕地产品品种,调整虚拟耕地贸易进口结构,使其趋向科学化、合理化,保障我国耕地资源安全,优化资源的合理配置。

③虚拟耕地贸易理论在国内耕地资源的配置上也同样适用。中国传统的区域耕地资源配置思想是,通过调用耕地资源来维持或扩大高耗粮食产业,对粮食安全的基本理论是自给自足,达到90%的自给率。虚拟耕地贸易理论的提出,将会重新审视这些思想和理论,对那些耕地资源相对贫乏的地区,特别是在建设占用耕地较大的地区,实施虚拟耕地贸易,可以降低耕地资源的机会成本,提供更多的耕地用于建设占用和生态占用,优化耕地资源配置,缓解耕地资源压力,保障我国耕地资源紧张地区的粮食安全与生态安全。

④虚拟耕地贸易战略不仅适用于全球各个国家之间,同样适用于国内各区域之间解决耕地资源短缺的问题。在国际形势比较稳定,国际虚拟耕地含量低于我国虚拟耕地含量时,可以较多进口"虚拟耕地",降低耕地资源机会成本,缓解耕地资源短缺地区的耕地资源危机;当国际形势不利于开展"虚拟耕地"贸易时,也可以进行国内地区间的"虚拟耕地"贸易,缓解耕地资源短缺地区的耕地资源压力。中国耕地资源东多西少,分布不均,各地区的耕地资源禀赋不同,粮食的种植结构及其生产效益区域差异较大,通过实施虚拟耕地贸易战略,发挥各地区比较优势,调整粮食种植品种的结构,能加强粮食主产区建设,完善粮食储备体系,健全粮食市场体系,加快粮食流通产业的发展,保障各区域粮食安全。

综上所述,虚拟耕地战略作为一项新的战略举措,为耕地资源紧缺的地区提供了一种替代供应方式,将发展循环经济的概念植入到发展对外贸易中,拓宽了解决耕地资源短缺问题的新途径。实施虚拟耕地战略,要在充分发挥市场机制调节作用的基础上,对各国家或地区的耕地资源进行合理与优化配置,在保护生态安全的前提下,有效地减轻耕地资源紧张的压力,缓解耕地保护和建设占用耕地之间的矛盾。

10.3　中国虚拟耕地贸易比较优势研究

10.3.1　虚拟耕地中的经济学思想

粮食的总产量和单位面积的产量是传统模式农业科学关注的焦点,而经济学更多的关注的是耕地资源的多种机会成本,用于粮食生产的耕地转为建设用地而产生的最大效益等。粮食的市场供求和耕地自身的生产力是影响耕地资源机会成本的主要因素,起着关键的作用,前者主要包括粮食生产状况、粮食的供需能力、粮食进口能力、粮食替代品供求状况等;后者主要包括复种指数、土地垦殖率和化肥使用量等(常永志,2009;彭琳,2000)。

在一个国家的农业生产中,不仅要考虑粮食安全和国家安全问题之间的关系,更不能忽视影响粮食生产的经济性因素。根据经济学的观点,一般在耕地资源丰富的地区,耕地资源使用价格相对比较低廉,单位产品的生产所需的耕地量一般也较少,即虚拟耕地含量较低,适合生产耕地密集型产品。虚拟耕地含量较低(即耕地生产率较高)的国家或地区出口虚拟耕地到虚拟耕地含量较高(即耕地生产率较低)的国家或地区,意味着不仅可以节约集约利用耕地资源,提高耕地资源利用效率,还可以储备和节约粮食。虚拟水研究学者曾指出,由于不同国家或地区各产品存在虚拟水差异,有可能进行各国之间不同水含量的农产品国际贸易,像石油产品从富油国到贫油国输送一样,从富水国到贫水国的进行全球贸易,这便是虚拟水贸易(A. R. Turton et al,2002)。同样的道理,耕地资源也可以像石油一样,从耕地资源丰富的国家输送到耕地资源紧缺的国家,所以说虚拟耕地具有丰富的经济学内涵。

10.3.2　比较优势理论内涵

19世纪初的大卫·李嘉图提出了比较优势理论(The Theory of Comparative Advantage),他认为,不论一个国家的经济处于怎样的状态、经济力量是强是弱、技术水平是高是低,都能确定各自的相对优势,即使总体上处于劣势,也可从诸多劣势中找到相对优势；决定两国贸易的基础是商品生产的相对劳动率，而不是生产这些商品的绝对劳动率；贸易模式是专门生产并出口其绝对劣势较小的商品（即比较优势商品），同时进口其绝对劣势相对较大的商品，即"两害相权取其轻，两利相权取其重"。根据比较优势理论，为了实现自身效益的最大化，一个国家或地区应该出口比较优势产品，而进口比较劣势产品，才能在国际市场中提高自身竞争力（常永志，2009；刘胜彩，2008）。

根据李嘉图的观点每个国家都应根据"两利相权取其重，两弊相权取其轻"的原则，集中生产并出口其具有"比较优势"的产品，进口其具有"比较劣势"的产品，比较优势贸易理论在更普遍的基础上解释了贸易产生的基础和贸易关系。

10.3.3　比较优势理论模型

（1）典型的比较优势模型

所谓比较优势（Comparative Advantage）是指一国（数种产品中）生产成本相对低的优势。最简单的比较优势模型——李嘉图模型是"2 * 2 * 1"维度的，即有2个国家（A、B）、2种产品（X、Y）和1种生产要素——劳动力（L）的实物交易模型，其比较优势度公式为（薛敬孝等，2000；梁琦，2002）：

①相对成本与比较优势

当 $\dfrac{Y_A}{X_A} > \dfrac{Y_B}{X_B}$，$\qquad\qquad\qquad\qquad\qquad\qquad\qquad\qquad$ （10 – 11）

即在以 X 商品为价值标准时，A 国 Y 商品的单位生产成本较高，B 国较低，B 国具有成本优势。

$$\frac{X_A}{Y_A} > \frac{X_B}{Y_B} \qquad\qquad\qquad\qquad\qquad\qquad（10 – 12）$$

即在以 Y 商品为价值标准时，A 国 X 商品的单位生产成本较低，B 国较高，A 国具有成本优势。

②机会成本与比较优势

所谓机会成本（Opportunity Cost）是指一种生产要素被用于生产某种产品时，因而不能用它来生产另一种产品的代价。A 国用 X 表示的 Y 的机会成本是 a_{LY}^{A}/a_{LX}^{A}，B 国相应地为 a_{LY}^{B}/a_{LX}^{B}，那么当

$$\frac{a_{LY}^{A}}{a_{LX}^{A}} > \frac{a_{LY}^{B}}{a_{LX}^{B}}， \qquad\qquad\qquad\qquad\qquad（10 – 13）$$

即与 B 国相比，A 国增加生产 X 的机会成本要相对小于增加生产 Y 的机会成本，A 国具有生产 Y 产品的比较优势。

$$\text{当} \frac{a_{LY}^{A}}{a_{LX}^{A}} < \frac{a_{LY}^{B}}{a_{LX}^{B}}, \tag{10-14}$$

与 A 国相比,B 国增加生产 Y 的机会成本要相对小于增加生产 X 的机会成本,B 国具有生产 Y 产品的比较优势。

Dornbusch、Fischer、Samuelson 在对李嘉图模型进行扩展的基础上,确定了 DFS 贸易模型。具体来说,如果有在"两国多产品 1 要素"的情形下,两国之间 n 种产品的相对单位劳动投入的比较按照下列次序排列:

$$\frac{aAX_1}{aBX_1} < \frac{aAX_2}{aBX_2} < \frac{aAX_3}{aBX_3} \cdots\cdots < \frac{aAX_n}{aBX_n} \tag{10-15}$$

可知,A 国在产品 X_1 的机会成本相对最少,最具有比较优势;B 国在产品 X_n 的机会成本最少,最具有比较优势。

(2)比较优势测定方法

①显示性比较优势法(RCA,Revealed Comparative Advantage)

显示性比较优势指数是由美国经济学家贝拉·巴拉萨(BelaBalassa)于 1965 提出的经济学分析指标,它是衡量一国产品或产业在国际市场的竞争力中最具说服力的指标,旨在定量地描述一个国家内各个产业(产品组)相对出口的表现。该指数是指一个国家某种商品出口额占其出口总值的份额与世界出口总额中该类商品出口额所占份额的比率。

$$RCA_{ij} = \frac{X_{ij}/X_{it}}{X_{wj}/X_{wt}} \tag{10-16}$$

RCA_{ij}——国家 i 产品 j 的显示性比较优势指数;

X_{ij}——国家 i 出口产品 j 的出口值;

X_{ij}——国家 i 的总出口值;

XW_j——世界出口产品 j 的出口值;

XW_t——世界总出口值。

通常来说,如果 $RCA_{ij} > 1$,则表示 j 国家 i 种产品在世界经济中具有显示性比较优势,其数值越大,显示比较优势越明显;如果 $0 < RCA_{ij} < 1$,则表示 j 国第 i 种产品具有比较劣势,其数值越是偏离 1,越是接近于 0,比较劣势越明显。

②贸易竞争指数(Trade Competitive Index)

贸易竞争指数又称为净出口指数法(Net Exports,NX),它用来判断一个国家的一种产品在国际市场上是否具备相对竞争优势的比较简单的度量指数,表示一国进出口贸易的差额占进出口贸易总额的比重,即:

$$NX_{ij} = (X_{ij} - M_{ij})/(X_{ij} + M_{ij}) \quad (-1 \leqslant RNX_{ij} \leqslant 1) \tag{10-17}$$

NX_{ij}——i 国第 j 种商品的净出口指数；

X_{ij}——i 国家第 j 种商品的出口额；

M_{ij}——i 国家第 j 种商品的进口额。

如果 $NX_{ij} > 0$，则表示 i 国是第 j 种产品的净出口国，具有竞争优势，且数值越大，优势越大；如果 $NX_{ij} < 0$，则表明 i 国为第 j 种产品的净进口国，处于竞争劣势，绝对值越大，劣势越大。

10.3.4　主要粮食产品虚拟耕地含量比较优势分析

下面以 2008 年中国和印度两国在生产 1t 玉米和大米的虚拟耕地含量为例，分析比较优势（表 10-5）。

表 10-5　中国与印度虚拟耕地含量比较优势分析

Table 10-5　Comparative Advantage Analysis about the Virtual

Farmland Contents between China and India

贸易方	产品	虚拟耕地含量	机会成本
中国	1t 大米	0.1524	0.8464
	1t 玉米	0.1800	1.1814
印度	1t 大米	0.5853	1.7124
	1t 玉米	0.3418	0.5840

资料来源：根据《中国统计年鉴》《中国农村统计年鉴》和中国海关网整理

从上表可以看出，中国 1t 大米的虚拟耕地含量比印度少 0.4329，1t 玉米的虚拟耕地含量比印度少 0.1617，可见，中国在这两种产品的生产上都具有绝对优势，但两国在这两种产品生产中的机会成本却是不同的，两国具有不同的比较优势。

从表 10-5 还可以看出，1t 玉米的机会成本为：中国为 1.1814t 大米 > 印度为 0.5840t 大米；1t 大米的机会成本：中国为 0.8464t 玉米 < 印度为 1.7124t 玉米。由此我们可以得出结论：印度虽然在大米和玉米的虚拟耕地含量上都不具备绝对优势，但在玉米虚拟耕地含量上具有比较优势，中国在大米虚拟耕地含量上则更具有比较优势。也就是说，中国在大米和玉米的虚拟含量上虽然都处于绝对有利的位置，但有利的程度并不相同，而印度在大米和玉米商品的虚拟耕地含量中都处于绝对不利的位置但不利的程度也不相同。所以，处于绝对优势的中国不必生产全部的两种商品，而应专门生产虚拟耕地含量比较优势更有利的大米；处于绝对劣势的印度则应专门生产其不利程度较小的玉米，然后通过虚拟耕地自由贸易，

双方都能够取得比自己以等量劳动进行生产所能获得的商品更多的价值(这是理论上的分析,在实际应用中具有局限性)。

虚拟水学者 Tony Allan 指出,在富裕的约旦,农民向湿润的欧洲出口含水量高的蔬菜这是十分不合理的,不仅会大大降低水资源的利用效率,而且会使虚拟水战略失效,因为水价是不科学不合理的,使农作物产品的贸易格局发生变化,虚拟水战略变得毫无意义可言。同样不合理的虚拟耕地含量,也要造成虚拟耕地战略失效。根据比较优势理论 DFS 模型,用中国主要粮食作物虚拟耕地含量(VFC)除以美国主要粮食作物虚拟耕地含量(VFA),得到两国 2008 年主要粮食作物虚拟耕地含量比较优势分析表(VFC/VFA)(表 10 – 6)。

表 10 – 6　中国与美国虚拟耕地含量比较优势分析

Table 10 – 6　Comparative Advantage Analysis about the Virtual

Farmland Contents between China and the U. S.

作物	大米	小麦	玉米	大豆
中国	0. 152379	0. 209996	0. 179997	0. 593060
美国	0. 124174	0. 385117	0. 105460	0. 832240
VC/VA	1. 227141	0. 545278	1. 70678	0. 712607

资料来源:表中数据来源《中国统计年鉴》《中国农村统计年鉴》。

从表 10 – 6 可以看出,中国大米和玉米虚拟耕地含量比较优势值(VFC/VFA) > 1.00,而小麦和大豆虚拟耕地含量比较优势值(VFC/VFA) < 1.00,从虚拟耕地资源的角度来考虑,中国在大米和玉米的生产上比美国具有比较优势,在小麦和大豆的生产上具有比较劣势,而美国正好相反,根据比较优势中的国际分工理论,中国应该向美国出口大米、玉米,美国应该向中国出口小麦和大豆,这样不但可以节约两国的耕地资源,使双方从贸易中获利,还可以优化两国的耕地资源配置,从全球范围内提高土地的使用效率。

从中国与印度、中国与美国的虚拟耕地含量比较优势分析(毛德华等,2011),可以看出,虚拟耕地不仅反映一个国家维持粮食安全所需耕地资源利用情况,还能反映一个国家耕地资源生产能力的机会成本。通常情况下,一个耕地资源紧张的国家,如果能以较低的成本生产出产品,就表明具有绝对的优势,每个国家都会通过各种贸易手段或方法出口自己具有绝对优势的产品或服务,同时进口具有绝对劣势的产品或服务来提高耕地资源使用率,实现本国耕地资源的最优配置,但是,当诸多产品都不具备绝对优势时,在制定对外贸易政策时,可以通过计算产品虚拟耕地比较优势来决定其最优的贸易战略组合,生产那种相对优势比较高的产品,实现耕地资源效益最优化。

10.3.5 主要粮食产品虚拟耕地贸易量比较优势分析

(1)RCA 比较优势分析(表 10 −7,图 10 −7)

表 **10 −7** 中国主要粮食品种虚拟耕地显示比较优势指数表

Table **10 −7** Virtual Farmland Revealed Comparative Advantage

Index of China's Major Grain Varieties

年代	大米 RCA	玉米 RCA	小麦 RCA	大豆 RCA
1996	0.658	0.085	0.000	0.253
1997	1.190	2.480	0.000	0.212
1998	2.838	1.745	0.003	0.213
1999	2.410	1.530	0.005	0.244
2000	2.350	3.140	0.005	0.184
2001	1.270	1.740	0.072	0.175
2002	1.370	2.440	0.091	0.142
2003	1.290	2.760	0.265	0.108
2004	0.460	0.430	0.094	0.135
2005	0.785	2.190	0.042	0.129
2006	0.832	2.520	0.032	0.208
2007	1.180	1.588	0.045	0.126
2008	0.752	2.131	0.021	0.152

资料来源:根据 FAO 数据库数据整理。

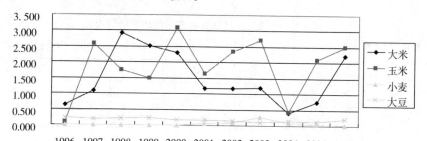

图 **10 −7** 中国主要粮食品种虚拟耕地显示比较优势指数图

Fig. **10 −7** Virtual Farmland Revealed Comparative Advantage

Index of China's Major Grain Varieties

从表10-7和图10-7可以看出,在中国主要粮食品种虚拟耕地中,最具有比较优势的是玉米,平均值为1.91,在2000年高达3.14;其次是大米,平均值为1.33,在大多数年份中的指数大于1.0;而大豆和小麦则是中国粮食中的弱势品种,两种粮食作物的RCA指数均在1.0以下;尤其是小麦,在1996年和1997年的比较优势指数为零,这意味着小麦在中国粮食贸易中基本没有比较优势可言,中国进口小麦可以发挥国外小麦的比较优势。

(2)净出口指数分析

从表10-8和图10-8中1996年到2008年的中国主要粮食品种净虚拟耕地出口量数据来看,其总值为0.23,这表明中国粮食虚拟耕地贸易进口量多于出口量,中国是虚拟耕地的净进口国家,其中玉米最具比较优势,NX平均值为0.86,大部分均在1.00以上;其次是大米,NX平均值为0.49,都在0.00以上;再次是小麦,大部分为负数,NX平均值为-0.11;最不具备比较优势的是大豆,NX全部为负数,其平均值高达-0.93,这表明中国大豆明显缺乏比较优势,需要大量进口虚拟耕地资源。

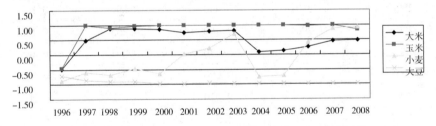

图10-8　中国主要粮食品种虚拟耕地净出口指数变化图

Fig. **10-8**　The Change of Net Export Index of Virtual Farmland in China's Major Grain Varieties

表10-8　中国主要粮食品种虚拟耕地净出口指数

Table **10-8**　The Net Exports Index of Virtual Farmland in China's Major Grain Varieties

年份	大米 NX	玉米 NX	小麦 NX	大豆 NX
1996	-0.48	-0.47	-0.87	-0.70
1997	0.48	1.00	-0.60	-0.87

年份	大米 NX	玉米 NX	小麦 NX	大豆 NX
1998	0.88	0.90	− 0.69	− 0.90
1999	0.88	0.97	− 0.47	− 0.91
2000	0.85	1.00	− 0.65	− 0.96
2001	0.75	0.99	0.02	− 0.96
2002	0.78	1.00	0.22	− 0.95
2003	0.82	1.00	0.70	− 0.97
2004	0.08	1.00	− 0.74	− 0.97
2005	0.14	1.00	− 0.71	− 0.97
2006	0.26	0.97	0.43	− 0.97
2007	0.46	0.99	0.88	− 0.97
2008	0.49	0.83	0.94	− 0.98
平均值	0.49	0.86	− 0.11	− 0.92

资料来源:根据 FAO 数据库数据整理。

10.3.6　农业产业结构优化分析

　　一般情况下,与耕地资源丰富的国家或地区相比,耕地资源紧缺的国家或地区,虚拟耕地含量较高,虚拟耕地的直接生产成本和机会成本都较大,高于世界平均值,耕地资源短缺的国家或地区为了缓解建设占用耕地与耕地资源紧缺之间的矛盾,可以实施虚拟耕地战略,通过分析粮食生产直接成本和虚拟耕地的机会成本,及时考虑改变粮食供应途径,根据本国的粮食生产能力、市场需求、本国人民的消费偏好调整进口粮食的比例,灵活调整耕地资源分配,使其得到合理配置。耕地资源缺乏的地区,不能把国内极为稀缺的耕地资源大量投入农业生产,这样会增加耕地的机会成本,而是应该通过进口虚拟耕地补偿耕地资源的不足,来满足自身的粮食需求。通过虚拟耕地机会成本分析,在耕地资源紧缺的地区,缩小农业规模、调整高耗耕地、低效益的农业产业结构,将大大节省对耕地资源的耗用,缓解区域性的耕地资源紧张压力,因此,耕地资源短缺的国家和地区应在虚拟耕地战略的指导下,调整和优化当地农业生产结构,合理配置耕地资源,保障耕地资源和粮食安全。

　　根据比较优势理论,今后我国虚拟耕地进出口贸易的基本目标应是充分发挥我国农业生产的比较优势,提高粮食生产技术和单产水平,切实有效的降低生产成本,形成虚拟耕地战略竞争优势;合理调整农业产业结构与布局,提高农业资源配置效率;大胆而又谨慎地推进虚拟耕地贸易的发展,充分利用国际市场和国际资源,在适当扩大土地密集型粮食产品进口规模的同时,大力促进劳动密集型农产品出口。

(1)调整进出口粮食比例,减少耗地密集型产品出口

我国虚拟耕地贸易数额巨大,1996—2008年我国进出口的粮食总量达24.32亿吨,净进口的虚拟耕地达11150.99万公顷/年,这相当于节约了11150.99万公顷的耕地资源。我国要发挥资源优势,出口虚拟耕地含量低、比较优势较高的产品,如玉米、水稻等,加大虚拟耕地的出口量;而虚拟耕地含量低,比较优势弱的产品,如豆类和小麦,可以适当增加净虚拟耕地进口量。比如每年进口了2000—3500万吨小麦和大豆,约占我国粮食消费总量的5%,相当于进口200万公顷—350万公顷的耕地资源。根据比较优势理论对不同粮食品种采取不同的贸易策略,利用虚拟耕地的比较优势,适当增加虚拟耕地的进口量可以提高中国虚拟耕地贸易的效率,增强中国粮食在国际市场的竞争力,保护中国粮食免受大量国际粮食市场的冲击。

①限制大米的虚拟耕地出口规模。在我国粮食消费中,大米占的比重最高,同时大米也在我国虚拟耕地贸易中具有比较优势和出口潜力。与我国一样,大米的主要生产国和消费国大多都是人多地少,以小规模生产为主,属于劳动密集型产品;虽然我国大米具备了低成本的优势,但我国大米的品质较低。从世界大米贸易市场的数据来看,大米的虚拟耕地贸易量与其他品种比较来说是比较小的,因而要限制大米虚拟耕地贸易的进出口规模,首先必须满足国内供给,保障本国粮食安全,然后进行适当的虚拟耕地出口。

②适当增加玉米的虚拟耕地的出口量。从比较优势理论来看,我国玉米具有较高的比较优势度。我国玉米虚拟耕地含量相对较低,低于其他粮食生产大国,从1996年到2008年一直都保持净出口量,在虚拟耕地贸易中,应适当增加玉米虚拟耕地的出口量,保持其比较优势,提高粮食利用效率,保障粮食安全。

③适当增加小麦虚拟耕地的进口量。我国自1998年开始大力发展优质小麦,小麦虚拟耕地的进口量也开始减少,从2002年开始我国变成了小麦虚拟耕地净出口国(2004和2005年除外)。小麦作为我国主要粮食消费的品种之一,人均消费量目前只有70kg左右,美国为84.5kg左右,一些发达国家小麦的口粮消费水平保持在90kg以上,因此,预计未来相当长的一段时间内,我国小麦的消费量将呈上升趋势。由于我国小麦生产主要集中于北方,根据比较优势理论,我国小麦在虚拟耕地贸易中处于相对弱势地位,应该适当进口一定规模的小麦补充国内市

场供需缺口,这样不仅可以缓解北方部分小麦产区的耕地资源紧缺问题,还可以实现农业可持续发展的目标。

④大量增加大豆虚拟耕地进口量。自 1996 年开始,中国一直是大豆的虚拟耕地净进口国,中国进口大豆的数量逐年不断增加,加入 WTO 以后,进口量突破了 2000 万吨,2004 年中国进口大豆 2023 万吨,占当年中国粮食进口总量的 67%,大豆成为中国虚拟耕地进口量最大的粮食品种。这样大规模的进口大豆并没有对我国粮食安全产生不利影响,再加上大豆在我国虚拟耕地贸易中处于弱势地位,没有国际竞争力,因此今后我国可以适当放开大豆市场,根据市场需求调节大豆的虚拟耕地的进出口量。

(2)调整粮食生产区域布局,加强国内地区之间的虚拟耕地贸易

根据比较优势理论,实施虚拟耕地战略,发展国内的粮食贸易,耕地资源短缺地区从耕地资源丰富的地区获得虚拟耕地,保障区域耕地资源安全,缓解耕地资源紧缺产生的压力,使区域耕地资源得到优化配置。

我国北方地区人均耕地面积为 0.14hm^2,南方地区人均耕地面积只有 0.08hm^2,而在耕地资源丰富地区,应大力种植虚拟耕地贸易中具有比较优势的大米和玉米。通过虚拟耕地贸易比较优势分析,实施正确的虚拟耕地战略,不仅可以满足耕地资源紧张地区对大米和玉米的需求,还有利于保护耕地资源紧张地区的耕地安全和生态安全,降低耕地资源的机会成本。

通过虚拟耕地贸易比较优势分析,可以实现国内各区域耕地资源供需平衡,有利于保障国家耕地资源安全、提高耕地资源的利用效率、降低开发耕地资源的成本、发展地区经济和提高当地耕地资源使用价值。

在工业、经济发达的地区,因为建设大量占用耕地,耕地资源危机和生态危机日益严重,如果为了实现粮食自给,在这些地区建立商品粮基地,不仅会给生态环境带来压力,还会增加耕地的机会成本,甚至威胁耕地资源安全。这些地区只能发展效益较高的工业或进行其他特色行业的生产,通过实施虚拟耕地战略,从国内耕地资源富足的区域获得虚拟耕地资源来解决粮食安全问题,实现地区间粮食的供给平衡,提高单位耕地资源的利用效益,缓解耕地资源压力,保障粮食安全。

10.4　中国虚拟耕地战略优势度评价

10.4.1　虚拟耕地战略优势度评价的内涵

任何一个评价体系的构建都可以看作一个复杂而综合的系统工程。虚拟耕地战略优势度评价,是指在某一个特定的范围内,从系统的角度出发,采用系统工程的分析方法,对特定范围内的各区域单元内实施虚拟耕地战略的紧迫性和适宜性以及实施虚拟耕地战略对经济、社会、生态等产生的影响程度进行分析(胡宝清等,2006)。

对于虚拟耕地战略优势度概念,我们可以从以下几个方面把握:首先,虚拟耕地战略并不适用于任何区域,不同区域实施虚拟耕地战略和实施虚拟耕地战略所带来的经济、社会等方面的影响具有区域差异,对不同区域产生的经济、社会、生态效益也各不相同;其次,虚拟耕地战略优势度是用来度量不同区域实施虚拟耕地战略的适宜性程度、紧迫性程度以及实施虚拟耕地战略对其产生的经济、社会、生态影响程度的指标;最后,区域虚拟耕地战略优势度取决于区域耕地资源自然禀赋条件以及区域相关的社会经济条件。

10.4.2　虚拟耕地战略优势度评价指标体系确定

根据虚拟耕地战略优势度的内涵,测定一个地区的虚拟耕地战略优势度,我们首先应对其影响因子做比较深入地分析,然后选择适当的评价指标体系和评价方法对其做出定量的评判。

影响虚拟耕地战略优势度的因子很多,主要包括耕地资源的自然禀赋及社会、经济条件。根据各影响因素因子作用的差异性,应重点分析对评价结果产生重要作用的主导因素,突出主导因素对评价结果的作用;保证指标能准确反映评估对象的发展状况;在选取指标时,要注意各个指标的归并,尽量选择操作性强的相对性指标,如百分率指标、人均指标,以便进行比较和评估。本研究将从四个方面来选择影响因子:

(1)耕地资源自然供给。耕地资源自然供给是指耕地受自然禀赋资源的影响而产生的生产能力,在虚拟耕地战略优势度评价过程中处于基础地位。耕地资源的丰缺程度,农产品的价格高低,都会影响区域内资源的使用效率,促使其对农业产业结构进行调整,因此,在耕地资源相对丰富或耕地资源相对稀缺的地区,虚拟耕地战略优势度都相对较高,即耕地资源紧缺程度的高低与虚拟耕地战略优势度呈"U"型关系。对于耕地资源自然供给程度的测定,主要选取了土地垦殖率、复种指数、粮食单位面积产量、基本农田保护率、人均耕地面积等因子。

(2)非耕地资源需求。随着城市化、工业化进程的不断推进,建设占用耕地的面积也迅速扩大,这对区域耕地资源带来了巨大的压力,通过发展虚拟耕地贸易不仅可以保障耕地资源的安全,还更为突出的影响着区域内的经济、社会及生态效益,因此,虚拟耕地战略优势度与建设占用耕地呈正相关关系。对于非耕地资源需求,主要选取了人口密度、建设用地占有率、农村居民人均居住面积、城镇化水平等因子。

(3)耕地资源管理。虽然虚拟耕地战略是一种超出常规的耕地资源社会化管理手段,但在优化耕地资源配置、保障耕地资源安全等方面,与传统耕地资源管理是一致的。随着区域耕地资源管理水平不断提高,所带来的经济效益也不断增加,其虚拟耕地战略优势度也越来越大,两者呈正相关关系。对于耕地资源管理,主要选取了万元 GDP 耕地量、万元农业产值耕地量等因子。

(4)耕地资源发展现状。虚拟耕地必须在商品交易过程中实现,离开了商品交易,也就没有了虚拟耕地。虚拟耕地战略与区域经济发展密不可分,主要通过耕地密集型农产品贸易来实现。虚拟耕地战略的实施,区外虚拟耕地战略实施对其影响程度与区域农业结构、农业产值、农产品贸易等紧密相关,农产品贸易与区域虚拟耕地战略优势度也呈现"U"型曲线关系。对于耕地资源发展现状,选取了农业产值占 GDP 的比重、人均粮食产量等因子。

根据虚拟耕地战略优势度概念内涵,考虑信息全面覆盖、主导因素、可操作性的指标选取原则,选取了包括耕地资源供给、非耕地资源需求、耕地资源管理以及耕地资源发展现状 4 个方面共 13 个指标,构成了区域虚拟耕地战略优势度评价指标体系(表 10-9)。

表 10 -9　区域虚拟耕地战略优势度评价指标体系及指标权重

Table 10 -9　The Dominance Degree Evaluation Index System and the

Weight of the Regional Virtual Farmland Strategy

因子层	指标层	指标初始化	权重 W
耕地资源供给	B_1 土地垦殖率		0.1978
	B_2 复种指数		0.1183
	B_3 粮食单位面积产量	除以最大值	0.0597
	B_4 基本农田保护面积比率		0.1003
	B_5 人均耕地	除以最大值	0.0567
非耕地资源需求	B_6 人口密度	除以最大值	0.0697
	B_7 建设用地占有率		0.0302
	B_8 农村居民人均居住面积	除以最大值	0.0233
	B_9 城镇化水平		0.1004
耕地资源管理	B_{10} 万元 GDP 耕地量	除以最大值	0.0526
	B_{11} 万元农业产值耕地量	除以最大值	0.0333
耕地发展现状	B_{12} 农业产值占 GDP 的比重		0.0880
	B_{13} 人均粮食产量	除以最大值	0.0697

10.4.3　评价体系指标的量化

虚拟耕地战略优势度评价的基本思路是:广泛收集各种相关资料,根据资料整理出评价所需的原始数据,计算各省份各项指标的加权平均分,得出综合分值表,研究确定虚拟耕地战略优势度指标理想总分值。评价指标确定以后,首先需要进行数据处理。

(1)原始数据处理

耕地资源供给指标 B_1、B_2、B_3、B_4、B_5,耕地资源管理指标 B_{10}、B_{11},耕地发展现状指标 B_{12}、B_{13}与虚拟耕地战略优势度呈"U"型关系,因此,在评价之前需经过式 10 -18 简单处理,使其变成单纯的正向或负向关系:

$$X_{ij} = x_{ij} - \bar{x}_j \tag{10-18}$$

X_{ij}——第 j 区域 i 指标评价值;

x_{ij}——第 j 区域 i 指标原始数据值;

$\bar{X}_i$——i 指标全国平均值。

（2）数据标准化

通过下面的公式对上述处理后的数据进行标准化：

$$X_j = \frac{x_j^x}{x_j^*(\max)}$$
（10 – 19）

x_j——指标数据的标准化值；

x_j^*——评价区某指标原始值；

$x_j^*(\max)$——评价区某指标原始值最大值。

（3）指标权重的确定

通过采用层次分析法（AHP）确定指标权重：首先建立层次结构模型确定指标体系的合理性；其次通过邀请专家采用成对比较法和1—9比较尺度建立判断矩阵；再次，计算最大特征根及对应特征向量，利用一致性指标、随机一致性指标和一致性比率做一致性检验；最后，通过计算组合权向量，确定各评价因子权重（表10 – 9）。

（4）虚拟耕地战略优势度计算

关于虚拟耕地战略优势度计算目前并没有现成的模型，本书借鉴洪涝灾害脆弱性评估方法（毛德华等，2000），经过改进，确定如下模型：

$$P_i = \sum_{j=1}^{9} \frac{X_{ij} - X_j(\min)}{X_j(\max) - X_j(\min)} \times w_j + \sum_{j=10}^{11} [1 - \frac{X_{ij} - X_j(\min)}{X_j(\max) - X_j(\min)}] \times w_j + \sum_{j=12}^{13} \frac{X_{ij} - X_j(\min)}{X_j(\max) - X_j(\min)} \times w_j$$
（10—20）

P_i——虚拟耕地战略优势度；

x_{ij}——i 评价区 j 指标标准化值；

$x_j(\min)$——评价区 j 指标标准化值最小值；

$x_j(\max)$——评价区 j 指标标准化值最大值；

w_j——j 指标的权重。

根据上述计算模型，将表（10 – 10）代入即可得到我国内地31个省级行政区虚拟耕地战略优势度数值（表10 – 11）。

表 10 –10　中国虚拟耕地战略优势度评价原始数据表

Table 10 –10　Primary Data of Dominance Degree Evaluation of China's Virtual Farmland Strategy

省份	土地垦殖率(%)	复种指数(%)	粮食单位面积产量(千克/公顷)	基本农田保护面积比率(%)	人均耕地(公顷/人)	人口密度(人/公顷)	建设用地占有率(%)	农村居民人均居住面积(平方米)	城镇化水平(%)	万元GDP耕地量(公顷/万元)	万元农业产值耕地量(公顷/万元)	农业产值占GDP的比重(%)	人均粮食产量(千克/人)
北　京	14.12	138.99	541.46	79.99	0.01	10.33	20.58	38.70	84.90	0.00	0.21	0.01	75.39
天　津	37.01	101.18	337.64	80.07	0.04	9.87	30.90	28.31	77.23	0.01	0.36	0.02	130.01
河　北	33.53	137.93	459.98	86.48	0.09	3.71	9.52	30.71	41.90	0.04	0.31	0.13	417.15
山　西	25.88	91.88	253.46	83.10	0.12	2.18	5.55	26.52	45.11	0.06	1.34	0.04	302.19
内蒙古	6.24	95.99	298.20	85.64	0.30	0.21	1.30	21.47	51.71	0.09	0.79	0.12	884.59
辽　宁	27.59	90.96	455.37	86.57	0.09	2.91	9.45	26.39	60.05	0.03	0.31	0.10	431.99
吉　林	28.96	90.31	513.13	87.31	0.20	1.43	5.57	21.94	53.21	0.09	0.60	0.14	1039.53
黑龙江	26.14	102.18	357.14	87.20	0.31	0.85	3.30	21.72	55.40	0.14	1.09	0.13	1104.66
上　海	29.61	159.20	474.14	80.08	0.01	22.92	30.77	62.30	88.60	0.00	0.22	0.01	61.75
江　苏	44.63	157.65	666.59	87.80	0.06	7.19	18.12	44.05	54.30	0.02	0.23	0.07	415.03
浙　江	18.22	129.24	403.75	85.57	0.04	4.86	9.96	60.48	57.60	0.01	0.18	0.05	152.37
安　徽	40.89	156.65	527.61	85.57	0.09	4.38	11.86	29.88	40.50	0.06	0.40	0.16	493.48
福　建	10.73	166.96	490.43	84.19	0.04	2.91	5.22	46.13	49.90	0.01	0.11	0.11	181.58
江　西	16.94	188.56	692.62	84.90	0.06	2.64	5.72	37.56	41.36	0.04	0.27	0.16	446.65
山　东	47.83	143.23	566.91	88.49	0.08	5.99	15.98	32.98	47.60	0.02	0.25	0.10	453.63

续表

省份	土地垦殖率(%)	复种指数(%)	粮食单位面积产量(千克/公顷)	基本农田保护面积比率(%)	人均耕地(公顷/人)	人口密度(人/公顷)	建设用地占有率(%)	农村居民人均居住面积(平方米)	城镇化水平(%)	万元GDP耕地量(公顷/万元)	万元农业产值耕地量(公顷/万元)	农业产值占GDP的比重(%)	人均粮食产量(千克/人)
河南	47.88	178.49	676.91	96.95	0.08	5.70	13.21	31.69	36.03	0.04	0.30	0.14	571.13
湖北	25.09	156.48	477.52	81.99	0.08	3.07	7.53	39.04	45.20	0.04	0.26	0.16	390.40
湖南	17.89	199.37	740.23	84.78	0.06	3.01	6.56	40.72	42.15	0.03	0.19	0.18	440.52
广东	15.74	155.59	439.26	86.56	0.03	5.31	9.95	27.89	63.37	0.01	0.14	0.06	130.94
广西	17.75	135.05	330.69	84.83	0.09	2.03	4.01	31.75	38.16	0.06	0.29	0.20	291.05
海南	20.58	111.42	252.20	85.67	0.09	2.42	8.43	22.84	48.00	0.05	0.17	0.30	215.98
重庆	27.18	143.79	515.76	81.02	0.08	3.45	7.21	35.03	49.99	0.04	0.39	0.11	407.85
四川	12.29	158.71	527.96	85.67	0.07	1.68	3.31	34.94	37.40	0.05	0.25	0.19	386.11
贵州	25.46	102.99	258.18	80.30	0.12	2.15	3.16	25.27	29.11	0.13	0.82	0.16	306.56
云南	15.85	99.74	250.09	81.29	0.13	1.19	2.13	27.44	33.00	0.11	0.59	0.18	335.35
西藏	0.30	65.21	262.78	80.93	0.13	0.02	0.06	23.97	22.61	0.09	0.60	0.15	332.85
陕西	19.68	102.85	274.30	86.15	0.11	1.83	3.97	29.00	42.10	0.06	0.54	0.11	295.87
甘肃	11.53	83.04	190.72	81.77	0.18	0.65	2.42	19.87	32.15	0.15	1.01	0.15	338.79
青海	0.76	94.64	187.57	80.04	0.10	0.08	0.46	19.78	40.86	0.06	0.51	0.11	184.04
宁夏	21.31	109.27	297.40	80.49	0.18	1.19	4.09	23.06	44.98	0.10	0.92	0.11	536.36

续表

省份	土地垦殖率(%)	复种指数(%)	粮食单位面积产量(千克/公顷)	基本农田保护面积比率(%)	人均耕地(公顷/人)	人口密度(人/公顷)	建设用地占有率(%)	农村居民人均居住面积(平方米)	城镇化水平(%)	万元GDP耕地量(公顷/万元)	万元农业产值耕地量(公顷/万元)	农业产值占GDP的比重(%)	人均粮食产量(千克/人)
新 疆	2.48	108.78	225.60	86.94	0.19	0.13	0.74	22.78	39.64	0.10	0.60	0.16	440.39
平均值	22.26	127.62	417.60	84.46	0.11	3.75	8.42	31.75	48.20	0.06	0.46	0.12	393.36

资料来源:根据《中国统计年鉴》《中国农村统计年鉴》整理。

表 10 – 11 中国各省市区虚拟耕地战略优势度评价

Table **10 – 11** Dominance Degree Evaluation of Virtual Farmland
Strategic in Provinces and Cities of China

省份	耕地资源供给	非耕地资源需求	耕地管理	耕地发展现状	综合得分
河 南	0.4053	0.0571	0.0200	0.0752	0.5575
黑龙江	0.2486	0.0566	0.0774	0.1068	0.4894
江 苏	0.3272	0.1010	0.0081	0.0420	0.4784
安 徽	0.3120	0.0576	0.0306	0.0746	0.4748
上 海	0.2433	0.2235	0.0028	0.0000	0.4696
山 东	0.3231	0.0790	0.0118	0.0529	0.4668
湖 南	0.2849	0.0567	0.0137	0.0771	0.4324
吉 林	0.2145	0.0574	0.0439	0.1059	0.4217
海 南	0.2461	0.0558	0.0188	0.0983	0.4191
江 西	0.2753	0.0518	0.0193	0.0726	0.4190
天 津	0.2416	0.1479	0.0085	0.0079	0.4060
湖 北	0.2563	0.0615	0.0183	0.0669	0.4031
河 北	0.2520	0.0558	0.0188	0.0592	0.3859
重 庆	0.2352	0.0675	0.0227	0.0547	0.3801
北 京	0.2035	0.1566	0.0026	0.0017	0.3644
辽 宁	0.2143	0.0786	0.0158	0.0515	0.3602
四 川	0.2238	0.0390	0.0203	0.0763	0.3595
贵 州	0.2046	0.0224	0.0673	0.0635	0.3578
宁 夏	0.1817	0.0433	0.0579	0.0622	0.3451
广 西	0.1969	0.0402	0.0255	0.0740	0.3366
内蒙古	0.1364	0.0470	0.0511	0.0878	0.3222
云 南	0.1711	0.0256	0.0511	0.0699	0.3176
山 西	0.1859	0.0499	0.0539	0.0268	0.3163
福 建	0.2038	0.0698	0.0038	0.0378	0.3152
陕 西	0.1915	0.0440	0.0323	0.0464	0.3142
浙 江	0.1881	0.0999	0.0042	0.0190	0.3112
广 东	0.1748	0.0922	0.0030	0.0188	0.2889

省份	耕地资源供给	非耕地资源需求	耕地管理	耕地发展现状	综合得分
甘　肃	0.1331	0.0188	0.0768	0.0600	0.2887
新　疆	0.1245	0.0285	0.0481	0.0724	0.2736
青　海	0.0446	0.0283	0.0307	0.0388	0.1424
西　藏	0.0298	0.0023	0.0456	0.0618	0.1394

10.4.4　中国虚拟耕地战略优势度分析

（1）评价标准

借鉴以往的分类方法,将我国区域虚拟耕地战略优势度分为 4 个等级:Ⅰ级优势度,综合得分≥0.45 以上;Ⅱ级优势度,0.38≤综合得分＜0.45;Ⅲ级优势度,0.30≤综合得分＜0.38;Ⅳ级优势度,综合得分＜0.3 以下(表 10 – 12)。

表 10 – 12　中国虚拟耕地战略优势度评价标准

Table **10 – 12**　The Dominance Degree Evaluation Criteria of China's Virtual Farmland Strategy

等级	Ⅰ级	Ⅱ级	Ⅲ级	Ⅳ级
描述	高优势度	较高优势度	中等优势度	低优势度
分值	$[0.45, +\infty)$	$[0.38, 0.45)$	$[0.30, 0.38)$	$(-\infty, 0.3)$

（2）等级结构

从等级结构上来看,我国区域虚拟耕地战略优势度总体上呈现"中间多,两头少"的正态分布规律。由表 10 – 13 可以看出,在我国内地 31 个省级行政区中,属于Ⅰ级优势度等级的地区 6 个,占全部的 19.35%,平均值为 0.4894;属于Ⅱ级优势度的地区 8 个,占全部的 25.80%,平均值为 0.4084;属于Ⅲ级优势度的地区 12 个,占全部的 40.00%,平均值为 0.3350;属于Ⅳ级优势度的地区 5 个,占全部的 16.13%,平均值为 0.2266。这种分布规律决定了我国实施虚拟耕地战略,将会对我国广大地区产生较为重大的影响,所以要根据其不同的等级采取不同的对策,区别对待,进行差异化管理,体现实施虚拟耕地战略对社会、经济所带来的影响。

表 10 – 13　中国虚拟耕地战略优势度等级结构

Table **10 – 13**　Hierarchy Structure of Dominance Degree of China's Virtual Farmland Strategy

等级	I 级优势度	II 级优势度	III 级优势度	IV 级优势度
省份	河　南 黑龙江 江　苏 安　徽 上　海 山　东	湖南　吉林 海南　江西 天津　湖北 河北　重庆	北京　辽宁　四川 贵州　宁夏　广西 内蒙古　云南　山西 福建　陕西　浙江	广东 甘肃 新疆 青海 西藏

（3）区域分异规律

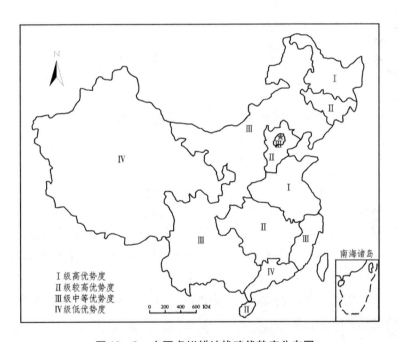

图 10 – 9　中国虚拟耕地战略优势度分布图

Fig. **10 – 9**　The Dominance Degree Distribution of China's Virtual Farmland Strategy

从空间分布上来看（图 10 – 9），我国区域虚拟耕地战略优势度是较为典型的东高西低，由东向西，大致呈递减规律。从区域分布规律来看：河南、黑龙江、江苏、安徽、上海、山东属于 I 级优势度，除了黑龙江在北部，河南在中部外，其他四省市全在东部，占整个 I 级优势度的 66.67%；II 级优势度中湖南、江西、湖北和重庆四省市位于中部，占整个 II 级优势度的 50%；III 级优势度中除了浙江，福建和辽宁三省靠近沿海以外,其他都位于中部偏西;Ⅳ级优势度主要分布在广东、甘肃、新疆、青海、西藏,除了广东在东部以外,其他五省均在西部,占整个Ⅳ级优势度的83.33%。

通过分析表明,我国的耕地资源区域分异上存在明显差异,分布不均匀,东高西低,虚拟耕地战略将成为提高区域耕地资源使用效率,缓解区域耕地资源供需矛盾的一种有效工具。耕地资源相对丰富的地区将成为虚拟耕地输出地区,耕地资源紧缺的地区将成为虚拟耕地输入地区,无论是虚拟耕地输出还是输入地区,研究两者之间的虚拟耕地流量、流向,都会对当地社会、经济及生态发展以及农业产业结构调整产生一系列的影响,并且这种影响还将有明显的区域差异性。东北的黑龙江,中部的河南,东部的江苏、安徽、上海、山东6省市是我国虚拟耕地战略优势度最高的地区,需要加强虚拟耕地的理论和实践方面研究,缓解国内耕地资源紧张的压力。除广东之外的、甘肃、新疆、青海、西藏等虚拟耕地战略优势度最弱的地区,应根据当地的实际情况,加大开发力度,采取相应的政策,保障粮食和生态安全。

10.4.5 虚拟耕地战略优势度评价与粮食安全对策

根据虚拟耕地战略优势度评价的研究结果以及各地自然环境、经济条件和农业生产水平状况,中国虚拟耕地战略应实施"发展东部,促进中部,开发西部"的战略布局(彭琳,2000)。

(1)东部虚拟耕地发展区

该区主要包括Ⅰ级优势度的部分省市(上海除外)和部分Ⅱ级优势度(山东、湖南),是我国主要优质商品粮生产基地,为国家提供大量的粮食资源,净出口虚拟耕地。本区农业适合机械化、规模化发展,要努力提高粮食产量,降低粮食生产的成本,大力发展优质粮食,不断扩大市场占有率,提高国际市场竞争能力。

(2)中部虚拟耕地促进区

该区主要包括除山东、湖南以外的Ⅱ级优势度和全部Ⅲ级优势度区。本区有不少平原灌区适宜生产粮食,如成都平原、关中平原、河套平原、河西走廊灌区等,这些地区虚拟耕地资源较丰富,虚拟耕地含量较低。该区应努力改善生态环境,提高粮食生产力以满足当地人民生活和经济发展的需要,同时调整产业结构发挥本区域的自然优势,提高虚拟耕地的含量,增加耕地资源储备,在自给自足的情况下,向低优势度地区调出或出口虚拟耕地。

（3）西部虚拟耕地开发区

该区主要包括含甘肃、新疆、青海、西藏为主的 IV 级优势度（广东省除外）。本区位于中国西部边疆，北部是干旱的沙漠戈壁，南为高寒的青藏高原，虚拟耕地含量较低，有很大的粮食增产潜力，但本区太阳辐射较强，光照充足且日照时间长，自然条件较为特殊，粮食生产的病虫害极少，地广人稀，后备虚拟耕地资源丰富，具有较大的开发潜力，适宜发展优质农业与绿色有机农业。

第11章

湖南省虚拟耕地战略研究

11.1 湖南省基本概况

11.1.1 自然地理环境

湖南省位于中国中南部,长江中游以南,东经108°47′—114°15′,北纬24°39′—30°08′,全省土地总面积21.18万平方公里,占全国国土面积的2.2%,在各省市幅员中居第11位。全省共辖14个市州,分别为长沙市、株洲市、湘潭市、常德市、岳阳市、衡阳市、益阳市、永州市、邵阳市、娄底市、怀化市、郴州市、张家界市和湘西土家族苗族自治州。湖南省东邻江西,北交湖北,西连重庆、四川、贵州,南接广东、广西,三面环山,境内水系较发达,湘北有洞庭湖,为全国第二大淡水湖。

气候上湖南省属中亚热带季风湿润气候,光热充足,雨量丰沛。全省年平均气温为16—18℃;日照时长为1300—1800小时;降水量为1200—1700毫米;无霜期长达260—310天。

湖南地域辽阔,物产富饶,拥有丰富的自然资源和矿产资源,史有"湖广熟,天下足"之说,是著名的"鱼米之乡"。

11.1.2 社会经济状况

2009年,全省地区生产总值12930.69亿元,比上年增长13.6%,其中,第一产业增加值1969.67亿元,增长5.0%;第二产业增加值5682.19亿元,增长18.9%;第三产业增加值5278.83亿元,增长11.0%。按常住人口计算,人均地区生产总值20226元,增长13.1%。2009年末,全省总人口6900.2万人,比上年增加55万人,增长0.8%,其中,城镇人口2980.89万人;乡村人口3919.31万人。

湖南省经济继续保持平稳较快发展,新型工业化推进成效明显,经济结构得到优化,区域经济协调发展,民生问题有所改善。

11.1.3　耕地资源概况

随着社会经济建设的快速发展、城市化进程中城镇规模的迅速扩张和工业化进程中建设用地占用耕地需求量增大,人地矛盾日益突出,耕地资源形势不容乐观,具体体现在以下几点:

(1)耕地面积逐渐减少,人地矛盾日益突出

据统计,湖南省耕地面积正在逐年减少,其中主要原因包括社会经济建设的快速发展,城镇化、工业化进程的迅速推进,生态环境建设中的退耕还林、退耕还湖等政策导向以及各种自然灾害。2008 年末,湖南省耕地总面积为 378.94×10^4 hm^2,相比 1996 年的 395.30 万公顷减少了 $16.36 \times 10^4\ hm^2$,年平均减少 1.26×10^4 hm^2,目前湖南省人均耕地面积为 0.055 hm^2,居全国省(市、区)倒数第四位(田应华,2010)。

(2)耕地后备资源不足,开发整理复垦难度大

湖南省耕地后备资源非常有限,整理乡村土地和复垦工矿废弃地是增加耕地数量的一个有效途径,但这不仅需要巨额资金的投入,而且整理复垦出来的耕地质量不高,还需要投入资金来提高其耕地质量。另外,现行的耕地管理体制和传统的生产方式大大增加了土地整理开发复垦的难度(张明辉等,2006)。

(3)耕地生态环境恶化,污染严重

当前湖南省工业化、城镇化进程的迅速推进导致工业、城镇"三废"污染源不断增多,而污染物的处理技术存在多项缺陷,处理率低下,再加上农民在耕作过程中农药、化肥、农膜的不合理使用,使得耕地污染日益严重。据统计,目前湖南全省有 26.38% 的耕地受到了不同程度的污染。

11.2　湖南省虚拟耕地战略分析

11.2.1　湖南省主要粮食作物虚拟耕地含量的计算

根据公式 10 - 1,选取 1998—2009 年湖南省的主要粮食作物 4 种,分别为稻谷、小麦、玉米、大豆,可计算出湖南省 12 年间主要粮食作物的虚拟耕地含量(表 11 - 1)。

表 11 - 1　1998—2009 年湖南省粮食虚拟耕地含量情况

Table 11 - 1　The Virtual Farmland Content in Human Province's Grain from 1998 to 2009

年份	稻谷			小麦			玉米			大豆		
	产量	面积	含量	产量	面积	含量	产量	面积	含量	产量	面积	含量
1998	2516.30	3976.41	0.1580	28.33	144.57	0.5103	79.45	221.78	0.2791	36.27	200.84	0.5537
1999	2549.10	3984.47	0.1563	25.19	129.73	0.5150	114.32	280.13	0.2450	37.81	206.55	0.5463
2000	2528.08	3896.08	0.1541	23.31	118.56	0.5086	113.49	278.52	0.2454	38.85	205.81	0.5298
2001	2328.90	3691.61	0.1585	21.40	110.02	0.5141	115.10	269.79	0.2344	45.20	203.58	0.4504
2002	2119.15	3541.54	0.1671	18.34	99.78	0.5441	119.17	272.91	0.2290	44.87	198.21	0.4417
2003	2070.18	3409.98	0.1647	16.49	86.33	0.5235	128.55	289.77	0.2254	39.70	198.21	0.4993
2004	2441.68	4000.75	0.1639	14.56	76.15	0.5230	128.90	287.45	0.2230	39.91	189.12	0.4739
2005	2484.99	4158.25	0.1673	13.37	65.66	0.4911	133.04	282.17	0.2121	40.19	187.32	0.4661
2006	2507.34	4202.22	0.1676	13.11	62.06	0.4734	146.53	301.28	0.2056	42.63	189.44	0.4444
2007	2496.20	4088.78	0.1638	12.85	58.44	0.4548	155.85	225.94	0.1450	43.88	193.39	0.4407
2008	2664.27	4195.17	0.1575	4.55	20.58	0.4523	129.58	253.36	0.1955	26.10	113.32	0.4342
2009	2701.99	4307.89	0.1594	4.84	19.50	0.4029	122.95	264.69	0.2153	25.69	114.20	0.4445
平均	2450.68	3954.43	0.1615	16.36	82.62	0.4928	123.91	268.98	0.2212	38.43	183.33	0.4771

资料来源：根据历年《湖南统计年鉴》《湖南农业统计年鉴》整理。

注：产量为湖南省某粮食作物全年总产量，单位：万吨；面积为湖南省某粮食作物全年播种面积，单位：千公顷；含量为湖南省某粮食作物虚拟耕地含量，单位：公顷/吨。

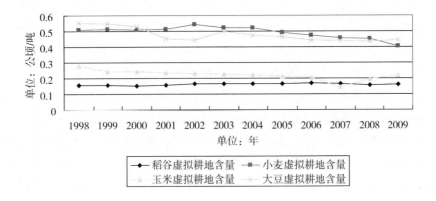

图 11 – 1　1998—2009 年湖南省粮食虚拟耕地含量变化趋势图

Fig. **11 –1**　The Virtual Farmland Content Changes in Hunan Province's

Grain from **1998** to **2009**

如图 11 – 1 所示,1998—2009 年湖南省主要粮食作物虚拟耕地含量中,不同粮食产品的虚拟耕地含量也是不同的,并且相差甚大。虚拟耕地含量越高,则表示当年粮食产量越低,耕地机会成本越大;反之,呈相反趋势变化。如表 11—1 所示,横向比较数据结果表明,湖南省虚拟耕地含量最高的是小麦,其次是大豆、玉米,最低的是稻谷,这意味着在小麦的耕地机会成本较大,而稻谷的耕地机会成本较小。纵向比较数据结果表明,近几年湖南省主要粮食作物的虚拟耕地含量都有逐渐降低的趋势,这一方面是生态环境的建设和人们对环境保护意识的加强导致自然灾害的发生率在减少,另一方面是社会经济建设的进步导致科学技术的不断提高,因此粮食产量不断增加,虚拟耕地的含量逐渐降低,耕地机会成本越来越小,在进行虚拟耕地贸易时,可以增加虚拟耕地含量较高产品的进口量,例如小麦、大豆,扩大虚拟耕地含量较低产品的出口量,例如稻谷,以此来降低本省耕地资源成本,实现自身更大的经济利益。

11.2.2　湖南省主要粮食作物虚拟耕地贸易量的计算

(1)湖南省粮食贸易特征

粮食贸易,包括区域之间的粮食流动,自古以来就存在。随着中国社会经济建设的快速发展,工业化、城镇化进程的不断加快,我国建设占用耕地面积不断增大,耕地面积逐渐减少,粮食安全面临巨大威胁(成丽等,2008)。当前,我国余粮的省份逐年减少,缺粮的省份越来越多。数据表明,20 世纪 50 年代,我国余粮省份为 21 个,目前减少至不到 15 个;全国拥有大量可调出粮食的省份只有 8 个,湖南就是仅存的其中之一。湖南省常年粮食播种面积在 500 万公顷左右,粮食总产量约占全国粮食总产量的 7.00%,全国排名第 6,水稻作为湖南省粮食作物的支柱产业,种植面积大,总量多,在全国占有绝对优势,稻谷产量占全国稻谷产量的 14.00%,近 40 年来一直位居全国第一(郭勇等,2010)。水稻产量第一和粮食产区的省情决定了湖南省粮食贸易面临机遇的同时也面临挑战。

从粮食贸易总量上来看,如表 11-2 所示,湖南省是主要粮食作物净调出的省份。1998—2009 年的 12 年间,粮食净调出有 7 年,占 58.33%;粮食净调入有 5 年,占 41.67%,净调出总量比净调入总量多 8.19 万吨,调出量大于调入量,属于粮食产区。

表 11-2 1998—2009 年湖南省粮食贸易量变动情况

Table 11-2 The Changes of the Grain Trade in Hunan Province from 1998 to 2009

单位:万吨

年份	稻谷		小麦		玉米		大豆		合计		
	调入	调出	调入	调出	调入	调出	调入	调出	调入	调出	净调入
1998	1.04	69.92	6.45	1.38	21.26	0.58	10.28	1.19	39.03	73.07	-34.04
1999	1.07	72.39	7.33	1.34	23.66	0.65	11.19	1.25	43.25	75.63	-32.38
2000	1.10	81.32	7.88	1.28	27.27	0.71	13.37	1.37	49.62	84.68	-35.06
2001	1.19	79.46	8.83	1.24	31.17	0.82	14.39	1.48	55.58	83.00	-27.42
2002	1.28	73.43	10.26	1.67	34.88	0.94	12.27	1.44	58.69	77.48	-18.79
2003	1.42	66.69	13.47	1.12	36.43	1.04	14.16	0.87	65.48	69.72	-4.24
2004	1.61	87.52	16.39	1.04	42.84	1.12	15.97	0.93	76.81	90.61	-13.8
2005	1.92	78.16	23.64	0.91	66.54	1.32	27.71	1.02	119.81	81.41	38.4
2006	6.67	71.89	25.59	0.83	56.43	2.48	26.82	1.37	115.51	76.57	38.94
2007	6.89	138.36	29.17	0.79	101.28	3.48	29.71	2.49	167.05	145.12	21.93
2008	7.71	144.29	30.41	0.73	106.37	2.71	31.62	2.04	176.11	149.77	26.34
2009	8.35	146.89	32.28	0.66	110.46	2.62	32.89	1.88	183.98	152.05	31.93
合计	40.25	1110.32	211.7	12.99	658.59	18.47	240.38	17.33	1150.92	1159.11	-8.19

资料来源:根据历年《湖南农业年鉴》《湖南粮食产业发展研究年度报告》整理。

从粮食贸易时间序列上来看,如图 11-2 所示,1998—2004 年湖南省主要粮食作物调出量大于调入量,从 2005 年开始,主要粮食作物调入量大幅度上升,调入量开始大于调出量。1998—2009 年 12 年间,湖南省主要粮食作物贸易量越来越大。2004—2009 年和 1998—2003 年相比,湖南省调出总量增加了 231.95 万吨,调入总量增加了 527.62 万吨。特别是自 2006 年起,粮食贸易量迅速增加,其主要原因是稻谷调出量和玉米调入量的大规模增加。

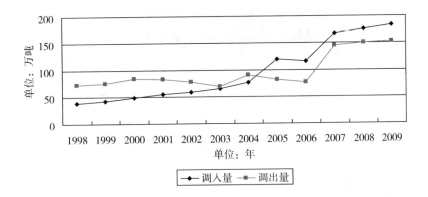

图 11 - 2 1998—2009 年湖南省主要粮食调入调出量变化趋势图

Fig. 11 - 2 The Import and Export Changes in Hunan

Province's Major Grain from **1998** to **2009**

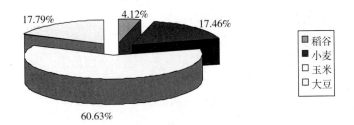

图 11 - 3 2007 年湖南省主要粮食品种调入量结构

Fig. 11 - 3 The Structure of Major Grain Import in Hunan Province in **2007**

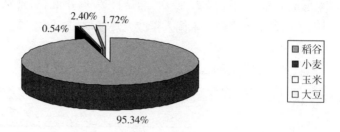

图 11 – 4　2007 年湖南省主要粮食品种调出量结构

Fig. 11 – 4　The Structure of Major Grain Export in Hunan Province in 2007

从粮食贸易结构上来看,粮食贸易品种发生了很大变化。调入方面,玉米调入量占的比重最大,以 2007 年为例,如图 11 – 3 所示,湖南省调入玉米 101. 28 万吨,占粮食调入总量的 60. 63% ;而大豆、小麦和稻谷分别只占 17. 79% 、17. 46% 和 4. 12% ;特别是稻谷调入量,比重严重偏小。调出方面,稻谷的调出量虽有波动但总体呈现上升趋势,目前稻谷已经成为湖南省最主要的粮食调出品种。同样以 2007 年为例,如图 11 – 4 所示,湖南省稻谷的调出量高达 138. 36 万吨,占粮食调出总量的 95. 34% ;而玉米、大豆、小麦分别只占 2. 40% 、1. 72% 、0. 54% ,所占比例很小。

(2)湖南省虚拟耕地贸易量计算

根据已有的研究理论,对虚拟耕地贸易量的计算可以从以下两个方面着手:一是从生产者的角度出发,将虚拟耕地定义为在产品生产地生产此类产品所实际使用的耕地资源数量;二是从消费者的角度出发,将虚拟耕地定义为在消费地生产同类同质产品所需要使用的耕地资源数量。前者的定义主要将农作物生长地的地理区位、自然条件、生产水平、科学技术以及管理方式等都列入考虑因素,其计算结果能成为当地土地资源管理部门合理使用耕地资源的有效工具;后者的定义是从产品消费地出发,其计算结果直接反映出采取贸易进口战略所能够节约的耕地资源数量,有利于帮助当地政府确定对哪些产品实施贸易进口战略(成丽等,2008)。

由于是在研究湖南省粮食贸易特征的基础上,对粮食贸易中虚拟耕地的贸易流量进行分析,以此来寻求解决湖南省耕地资源短缺问题的新方法,因此,在对湖南省主要粮食作物虚拟耕地贸易量的计算中,本研究对调入产品从消费者的角度出发,对调出产品从生产者的角度出发,由一个国家或地区进出口(调入或者调出)产品的数量和产品的单位面积产量来决定该国家或地区的虚拟耕地贸易量,由此可以计算出虚拟耕地进口量(调入量)、虚拟耕地出口量(调出量)、虚拟耕地净贸易量(即净进口量或净调入量)。

本研究的分析对象为稻谷、小麦、玉米、大豆这四种主要粮食作物,根据公式(10-5)至(10-10)核算了1998~2009年12年间湖南省这四种粮食产品的虚拟耕地贸易量调入调出量、调入量结构、调出量结构(表11-3,图11-5至11-7)。

表11-3　1998—2009年湖南省粮食贸易中四种主要粮食作物的虚拟耕地贸易量

Table 11-3　The Virtual Farmland Trade in Hunan Province's Grain Trade from 1998 to 2009

单位:万公顷

年份	稻谷		小麦		玉米		大豆		合计		
	调入	调出	调入	调出	调入	调出	调入	调出	调入	调出	净调入
1998	0.16	11.05	3.29	0.70	5.94	0.16	5.69	0.66	15.08	12.57	2.51
1999	0.17	11.31	3.77	0.69	5.80	0.16	6.11	0.68	15.85	12.85	3.00
2000	0.17	12.53	4.01	0.65	6.69	0.17	7.08	0.73	17.95	14.08	3.87
2001	0.19	12.59	4.54	0.64	7.31	0.19	6.48	0.67	18.52	14.09	4.43
2002	0.21	12.27	5.58	0.91	7.99	0.22	5.42	0.64	19.20	14.03	5.17
2003	0.24	11.14	7.10	0.59	8.27	0.24	7.12	0.44	22.72	12.40	10.31
2004	0.26	14.34	8.57	0.54	9.55	0.25	7.57	0.44	25.96	15.57	10.38
2005	0.32	13.08	11.61	0.45	14.11	0.28	12.91	0.48	38.96	14.28	24.68
2006	1.12	12.05	12.12	0.39	11.60	0.51	11.92	0.61	36.76	13.56	23.20
2007	1.15	23.17	13.27	0.36	20.33	0.70	13.09	1.10	47.84	25.33	22.51
2008	1.21	22.72	13.75	0.33	20.80	0.53	13.73	0.89	49.49	24.46	25.02
2009	1.33	23.42	13.01	0.27	23.78	0.56	14.62	0.84	52.74	25.09	27.65
合计	6.54	179.68	100.61	6.52	142.16	3.97	111.74	8.15	361.05	198.32	162.73

资料来源:根据历年《湖南统计年鉴》《湖南农业统计年鉴》整理。

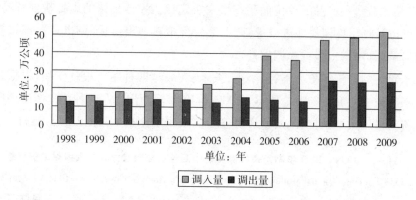

图 11 - 5　1998—2009 年湖南省四种主要粮食作物虚拟耕地调入调出量

Fig. **11 - 5**　The Import and Export of Virtual Farmland in

Hunan Province's Grain from **1998** to **2009**

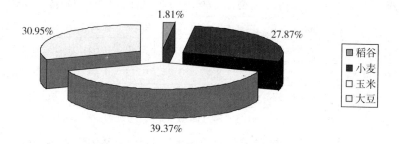

图 11 - 6　1998—2009 年湖南省四种主要粮食作物虚拟耕地调入量结构

Fig. **11 - 6**　The Import Structure of Virtual Farmland in

Hunan Province's Grain from **1998** to **2009**

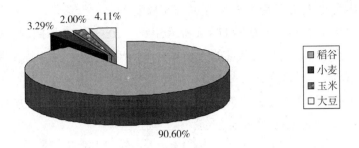

图 11 – 7　1998—2009 年湖南省四种主要粮食作物虚拟耕地调出量结构

Fig. 11 – 7　The Export Structure of Virtual Farmland in

Hunan Province's Grain from **1998** to **2009**

从时间上比较,如表 11 – 3 所示,1998—2009 年 12 年间,湖南省主要粮食作物虚拟耕地调入量由 15.08 万公顷上升到 52.74 万公顷,增加了 37.66 万公顷,年平均增长率为 11.00%。如图 11 – 5 所示,虚拟耕地调入量总体形势上看是上升的,但伴有局部波动,主要可分以下三个阶段:①1998—2005 年,这 8 年虚拟耕地调入量属于持续上升阶段,从 1998 年的 15.08 万公顷上升到 2005 年的 38.96 万公顷,增加了 23.88 万公顷,年平均增长率为 12.60%;②2005—2006 年,虚拟耕地调入量属于局部回落阶段,从 2005 年的 38.96 万公顷下降到 2006 年的 36.76 万公顷,减少了 2.20 万公顷,下降了 5.65%;③2007—2009 年,这 3 年间虚拟耕地调入量属于稳定上升阶段,从 2007 年的 47.84 万公顷上升到 2009 年的 52.74 万公顷,增加了 4.90 万公顷,年平均增长率为 3.30%。

如表 11 – 3 所示,1998—2009 年 12 年间,湖南省主要粮食作物虚拟耕地调出量由 12.57 万公顷上升到 25.09 万公顷,增加了 12.52 万公顷,年平均增长率为 5.93%。如图 11 – 5 所示,湖南省虚拟耕地调出量总体上是上升的,但上升幅度不大且波动次数较多。1998—2001 年 4 年间,虚拟耕地调出量稳步小幅度上升,从 12.57 万公顷上升到 14.09 万公顷,增加了 1.52 万公顷,年平均增长率为 2.89%;2001—2003 年,虚拟耕地调出量降至 12.40 万公顷,减少了 1.69 万公顷,降至 12 年间最低谷;2004 年出现回升,较 2003 年增加 3.17 万公顷,虚拟耕地调出总量达到 15.57 万公顷;2005—2006 年,虚拟耕地调出量出现小幅下降,降至 13.56 万公顷,较 2004 年减少了 2.01 万公顷;2007 年开始大幅上升,上升至 25.33 万公顷,较 2006 年增加了 11.77 万公顷;2008 年下降至 24.46 万公顷;2009 年又回升至 25.09 万公顷;数据结果显示,1998—2009 年间湖南省虚拟耕地调出量经过多次波动,在平稳中求发展,总体小幅上升。

从品种上比较,如图 11 – 6 所示,1998—2009 年 12 年间湖南省稻谷调入总量占所有虚拟耕地调入总量的 1.81%;小麦调入总量占所有虚拟耕地调入总量的 27.87%;玉米调入总量占所有虚拟耕地调入总量的 39.37%;大豆调入总量占所有虚拟耕地调入总量的 30.95%;由此可见,在虚拟耕地调入方面,玉米占有较大比重,其次是大豆、小麦,比重最小的为稻谷。

如图 11 – 7 所示,1998—2009 年 12 年间湖南省稻谷调出总量占所有虚拟耕地调出总量的 90.60%;小麦调出总量占所有虚拟耕地调出总量的 3.29%;玉米调出总量占所有虚拟耕地调出总量的 2.00%;大豆调出总量占所有虚拟耕地调出总量的 4.11%;由此可见,在虚拟耕地调出方面,稻谷占有主导地位,所占比重高达小麦的 27.54 倍、玉米的 45.30 倍、大豆的 22.04 倍,大豆所占比重位列第二,再次是小麦,比重最小为玉米。

(3)研究结论

从粮食贸易上来看,湖南省是粮食产区;从虚拟耕地贸易上来看,湖南省是虚拟耕地净调入区,生产出来的粮食除了能满足本区域正常的生活生产需求,还留有一定余量可调至其他省份从而获取一定的经济效益;与此同时,通过虚拟耕地贸易量分析,是净调入区,实际上就是通过虚拟耕地贸易的方式从其他省份调入了耕地资源,从而达到节约了本区域的耕地资源的目的。造成当前局面的主要原因是本省虚拟耕地调出以稻谷为主,虚拟耕地调入以玉米和大豆为主,稻谷虚拟耕地含量低,耕地机会成本小,因此调出稻谷是利用较少的耕地资源获取较大的经济利益;而玉米和大豆的虚拟耕地含量高,耕地机会成本大,调入玉米和大豆就是节约了本省的耕地资源,使有限的耕地资源发挥在更能创造价值的地方。客观上看,本省制定的贸易政策暂时能保证在不浪费耕地资源的情况下成为仅存的几个粮食主产区,但过去广东和江苏的历史提醒我们不能掉以轻心,过去曾是稻谷主产区的广东现在成了大量购进稻谷的主销区;素有"鱼米之乡"的江苏,耕地每年以 7 公顷的速度递减,13 年前粮食消费结余量为 30 – 40 亿千克,如今却成了粮食消费缺口 25 亿千克的输入省。目前,湖南省虽是粮食主产区,但产区调出量逐年减少,并且减少形势越来越严重,如果不树立危机感,引起足够的重视,极有可能步广东、江苏的后尘,由产区变成销区,因此,应该正确看待虚拟耕地战略,积极调整农业产业结构,以有限的耕地资源为本省乃至国家的粮食安全做出贡献。

11.2.3 湖南省主要粮食作物虚拟耕地生产消费盈亏量计算

（1）虚拟耕地生产消费盈亏量计算

1992 年联合国环境与发展大会上提出：环境的退化主要是由不可持续发展的生产及消费方式造成的，号召当前所有国家促进既能符合人类基本需求又能减少环境承载压力的生产和消费方式，加强了解消费的作用和如何形成更可持续的消费方式（国家环境保护局，1993）。由此可见，了解消费结构变化有利于解决当前耕地资源紧缺的问题，对促进耕地资源的可持续发展具有重要意义。

根据生产消费平衡的原理，生产量与消费量的差额即为结余量，一个地区只有在保证生产出来的粮食能够满足当地正常需求的前提下，才能有条件进行粮食的调运，因此计算一个地区的主要粮食作物虚拟耕地生产消费盈亏量就是生产量、消费量的差额与该粮食作物虚拟耕地含量的乘积，具体计算方式如下：

$$NPCW_{cnt} = (PW_{cnt} - CW_{cnt}) * F_{cnt} \qquad (11-1)$$

其中，$NPCW_{cnt}$ 表示国家或者区域 c，粮食作物 n，在时间 t 上的虚拟耕地生产消费盈亏量，单位：公顷；

PW_{cnt} 表示国家或者区域 c，粮食作物 n，在时间 t 上的生产量，单位：kg；

CW_{cnt} 表示国家或者区域 c，粮食作物 n，在时间 t 上的消费量，

单位：kg；

F_{cnt} 表示国家或者区域 c，粮食作物 n，在时间 t 上虚拟耕地含量，单位：hm^2/kg。

选取稻谷、小麦、玉米、大豆四种粮食作物为湖南省粮食生产消费盈亏量的主要研究对象，通过统计可以得到 2004—2009 年湖南省粮食生产消费盈亏量（表 11-4）。

表 11-4　2004—2009 年湖南省粮食生产消费盈亏量

Table **11-4**　The Gain and Loss of Grain Production and

Consumption in Hunan Province from **2004** to **2009**

单位：万吨

年份	稻谷		小麦		玉米		大豆		合计		
	生产量	消费量	生产量	消费量	生产量	消费量	生产量	消费量	生产量	消费量	盈亏量
2004	2441.68	2255.30	14.56	62.50	128.90	251.10	39.91	72.90	2625.05	2641.80	-16.75
2005	2484.99	2246.10	13.37	60.39	133.04	246.06	40.19	68.87	2671.59	2621.41	50.18
2006	2507.34	2242.68	13.11	56.31	146.53	234.65	42.63	65.45	2709.61	2599.09	110.52

年份	稻谷		小麦		玉米		大豆		合计		
	生产量	消费量	生产量	消费量	生产量	消费量	生产量	消费量	生产量	消费量	盈亏量
2007	2496.20	2244.18	12.85	55.40	155.85	227.65	43.88	59.62	2708.78	2586.85	121.93
2008	2664.27	2237.56	4.55	54.49	129.58	220.00	26.10	57.57	2824.50	2569.62	254.88
2009	2701.99	2246.43	4.84	52.79	122.95	219.56	25.69	54.44	2855.47	2573.22	282.25
合计	15296.47	13472.24	816.85	1399.03	63.28	341.87	218.40	378.85	16395.00	15591.99	803.01

资料来源:根据历年《湖南社会粮食供需平衡统计调查报告》整理。

注:"-"表示数值为负值,亏量。

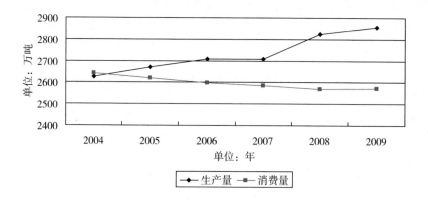

图 11-8 2004—2009 年湖南省粮食生产消费量

Fig. 11-8 The Grain Production and Consumption in Hunan Province from **2004** to **2009**

从表 11-4 可知,湖南省粮食生产量大于消费量,6 年间拥有存粮 803.01 万吨,属于粮食盈区。如图 11-8 所示,2004—2009 年湖南省粮食生产量持续增加,特别是 2007—2009 年增加幅度很大,增加共计 146.69 万吨;与此同时,粮食消费量持续小幅度减少;6 年间,生产量大于消费量的有 5 年,占 83.33%;而消费量大于生产量的仅为 2004 年一年,占 16.67%。

以粮食生产消费盈亏量为基础,根据公式 11-1,可以计算出湖南省粮食作物虚拟耕地生产消费盈亏量。(表 11-5,图 11-9)。

表 11 – 5　2004—2009 年湖南省粮食虚拟耕地生产消费盈亏量

Table **11** –5　The Gain and Loss of Virtual Farmland of Grain Production and
Consumption in Hunan Province from **2004** to **2009**

单位:万公顷

年份	稻谷		小麦		玉米		大豆		合计	
	生产消费盈亏量	虚拟耕地盈亏量	生产消费盈亏量	虚拟耕地盈亏量	生产消费盈亏量	虚拟耕地盈亏量	生产消费盈亏量	虚拟耕地盈亏量	生产消费盈亏量	虚拟耕地盈亏量
2004	186.38	30.55	− 47.94	− 25.07	− 122.20	− 27.25	− 32.99	− 15.63	− 16.75	− 37.41
2005	238.89	39.97	− 47.02	− 23.09	− 113.02	− 23.97	− 28.68	− 13.37	50.18	− 20.46
2006	264.66	44.36	− 43.20	− 20.45	− 88.12	− 18.12	− 22.82	− 10.14	110.52	− 4.35
2007	252.02	41.28	− 42.55	− 19.35	− 71.80	− 10.41	− 15.74	− 6.94	121.93	4.58
2008	426.71	67.21	− 49.94	− 22.59	− 90.42	− 17.68	− 31.47	− 13.66	254.88	13.28
2009	455.56	72.62	− 47.95	− 19.32	− 96.61	− 20.80	− 28.75	− 12.78	282.25	19.72
合计	1824.23	295.98	− 278.59	− 129.87	− 582.18	− 118.23	− 160.45	− 72.52	803.01	− 24.64

资料来源:根据历年《湖南农村统计年鉴》《湖南社会粮食供需平衡统计调查报告》
整理。

注:"－"表示数值为负值,亏量。

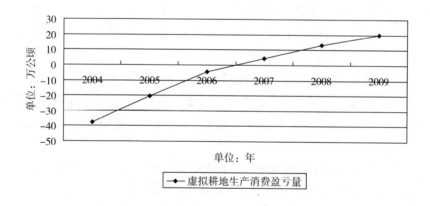

图 11 – 9　2004—2009 年湖南省粮食虚拟耕地生产消费盈亏量

Fig. **11** –9　The Gain and Loss of Virtual Farmland of Grain Production and
Consumption in Hunan Province from **2004** to **2009**

从表 11 – 5 可知,从虚拟耕地生产消费盈亏总量上来看,湖南省虚拟耕地消费量大于生产量,属于虚拟耕地亏区。从整体发展趋势上看,如图 11-9 所示,2004—2006 年 3 年间湖南省虚拟耕地生产消费盈亏量为负值,消费量大于生产量,但两者之间差距逐渐减少,由 2004 年的相差 37.41 万公顷减少为 2006 年的4.35 万公顷;从 2007 年起,虚拟耕地生产消费盈亏量开始转为正值,生产量大于消费量,并且两者之间的差距逐渐增大,由 2007 年的相差 4.58 万公顷增加到2009 年的 19.72 万公顷。形成这一趋势的主要原因包括两个方面:一是由于科学技术的进步和自然灾害的减少,虚拟耕地生产量不断增加;二是由于社会经济的进步,人们的生活水平得到提高,饮食结构发生了变化,导致虚拟耕地消费量有所减少。

(2)虚拟耕地生产消费平衡的意义

①虚拟耕地生产消费平衡有利于推动粮食贸易的调整

一个地区虚拟耕地的生产消费盈亏量直接反映出此地区的粮食供需情况,对保障区域耕地资源安全和粮食安全具有重要意义。通过虚拟耕地生产消费—平衡分析,可以得知一个地区某粮食作物的供给量是否满足需求量,该粮食作物是需要调入还是可以调出,政策制定部门可以基于虚拟耕地生产消费平衡分析来调整当地的粮食贸易结构;当某粮食作物虚拟耕地生产量大于消费量时,该粮食作物贸易偏向调出;当虚拟耕地生产量小于消费量时,该粮食作物贸易偏向调入。通过生产—消费平衡分析可以促进粮食贸易更加经济化、科学化、合理化。

②虚拟耕地生产消费平衡调整粮食种植结构

通过虚拟耕地生产消费平衡分析,可以了解一个地区粮食作物生产与消费之间的差距,从而了解市场短缺的粮食品种。湖南省小麦、大豆、玉米都是虚拟耕地消费量大于生产量,意味着这三类粮食作物在本地区的生产都不能满足当地的正常需求,因此应根据市场需要调整粮食种植结构,市场需要什么就种植什么,市场对什么需求量大就努力提高该粮食作物的产量。这是根据市场的需求来及时调整粮食种植结构,从而实现农产品总量平衡的宏观调控,最终达到保障粮食安全的目的。

11.2.4 城乡居民虚拟耕地消费差别的研究

粮食是人类生存和发展的必需品,随着社会经济建设的发展、城镇化进程的加快、人民收入的增加和人们生活水平的提高,城乡居民的粮食消费特征发生了变化,这将对国家或者地区的粮食安全带来新一轮的挑战。通过城乡居民虚拟耕地消费特征及平衡的分析,可以更进一步了解湖南省当前在粮食消费上的城乡差距,全面分析城乡粮食消费的特征和发展趋势,是确保我省粮食供需平衡的有效手段。

(1)城乡居民虚拟耕地消费量计算

湖南省是著名的"鱼米之乡",城乡居民主要粮食品种是稻谷,其次是小麦、玉米和大豆,因此选取这四类粮食作物作为我本城乡居民虚拟耕地消费特征及平衡的研究对象。根据湖南省城乡居民消费主要粮食作物2004—2009年的数据以及人口等相关数据,通过公式13-5可以计算出湖南省2004—2009年城乡居民虚拟耕地消费量(表11-6)。

表11-6 2004—2009年湖南省城乡居民人均粮食消费量

Table **11-6** The Consumption Per Capita of Grain of Hunan Province's

Urban and Rural Residents from **2004** to **2009**

单位:千克/人

年份	城镇				农村			
	稻谷人均消费量	小麦人均消费量	玉米人均消费量	大豆人均消费量	稻谷人均消费量	小麦人均消费量	玉米人均消费量	大豆人均消费量
2004	97.17	4.83	2.97	4.59	239.56	1.61	0.99	1.53
2005	94.57	6.03	17.49	5.97	232.40	2.03	5.89	2.01
2006	96.89	7.93	23.45	6.57	234.63	2.57	7.60	2.13
2007	93.45	6.82	19.43	6.98	227.16	2.22	6.32	2.27
2008	92.88	6.18	13.18	7.16	224.34	2.02	4.31	2.34
2009	91.23	6.60	9.90	8.00	231.83	2.12	3.18	2.57
平均	94.37	6.40	14.40	6.55	231.65	2.10	4.72	2.14

资料来源:根据历年《湖南统计年鉴》《湖南农村统计年鉴》整理。

根据表11-1中主要粮食作物虚拟耕地含量和表11-6中城镇、农村主要粮食作物的人均消费量可以计算出2004—2009年湖南省城乡居民人均虚拟耕地消费量(表11-7)。

表 11 - 7 2004—2009 年湖南省城乡居民人均虚拟耕地消费量

Table 11 - 7 The Consumption Per Capita of Virtual Farmland of Hunan
Province's Urban and Rural Residents from 2004 to 2009

单位:公顷/人

年份	城镇人均虚拟耕地消费量					农村人均虚拟耕地消费量				
	稻谷	小麦	玉米	大豆	平均	稻谷	小麦	玉米	大豆	平均
2004	0.0159	0.0025	0.0007	0.0022	0.0035	0.0393	0.0008	0.0002	0.0007	0.0068
2005	0.0158	0.0030	0.0037	0.0028	0.0042	0.0389	0.0010	0.0012	0.0009	0.0070
2006	0.0162	0.0038	0.0048	0.0029	0.0046	0.0393	0.0012	0.0016	0.0009	0.0072
2007	0.0153	0.0031	0.0028	0.0031	0.0041	0.0372	0.0010	0.0009	0.0010	0.0067
2008	0.0146	0.0028	0.0026	0.0031	0.0039	0.0353	0.0009	0.0008	0.0009	0.0063
2009	0.0145	0.0027	0.0021	0.0036	0.0038	0.0370	0.0009	0.0007	0.0011	0.0066
平均	0.0154	0.0030	0.0028	0.0029	0.0040	0.0378	0.0010	0.0009	0.0010	0.0068

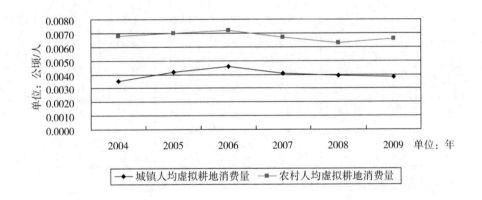

图 11 - 10 2004—2009 年湖南省城乡居民人均虚拟耕地消费量对比图

Fig. 11 - 10 The Contrast of Consumption Per Capita of Virtual Farmland in
Hunan Province's Urban and Rural Residents from 2004 to 2009

如图 11 - 10 所示,2004—2009 年间,湖南省城乡居民虚拟耕地消费量存在明显差异,城镇居民人均虚拟耕地消费量要远远低于农村居民人居虚拟耕地消费量。从表 11 - 7 的数据结果可知,6 年间,城镇居民人均虚拟耕地消费平均量为 0.0040 公顷/人,低于农村 0.0028 公顷/人,仅占全省人均虚拟耕地消费平均量的 37.04%。农村居民虚拟耕地消费量远远高于城镇居民,其主要原因是城乡消费水平和城乡饮食结构的差别引起的,城镇居民消费水平要高于农村居民,在饮食结构方面会比农村居民更注重营养的搭配,在食品消费上会倾向于肉类、奶制品等加工农产品或畜禽类产品;而农村居民则更加倾向于初级农产品消费,因此农村居民消耗的虚拟耕地更多。

如图 11 – 11 所示,从产品消费结构来看,2004—2009 年 6 年间,稻谷的城镇居民人均虚拟耕地消费平均量仅为 0.0154 公顷/人,低于农村居民人均虚拟耕地消费平均量 0.0224 公顷/人,占全省的 28.95%;小麦的城镇居民人均虚拟耕地消费平均量为 0.0030 公顷/人,高于农村居民人均虚拟耕地消费平均量 0.0020 公顷/人,占全省的 75.32%;玉米的城镇居民人均虚拟耕地消费平均量为 0.0028 公顷/人,高于农村居民人均虚拟耕地消费平均量 0.0019 公顷/人,占全省的 75.33%;大豆的城镇居民人均虚拟耕地消费平均量为 0.0029 公顷/人,高于农村居民人均虚拟耕地消费平均量 0.0020 公顷/人,占全省的 75.34%。农村居民的稻谷人均虚拟耕地消费量要远远高于城镇居民,主要是城乡饮食方式的差别引起的。农村居民的劳动强度要远远大于城镇居民,因此对主食稻谷的需求量会比城镇居民大得多,另外城镇居民在外饮食或食用方便食品比例增加,也是造成其稻谷需求量降低的一个重要原因。随着社会经济的进步,居民消费水平得到了一定程度的提高,于是人们开始注重提高膳食营养标准。过去城乡居民主要追求细粮的直接消费,特别是主食稻谷的消费,如今随着生活水平的提高,人们越来越讲究粮食的粗细搭配,这种现象在城镇尤为明显,因此在小麦、玉米、大豆方面,城镇居民的人均虚拟耕地消费量要高于农村居民。

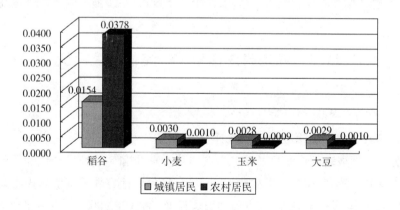

图 11 – 11 2004—2009 年湖南省城乡居民主要粮食人均虚拟耕地消费量

Fig. **11 – 11** The Contrast of Consumption Per Capita of Virtual Farmland of Major Grain in Hunan Province's Urban and Residents from **2004** to **2009**

(2)城乡居民虚拟耕地消费差别研究的意义

①城乡居民虚拟耕地消费差别研究有利于完善粮食消费结构

随着跨过温饱阶段和收入的提高,城乡居民的粮食消费结构正在逐步发生变化,过去人们的粮食主要以稻谷为主,品种和结构都比较单一化,伴随着社会经济的进步,人们生活水平正在不断提高,人们的消费观念也正在不断改善。现阶段,人们开始注重提高膳食营养标准,对营养的搭配也日益讲究,这是促使城乡居民粮食消费结构发生显著改变的最重要原因。通过对城乡居民虚拟耕地消费差别的研究,可以了解一个地区对各类粮食的消费需求比例,例如近年我省稻谷虚拟耕地消费量的逐渐减少意味着城乡居民稻谷消费量也正在逐步下降,取而代之的是加工农产品或畜禽类产品消费量的稳步上升。充分地了解城乡虚拟耕地消费差别,有利于加强宏观调控,疏通粮食消费渠道,合理规划粮食消费结构,最终使得城乡居民的生活质量、营养水平和粮食消费结构得到改善和提升,同时带动粮食深加工业的同步发展。

②城乡居民虚拟耕地消费差别研究有利于缩小城乡之间差距

对城乡居民虚拟耕地消费差别的研究发现随着社会经济的发展,城乡居民粮食消费量的差距越来越小,这种差距外部反映为粮食的消费量上,内部则体现为粮食品种的差异。也就是说,随着生活水平和消费观念的提高,农村居民的饮食结构也正在由单一化向多元化发展,农村耕地生产出来的粮食有更多用于市场流通,能够为农民创造更多的经济效益,调整农业种植结构,提高粮食的市场竞争力和综合效益,增加农民的收入,改善农民生活质量,进一步缩小城乡之间的差距。

11.3 湖南省虚拟耕地战略优势度评价

11.3.1 虚拟耕地战略优势度评价的内涵

虚拟耕地战略优势度可以界定为在经济全球化和区域经济合作加深的宏观背景下,国家或某区域实施虚拟耕地战略的紧迫性、适宜性及其实施虚拟耕地战略对区域社会、经济、生态等各方面的影响程度(邹君等,2008)。虚拟耕地战略优势度评价可以表示为立足于系统的角度,对这种虚拟耕地战略优势度的分析、研究和评价,通常可以运用区域虚拟耕地优势度来判断此地区是否适合实施虚拟耕地战略,虚拟耕地战略优势度值越高,该地区越适合实施虚拟耕地战略;反之,则不适合。

在对区域虚拟耕地优势度进行评价时,我们必须注意以下两点:第一,虚拟耕地战略并不是万能的、通用的,不同的地区由于社会条件、经济条件和自然条件不同,实施虚拟耕地战略所产生的社会、经济、生态影响也会具有差异;第二,只有选择适当的评价指标和评价方法才能合理地反映出实施虚拟耕地战略对区域产生的社会、经济、生态影响程度(邹君等,2008)。

11.3.2 虚拟耕地战略优势度评价指标体系的确立与分析方法

(1)评价指标体系的确立

选取区域虚拟耕地战略优势度评价指标包括几个重要原则:①主导性,在选取评价指标时着重对比分析各影响因子的差异性,选择产生主导作用的因子;②操作性,要保证选取因子的可操作性,尽量选取相对性指标,如人均指标、百分率指标等,确保对比评估的合理性和简便性。

确定区域虚拟耕地战略优势度评价指标体系的步骤为:首先,基于虚拟耕地战略优势度的概念,对影响区域虚拟耕地战略优势度的社会、经济、生态等方面的各个因子做深入的研究分析;其次,选择适当的评价指标和评价方法;最后,对各因子进行综合量化评价。

基于虚拟耕地战略优势度评价指标选取原则,本书选取 10 个评价指标,分别为:人均 GDP、农业产值占 GDP 比重、人均耕地面积、粮食的单位面积产量、人均粮食产量、耕地的平均产值、人口密度、农村居民平均住房面积、农村人均纯收入、人均可支配收入。

根据《湖南省统计年鉴》(2009 年),我们得到湖南 14 个地市关于这 10 个指标的原始统计数据(表 11 - 8)。

表11-8　湖南省虚拟耕地战略优势度评价原始数据表

Table 11-8　Primary Data of Dominance Degree Evaluation of Hunan province's Virtual Farmland Strategy

省份	人均GDP（元/人）	农业产值占GDP比重（%）	人均耕地面积（公顷/人）	粮食单位面积产量（千克/公顷）	人均粮食产量（千克/人）	耕地的平均产值（万元/公顷）	人口密度（人/公顷）	农村居民人均居住面积（平方米）	农村人均纯收入（元）	人均可支配收入（元）
长沙市	45765	5.74	0.04	8844.56	384.44	61.47	5.46	59	8002.60	17890.64
株洲市	24560	12.05	0.05	8844.18	469.87	54.14	3.38	56	5836.70	15911.10
湘潭市	23672	14.19	0.05	10378.57	491.50	66.72	5.87	48	6082.78	14376.70
衡阳市	14858	23.57	0.05	8570.47	434.70	63.57	4.78	45	5617.04	12419.83
邵阳市	8332	26.82	0.05	7598.50	398.29	38.10	3.62	34	3231.90	9778.37
岳阳市	21410	17.20	0.06	9164.97	537.50	59.47	3.66	40	4810.27	13945.49
常德市	19201	22.79	0.08	7589.53	573.16	51.81	3.36	46	4447.31	12603.77
张家界市	12337	17.09	0.06	5473.49	348.10	30.15	1.72	35	2943.63	10561.04
益阳市	12223	28.36	0.06	7941.52	465.19	52.93	3.79	42	4526.55	12447.62
郴州市	16668	16.41	0.06	6454.22	370.10	44.60	2.44	37	4102.45	12486.70
永州市	11554	27.29	0.06	9437.48	530.12	49.36	2.62	34	3911.44	11991.65
怀化市	10950	21.52	0.06	5545.34	328.82	36.22	1.83	32	2677.37	10460.19
娄底市	13509	18.21	0.04	9199.65	375.57	56.35	5.16	40	3001.00	12324.35
湘西州	9081	18.34	0.06	4905.20	310.75	23.96	1.77	24	2574.65	9902.98

资料来源：根据《湖南省统计年鉴2009》整理

（2）指标的量化

采用最常用的标准化方法极差变换法对湖南省 14 个市州的原始指标进行量化，公式如下：

对于正向指标：

$$I_{ab} = \frac{K_{ab} - \min k_{ab}}{\max K_{ab} - \min K_{ab}} \tag{11-2}$$

对于逆向指标：

$$I_{ab} = \frac{\max K_{ab} - k_{ab}}{\max K_{ab} - \min K_{ab}} \tag{11-3}$$

其中，I_{ab} 表示 a 各地市的第 b 个指标标准化值；

K_{ab} 表示 a 各地市的第 b 个指标值；

$\min K_{ab}$ 表示 a 各地市的第 b 个指标值中的最小值；

$\max K_{ab}$ 表示 a 各地市的第 b 个指标值中的最大值。

根据极差变化法可以得到湖南 14 个市州关于这 10 个指标的标准化值，见表 11-9。

表11-9　湖南省虚拟耕地战略优势度评价指标标准化值

Table 11-9　Standardization value of Dominance Degree Evaluation Index of Hunan province's Virtual Farmland Strategy

省份	人均DGP	农业产值占GDP比重	人均耕地面积	粮食单位面积产量	人均粮食产量	耕地的平均产值	人口密度	农村居民人均居住面积	农村人均纯收入	人均可支配收入
长沙市	1.0000	0.0000	0.0761	0.7197	0.2808	0.8774	0.9002	0.0000	1.0000	1.0000
株洲市	0.4335	0.2790	0.3546	0.7197	0.6064	0.7059	0.4004	0.0857	0.6010	0.7560
湘潭市	0.4098	0.3733	0.1883	1.0000	0.6888	1.0000	1.0000	0.3143	0.6463	0.5668
衡阳市	0.1743	0.7884	0.2852	0.6697	0.4724	0.9265	0.7362	0.4000	0.5605	0.3256
邵阳市	0.0000	0.9319	0.3341	0.4921	0.3336	0.3308	0.4573	0.7143	0.1211	0.0000
岳阳市	0.3494	0.5067	0.5137	0.7783	0.8641	0.8305	0.4671	0.5429	0.4119	0.5137
常德市	0.2904	0.7538	1.0000	0.4904	1.0000	0.6513	0.3950	0.3714	0.3450	0.3483
张家界市	0.1070	0.5016	0.6564	0.1038	0.1423	0.1449	0.0000	0.6857	0.0680	0.0965
益阳市	0.1039	1.0000	0.5117	0.5547	0.5885	0.6776	0.4992	0.4857	0.3596	0.3290
郴州市	0.2227	0.4717	0.4761	0.2830	0.2262	0.4829	0.1724	0.6286	0.2815	0.3339
永州市	0.0861	0.9525	0.4424	0.8281	0.8360	0.5942	0.2166	0.7143	0.2463	0.2728
怀化市	0.0700	0.6975	0.5324	0.1170	0.0689	0.2868	0.0260	0.7714	0.0189	0.0840
娄底市	0.1383	0.5514	0.0000	0.7846	0.2470	0.7575	0.8285	0.5429	0.0785	0.3138
湘西州	0.0200	0.5571	0.6493	0.0000	0.0000	0.0000	0.0117	1.0000	0.0000	0.0154

（3）分析方法的确定

根据虚拟耕地战略优势度的内涵和指标体系的选取,采用主成分分析法对其做出定量评判。

主成分分析法(PCA Principal Component Analysis)是一种多元统计方法,是Hotelling在1933年首次提出的。PCA法是将能反映计算结果的信息凝结于几个主要的综合指标上,称这几个综合指标为主成分,要求各个主成分之间是相互独立的,并且每个主成分都是原来多个指标的线性组合,其目的旨在简化复杂的各个具有相关性的指标。PCA法剔除了次要信息,能集中体现各原始指标所包含的不十分突出的差异,并能明显反映研究对象在各主成分上的差异,为进一步的综合排序或分类研究提供条件(James M. Lattin,2003;陈鹤亭等,2000)。

使用PCA法包括以下步骤:

（1）在确定研究内容的基础上制定指标体系。

（2）对选取各个指标的统计数据进行标准化处理,获得原始数据矩阵。

（3）进行主成分分析。一般是通过统计软件来获得相关矩阵的特征向量、特征值等主成分得分值。

（4）对所获得的数据进行分析研究,选取累计贡献率高于95%的因子作为分析主因子。

（5）根据分析主因子得出结论。

11.3.3 虚拟耕地战略优势度计算

运用SAS统计分析软件中的PRINCOMP过程对2008年湖南省14个市州的各指标数据进行主因子分析。结果显示为3个特征值,即表示为3个主成分,见表11-10。我们利用3个特征值的方差贡献值即主成分贡献率归一后的值作为权重,再把14市州的主成分得分值进行加权平均,即:

$$Y_a = \sum S_a f_{ab} \tag{11-4}$$

其中:Y_a 为第 a 各市州的综合的分值

$\qquad F_{ab}$ 为第 a 各市州第 b 个指标的得分值

$\qquad S_a$ 为第 b 个指标的方差贡献率

据此得到14市州综合得分值,见表11-11。

表 11 - 10　湖南省虚拟耕地战略优势度评价指标主成分分析表

Table **11 - 10**　Analyzing of Principal components of Dominance Degree

Evaluation Index of Hunan province's Virtual Farmland Strategy

主因子	Factor 1	Factor 2	Factor 3
特征值	6.335	1.787	1.205
贡献率	0.6335	0.1787	0.1205
累计贡献率	0.6335	0.8122	0.9327

表 11 - 11　湖南省虚拟耕地战略优势度评价及分类表

Table **11 - 11**　Dominance Degree Evaluation and Classification of

Virtual Farmland Strategy in Hunan Province

地区	Factor 1	Factor 2	Factor 3	综合得分
湘潭市	4.2038	1.1854	0.7993	6.1885
长沙市	3.9773	1.1216	0.7563	5.8552
岳阳市	3.9256	1.1070	0.7464	5.7790
常德市	3.8356	1.0816	0.7293	5.6465
衡阳市	3.6271	1.0228	0.6897	5.3396
永州市	3.5255	0.9942	0.6703	5.1900
益阳市	3.4717	0.979	0.6601	5.1108
株洲市	3.3577	0.9469	0.6384	4.9430
娄底市	2.8824	0.8128	0.5481	4.2433
邵阳市	2.524	0.7118	0.4799	3.7157
郴州市	2.4314	0.6856	0.4623	3.5793
怀化市	1.8160	0.5121	0.3453	2.6734
张家界市	1.7027	0.4802	0.3237	2.5066
湘西州	1.5310	0.4317	0.2911	2.2538

11.3.4　湖南省虚拟耕地战略优势度分析

根据 14 个市州的综合得分值,将湖南省虚拟耕地战略优势度分为 4 个等级:
Ⅰ级优势度,综合得分≥6;Ⅱ级优势度,4.5≤综合得分<6;Ⅲ级优势度,3.0≤综合得分<4.5;Ⅳ级优势度,综合得分<3。

根据综合得分值和等级划分标准可知:湖南省的虚拟耕地战略优势度总体上呈现"中间多,两头少"的正态分布规律,Ⅰ级优势度等级地区1个,为湘潭市,占全省的7.14%,综合得分平均值为6.1885;Ⅱ级优势度7个,分别为长沙市、岳阳市、常德市、衡阳市、永州市、益阳市、株洲市,占全省的50%,综合得分平均值为5.4092;Ⅲ级优势度3个,分别为娄底市、邵阳市、郴州市,占全省的21.43%,综合得分平均值为3.8461;Ⅳ级优势度3个,分别为怀化市、张家界市、湘西土家族苗族自治州,占全省的21.43%,综合得分平均值为2.4779。

图 11 - 12 湖南省虚拟耕地优势度等级分布图

Fig. 11 - 12 The Hierarchy Distribution of Dominance Degree of Hunan Province's

Virtual Farmland Strategy

根据表11-11的综合得分值以及等级划分标准,利用软件MAPGIS构建湖南省虚拟耕地优势度等级结构图,见图11-12。显而易见,从空间分布上来看,湖南省虚拟耕地战略优势度是以中部为核心向南北扩展,形成一个虚拟耕地战略高优势度带,再由高优势度带分别向东南部和西北部逐渐递减。湘潭市为Ⅰ级优势度,位于湖南省中部偏东;Ⅱ级优势度中,益阳市、常德市位于湖南省北部,长沙市、岳阳市位于湖南省东北部,株洲市位于湖南省东部,衡阳市位于湖南省中南部,永州市位于湖南省南部,除株洲市属于东部地区外,其余地区都位于南北扩展带上,占整个Ⅱ级优势度的85.71%;Ⅲ级优势度中,郴州市位于湖南省东南部,娄底市位于湖南省中部,邵阳市位于湖南省西南部,除娄底市属于中部地区外,其余地区都位于东南部和西北部递减带上,占整个Ⅲ级优势度的66.67%;Ⅳ级优势度中,怀化市位于湖南省西部,张家界市、湘西土家族苗族自治州位于湖南省西北部,均处于虚拟耕地战略优势度递减带。

在实施虚拟耕地战略时,研究区域虚拟耕地战略优势度,及时调整虚拟耕地贸易量,可以缓解区域耕地资源供需矛盾,实现耕地资源使用效率最大化,有利于当地社会、经济和生态的发展(陈伟华,2010)。通过虚拟耕地战略优势度分析表明,湖南省虚拟耕地分布不均匀,是以中部为核心向南北扩展,形成一个虚拟耕地战略高优势度带,再由高优势度带分别向东南部和西北部逐渐递减。湘潭市、长沙市、岳阳市、常德市、衡阳市、永州市、益阳市、株洲市这8个地区是本省虚拟耕地战略优势度最高的地区,是缓解耕地资源紧张的主力军,需要加强虚拟耕地的理论及实践方面的分析研究。娄底市、邵阳市、郴州市、怀化市、张家界市、湘西土家族苗族自治州这6个地区是虚拟耕地战略优势度最弱的地区,应因地制宜地采取相应政策,保障耕地、粮食和生态安全。

11.3.5 湖南省虚拟耕地战略优势度评价与粮食安全对策

根据我省的自然条件、经济条件结合虚拟耕地战略优势度评价研究结果,湖南省虚拟耕地战略应实施"发展湘北湘中,促进湘西"的战略布局。

(1)湘北湘中虚拟耕地发展区

该区主要包括Ⅰ级优势度和Ⅱ级优势度中的地区,特别是拥有"鱼米之乡"洞庭湖,是我省重要的粮食生产基地和商品粮重要战略产区。从地形地势上来看,湘中地区为海拔500米以下的丘陵,台地广布,并有河流冲积平地。湘北为洞庭湖及湘、资、沅、澧四水尾闾的河湖冲积平原,海拔多在50米以下,这有利于湘北湘中粮食资源的生产,从而促进虚拟耕地战略的发展。本区是粮食生产和虚拟耕地发展的主要区域,适合农业规模化、机械化发展,要增加本区粮食产量,减少粮食生产成本,发展优质粮食生产,扩大市场占有率,提高市场竞争能力。

(2)湘西虚拟耕地促进区

该区主要包括Ⅲ级和Ⅳ级优势度中的地区。从地形上看湘西北属于山原山地区、湘西属于山地区、湘南属于山丘区,生产粮食的先天地形条件远远不如湘中、湘北地区,属于虚拟耕地战略促进区。要促进该区的发展应努力提高粮食生产能力,扩大耕地资源投入与粮食产出的比例,因地制宜地调整农业产业结构,提高包含在农作物之中的虚拟耕地含量,改善生态环境,增加耕地资源储备。

第 12 章

基于虚拟水与虚拟耕地战略的中国水土资源匹配利用研究

12.1　中国主要粮食作物虚拟水战略分析

12.1.1　主要粮食作物虚拟水含量核算

按照研究角度来分类,虚拟水资源的核算方法可划分为两类:从生产者角度出发和从消费者角度出发。从生产者角度出发对主要粮食作物的虚拟水资源含量进行核算,可以更好地反映粮食生产地的自然条件、水资源利用效率、生产管理水平和产生的效益,为优化本地粮食种植结构、实现水资源高效协调利用提供重要参考;从消费者角度出发核算粮食作物的虚拟水资源含量,反映的是产品贸易能够在一定程度上减轻本地水资源短缺的压力,这对消费地调节本地产品贸易结构、优化配置本地稀缺水资源具有重要的借鉴意义。

目前国际上常用的计算方法主要有两种,一是由 Chapagain. A. K 和 Hoekstra. A. Y 提出的自下而上的"生产树法";二是由 Zimmer. D 和 Renault. D 提出的基于不同产品类型、量化不同类型产品的产品虚拟水含量计算方法。两种方法都是通过累加农作物整个生长期内每天的蒸发蒸腾水资源量来核算虚拟水含量的,本文主要介绍后者。

计算粮食作物的虚拟水含量,首先由参考作物需水(ET_0)和作物系数(K_c)的乘积得到作物累计蒸发蒸腾水资源量(ET_C),然后用作物需水量(CWR)除以作物产量(CY)得到单位粮食产品的虚拟水含量(SWD)。

通常,作物需水量的影响因素主要包括气象因素(降水、气温、水气压、日照时数和风速)、作物类型(植物生理等)、土壤条件、种植时间等。粮食作物的累计蒸发蒸腾水资源量 ET_C 可根据公式(12-1)计算:

$$ET_C = K_C \times ET_0 \qquad\qquad (12-1)$$

其中,K_C 为作物系数,其取值由农作物品种、生长阶段及气候条件等因素决定,用来说明实际作物相对于参考作物的覆盖度和表面粗糙率的差异,是实际作物和参考作物的物理和生理等各种不同的综合反映;ET_0 为参考作物水分蒸发蒸腾量,在计算 ET_0 时,只考虑气候因素,忽略了作物类型、作物发育和管理措施等因素对作物需水的影响,假想其为一个参考作物面(作物高 12cm,固定的作物表面粗糙率为 70s/m,反射率为 0.23,作物类型为面积广阔、高度均一的绿草地,土壤充分湿润)的水分蒸发蒸腾量(Smith M et al,1991),参考作物水分蒸发蒸腾量 ET_0 通常采用联合国粮农组织(FAO)推荐并修正的标准彭曼(Penman - Monteith)公式(12 -2)进行计算:

$$\frac{0.408\Delta(R_n - G) + \gamma \dfrac{900}{T + 273} U_2(e_a - e_d)}{\Delta + \gamma(1 + 0.34U_2)} \quad (12 - 2)$$

其中,ET_0 为参考作物的蒸发蒸腾损失量[mm/d];R_n 为作物表面的净辐射[MJ/(m^{2}d)];G 为土壤热通量[MJ/(m^{2}d)];T 为平均气温[℃];U_2 为地面以上 2 米高处的风速[m/s];e_a 为饱和水气压[kPa];e_d 为实测水气压[kPa];$e_a - e_d$ 为饱和气压与实际气压的差额[kPa];Δ 为饱和水气压与温度相关曲线的斜率[kPa/℃];γ 为干湿度常量[kPa/℃]。

粮食作物在生产过程中需要消耗水资源,不同的粮食作物所需要的水资源量是不同的,需水量的大小主要取决于作物的类型、生长环境的自然条件以及灌溉系统等因素,具体包括降水量、日照、水汽压、气温、风速等气候因素以及作物类型、种植时间、土壤条件等。虚拟水含量是指生产单位质量的产品所消耗的水资源量。由于虚拟水含量计算只是特定地点的粗略估计,粮食作物的需水量很大程度上取决于其成长期间积累的蒸发蒸腾水量,作物本身的含水量少到可以忽略不计,因此,将作物在生长发育期间累积蒸发蒸腾水量 ETC 看作作物总的需水量。单位质量粮食作物产品的虚拟水含量可根据公式(12 -3)计算。

$$SWD_{[n,c]} = CWR_{[n,c]} / CY_{[n,c]} \quad (12 - 3)$$

其中,$SWD_{[n,c]}$ 是指在国家/地区 n 中,单位质量作物 c 的虚拟水含量,单位为 m^3/t;$CWR_{[n,c]}$ 是指在国家/地区 n 中,每公顷作物 c 在生长期的需水量,单位为 m^3/hm^2;$CY_{[n,c]}$ 为国家/地区 n 中每公顷作物 c 的产量,单位为 t/hm^2。

国内外学者通常参考联合国粮农组织 Climwat 数据库的数据、借助 Cropwat 软件来计算农作物的需水量,国内也有相应的计算作物需水量的软件,但由于缺乏相应的气象数据,本文的虚拟水含量数据主要参考孙才志等人(2009)的研究成果。各类粮食作物的产量数据来自 2005 - 2015 年《中国统计年鉴》、《中国粮食统计年鉴》的统计资料。以中国大陆 31 个级行政区(未包括台湾、香港和澳门)为研究区域,对 4 种主要粮食作物(水稻、小麦、玉米和大豆)的虚拟水生产量进行计算,计算结果如表 12 - 1。

表 12 - 1 2005 - 2014 年中国主要粮食作物虚拟水生产总量

Table **12 - 1** The Virtual Water's Production of Chinese Main Grain from **2005** to **2014**

单位:亿 m³

品种	稻谷	小麦	玉米	大豆	合计
2005	2474.06	1159.60	1198.54	433.22	5265.42
2006	2489.54	1290.74	1303.79	399.67	5483.74
2007	2548.67	1300.65	1309.78	337.21	5496.31
2008	2628.97	1338.32	1426.86	411.86	5806.02
2009	2672.91	1369.87	1410.17	397.02	5849.98
2010	2681.93	1370.65	1524.31	399.70	5976.59
2011	2753.71	1397.07	1657.92	383.85	6192.55
2012	2798.03	1440.19	1768.28	345.83	6352.32
2013	2789.48	1450.92	1879.01	316.70	6436.11
2014	2829.15	1501.88	1854.56	322.08	6507.66
合计	26666.45	13619.88	15333.21	3747.15	59366.70

由表 12 - 1 可知,2005 - 2014 年这十年间,我国主要粮食作物的虚拟水生产总量以年均 2.36% 的速度持续增长。其中,稻谷、小麦和玉米的虚拟水生产量大体都呈增长的趋势,唯有大豆的虚拟水生产量在曲折波动中减少,由 2005 年的 433.22 亿 m³ 下降到 2014 年的 322.08 亿 m³,降幅约 26.65%。

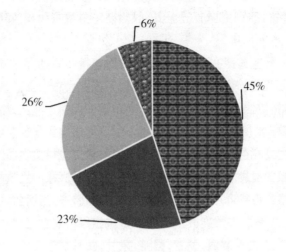

■稻谷 ■小麦 ▦玉米 ▨大豆

图 12 - 1 2005 - 2014 年中国主要粮食作物虚拟水生产总量结构

Fig. 12 - 1 The Structure of Virtual Water's Production of

Chinese Main Grain from **2005 to 2014**

由图 12 - 1 可知,2005—2014 年这十年间,稻谷的虚拟水生产量最大,占总量的 45%,接近总量的一半,其他三种作物虚拟水生产量从高到低依次是玉米、小麦和大豆,分别占总量的 26%、23% 和 6%。

12.1.2 主要粮食作物虚拟水贸易量的计算

目前,虚拟水贸易量核算主要从生产者和消费者两个角度入手,鉴于本文的研究目的,在核算虚拟水资源的贸易量时,以各地区粮食生产量为基准,从生产者角度对出口粮食作物的虚拟水量进行核算,而进口粮食作物则从消费者角度进行核算。通过收集《中国统计年鉴》和《中国粮食统计年鉴》有关粮食贸易的相关数据,由粮食作物的进出口数量和单位质量产品虚拟水含量的乘积得到该国家或地区的虚拟水贸易量(王芝潇,2017)。

将各种出口作物的虚拟水量求和得到虚拟水出口总量,采用公式(12 - 4)对一个国家或地区的虚拟水资源出口总量进行计算:

$$GVWT_{[n,t]} = \sum_{n,t} VWT_{[n,t]} \tag{12-4}$$

其中,$GVWT_{[n,t]}$ 表示国家或地区 n 在时间 t 上的虚拟水出口总量,单位为亿 m^3;$VWT_{[n,c]}$ 表示国家或地区 n 在时间 t 上作物 c 的虚拟水出口量,单位为亿 m^3。

选取 2005—2014 年《中国统计年鉴》和《中国粮食年鉴》相关数据,根据公式 (12 - 4)计算得到中国主要粮食作物虚拟水出口情况,结果如表 12 - 2。

表 12 - 2　2005 - 2014 年中国主要粮食作物虚拟水出口量

Table 12 - 2　The Export of Virtual Water in Chinese Main Grain Trade from **2005** to **2014**

单位:亿 m³

品种	小麦出口	稻谷出口	大豆出口	玉米出口	合计
2005	7. 1995	9. 2338	10. 494	74. 3212	101. 2485
2006	17. 969	16. 988	10. 0435	26. 6514	71. 6519
2007	36. 5687	18. 3991	12. 084	42. 3206	109. 3724
2008	3. 689	13. 3164	12. 3225	2. 3478	31. 6757
2009	2. 9155	10. 686	9. 169	1. 118	23. 8885
2010	3. 2963	8. 5214	4. 346	1. 0922	17. 2559
2011	3. 9032	7. 0692	5. 512	1. 1696	17. 654
2012	3. 3915	3. 8223	8. 48	2. 2102	17. 904
2013	3. 3082	6. 5486	5. 5385	0. 6708	16. 0661
2014	2. 261	5. 7403	5. 4855	0. 172	13. 6588
合计	84. 5019	100. 3251	83. 475	152. 0738	420. 3758

由表 12 - 2 可知,近年来中国主要粮食作物虚拟水出口量总体上呈现逐年递减的变化趋势,仅在 2005—2007 年间波动较大。其中,小麦的虚拟水出口量除了在 2005—2006 年呈现增长态势这一差异外,变化趋势与总出口量大体一致;稻谷的虚拟水出口量大体呈现"先增后减"的变化趋势;大豆的虚拟水出口量在曲折波动中逐渐减少;玉米的虚拟水出口量变化趋势与总量大体一致,由 2005—2006 年的大幅递减到 2006—2007 年的大幅递增,再到 2008—2014 年的逐年递减。

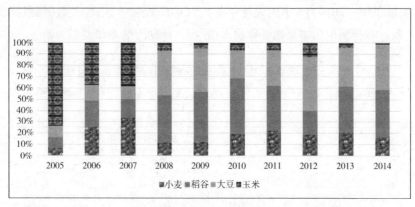

图 12 - 2　2005 - 2014 年中国主要粮食品种虚拟水出口量

Fig. 12 - 2　The Export of Virtual Water in Chinese Main Grain from 2005 to 2014

　　由图 12 - 2 可知,2005—2014 年十年间,中国主要粮食作物虚拟水出口结构一直在发生变化。其中,在 2005—2007 年这三年间,4 种主要粮食作物中,玉米所占的比例最大,在 2005 年的虚拟水出口量甚至远远超过了小麦、稻谷和大豆的总和;在 2008—2011 年这三年间,稻谷所占的比例最大,玉米和小麦所占的比例大幅度下降,而大豆所占的比例大幅度上升,成为继稻谷之后占比最高的粮食作物;在 2012—2014 年这三年间,大豆超过稻谷成为出口总量中占比最大的粮食作物,其他三种作物占出口总量的比例从高到低依次是稻谷、小麦和玉米。

　　将各种进口作物的虚拟水量求和得到虚拟水进口总量,采用公式(12 - 5)对一个国家或地区的虚拟水资源进口总量进行计算:

$$GVWI_{[n,t]} = \sum_{n,t} VWI_{[n,c,t]} \qquad (12 - 5)$$

其中,$GVWI_{[n,t]}$ 表示国家或地区 n 在时间 t 上的虚拟水进口总量,单位为亿 m^3;$VWI_{[n,c,t]}$ 表示国家或地区 n 在时间 t 上作物 c 的虚拟水进口量,单位为亿 m^3。

表 12 - 3　2005 - 2014 年中国主要粮食作物虚拟水进口量

Table 12 - 3　The Import of Virtual Water in Chinese Main Grain from 2005 to 2014

单位:亿 m^3

品种	小麦进口	稻谷进口	玉米进口	大豆进口	合计
2005	42. 1141	7. 0418	0. 0344	704. 635	753. 8253
2006	7. 2947	9. 8503	0. 559	748. 2805	765. 9845
2007	1. 2019	6. 6856	0. 301	816. 6505	824. 839
2008	0. 5117	4. 521	0. 43	992. 054	997. 5167

续表

品种	小麦进口	稻谷进口	玉米进口	大豆进口	合计
2009	10.7576	4.8909	0.7224	1127.6015	1143.9724
2010	14.6489	5.3156	13.5278	1452.147	1485.6393
2011	14.9702	8.1926	15.0844	1394.8805	1433.1277
2012	44.0419	32.4553	44.7888	1547.176	1668.462
2013	65.8665	31.1127	28.0876	1679.4375	1804.5043
2014	35.7476	35.3323	22.3514	1892.0735	1985.5048
合计	237.1551	145.3981	125.8868	12354.936	12863.376

由表 12 - 3 可知,2005—2014 年这 10 年间,除了 2011 年略有减少外,其他年份虚拟水进口量均在逐年增长,由 2005 年的 753.8253 亿 m³ 增长到 2014 年的 1985.5048 亿 m³,2014 年的进口量约为 2005 年的 3 倍。

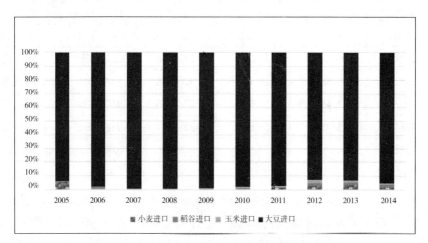

图 12 - 3   2005 - 2014 年中国主要粮食作物虚拟水进口量

Fig. 12 - 3   The Import of Virtual Water in Chinese Main Grain Trade from **2005** to **2014**

由图 12 - 3 可知,2005—2014 年这十年间,大豆在中国主要粮食作物虚拟水进口的过程中一直占据主导地位,大豆的虚拟水进口量远远超过了小麦、玉米和稻谷虚拟水进口量之和。

12.1.3　主要粮食作物虚拟水贸易平衡计算

将虚拟水的进口总量减去出口总量得到虚拟水的净进口量。一个国家或地

区的虚拟水平衡量采用公式(12-6)进行计算:

$$NVWI_{[n,t]} = GVWI_{[n,t]} - GVWT_{[n,t]} \qquad (12-6)$$

其中,$NVWI_{[n,t]}$ 表示国家或地区 n 在时间 t 上的虚拟水净进口总量,单位为亿 m^3;$GVWI_{[n,t]}$ 表示国家或地区 n 在时间 t 上的虚拟水进口总量,单位为亿 m^3;$GVWT_{[n,t]}$ 表示国家或地区 n 在时间 t 上的虚拟水出口总量,单位为亿 m^3。

表 12-4　2005-2014 年中国主要粮食作物虚拟水贸易平衡情况

Table 12-4　The Virtual Water's Net-Import of Chinese Main Grain from 2005 to 2014

单位:亿 m^3

品种	小麦净进口	稻谷净进口	玉米净进口	大豆净进口	合计
2005	34.9146	-2.192	-74.2868	694.141	652.5768
2006	-10.6743	-7.1377	-26.0924	738.237	694.3326
2007	-35.3668	-11.7135	-42.0196	804.5665	715.4666
2008	-3.1773	-8.7954	-1.9178	979.7315	965.841
2009	7.8421	-5.7951	-0.3956	1118.4325	1120.0839
2010	11.3526	-3.2058	12.4356	1447.801	1468.3834
2011	11.067	1.1234	13.9148	1389.3685	1415.4737
2012	40.6504	28.633	42.5786	1538.696	1650.558
2013	62.5583	24.5641	27.4168	1673.899	1788.4382
2014	33.4866	29.592	22.1794	1886.588	1971.846
合计	152.6532	45.073	-26.187	10384.873	10556.4122

由表 12-4 虚拟水贸易平衡表可知,2005—2014 年这 10 年间,中国一直保持较大的虚拟水资源净进口量,由 2005 年的 652.5768 亿 m^3 增长到 2014 年的 1971.846 亿 m^3,年均增长率为 20.22%。粮食作物虚拟水净进口在很大程度上减轻了我国水资源短缺的压力,节约了本国大量的水资源,为提高我国水资源利用效率做出了巨大的贡献。

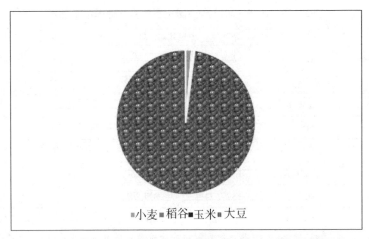

图 12 - 4   2005 - 2014 年中国主要粮食作物虚拟水净进口量结构

Fig. 12 - 4   The Structure of Virtual Water's Net Import of

Chinese Main Grain from **2005** to **2014**

由表 12 - 4 和图 12 - 4 可知,就粮食作物品种而言,大豆一直都是虚拟水净进口;小麦除了 2006—2008 年这三年之外,其他年份都是虚拟水净进口,十年累计总量也是虚拟水净进口;2005—2010 年这六年,稻谷是虚拟水进口量小于出口量,从 2011 年开始至 2014 年稻谷一直是虚拟水净进口,十年累计总量也是虚拟水净进口;2005—2014 年这十年间,玉米虚拟水净出口年份有 5 年,从 2010 年开始是虚拟水净进口,但从十年累计进出口量来看玉米属于净出口型粮食作物。

12. 1. 4   主要粮食作物虚拟水总量核算

鉴于本书的研究目的和数据的可得性,本文选取了具有代表性的稻谷、小麦、玉米和大豆四种粮食作物作为研究对象,研究区域为中国 31 省(不包括台湾、香港和澳门),对 2005—2014 年这 10 年间中国主要粮食作物的虚拟水总含量进行核算。

其中,主要粮食作物产量数据来源于历年《中国统计年鉴》和《中国粮食统计年鉴》,主要粮食作物单位质量虚拟水含量数据参考孙才志(2009)等人的研究成果。2005—2014 年中国主要粮食作物虚拟水总量计算结果如表 12 - 5。

表 12 - 5 2005 - 2014 年中国主要粮食作物虚拟水总量

Table 12 - 5 The Virtual Water's Total Amount of Chinese Main Grain from 2005 to 2014

单位:亿 m³

品种	稻谷总量	小麦总量	玉米总量	大豆总量	合计
2005	2471. 87	1194. 51	1124. 26	1127. 36	5918
2006	2482. 4	1280. 07	1277. 69	1137. 91	6178. 08
2007	2536. 95	1265. 28	1267. 76	1141. 78	6211. 78
2008	2620. 18	1335. 14	1424. 94	1391. 59	6771. 86
2009	2667. 12	1377. 71	1409. 78	1515. 46	6970. 06
2010	2678. 72	1382	1536. 74	1847. 5	7444. 97
2011	2754. 84	1408. 14	1671. 83	1773. 22	7608. 03
2012	2826. 67	1480. 84	1810. 86	1884. 52	8002. 88
2013	2814. 05	1513. 48	1906. 42	1990. 6	8224. 55
2014	2858. 74	1535. 36	1876. 74	2208. 67	8479. 5
合计	26711. 53	13772. 53	15307. 03	14132. 03	69923. 11

由表 12 - 5 计算结果可知,2005—2014 年十年间,我国的虚拟水总量以 4.33% 的年平均增长率逐年增加,由 2005 年的 5918 亿 m³ 增加到 2014 年的 8479. 5 亿 m³。其中,稻谷和小麦的虚拟水总量大体上呈匀速增加的趋势;玉米和大豆的虚拟水总量则呈现在波动中增加的趋势。

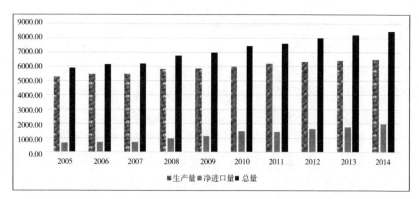

图 12 - 5 2005 - 2014 年中国主要粮食作物虚拟水生产量和净进口量(单位:亿 m³)

Fig. 12 - 5 The Virtual Water's Total Amount of Chinese Main Grain from 2005 to 2014

由图 12 - 5 可知,2005—2014 年这十年,中国主要粮食作物虚拟水生产量远远大于净进口量,说明我国依旧主要靠生产满足自己的粮食需求。但是,虚拟水生产量占虚拟水总量的比例在逐年下降,净进口占总量的比例在逐年上升,这说明我国对粮食进口的依赖度在逐渐提高,应引起重视,调整我国粮食的种植结构和贸易结构,合理地运用虚拟水战略方法,在满足本国粮食需求的同时保证国家的粮食安全。

12.2　中国主要粮食作物虚拟耕地战略分析

12.2.1　中国主要粮食作物虚拟耕地含量核算

虚拟耕地是以"虚拟"的形式存在于产品中的耕地资源,是指生产某种商品或某项服务所需要的耕地资源数量(闫丽珍等,2006)。粮食作物的虚拟耕地含量受到各种各样因素的影响,包括作物的种类、生产地的自然条件、农民的耕作技术、资金投入和管理方式等。对虚拟耕地含量的计算方法大致分为两类,一类是从生产者角度出发,通过计算生产地生产某种作物实际消耗的耕地资源数量来确定虚拟耕地含量;另一种方法是从消费者角度出发,通过计算产品消费地区在本地生产某种作物实际需要的耕地资源数量来确定虚拟耕地含量。本文采用前者的方法计算虚拟耕地含量,即从生产者角度出发对虚拟耕地含量进行量化核算。

采用虚拟耕地含量的计算方法(公式 10-1),根据 2005—2014 年《中国统计年鉴》和《中国粮食年鉴》的相关资料,选取中国主要粮食作物的相关数据,分别对稻谷、小麦、玉米和大豆这 4 种主要粮食作物的虚拟耕地含量进行计算,得出2005—2014 年间中国主要粮食作物的虚拟耕地含量结果,如表 12-6(王芝潇,2017)。

表 12-6　2005-2014 年中国主要粮食作物虚拟耕地含量

Table 12-6　The Virtual Farmland Content of Chinese Main Grain from 2005 to 2014

单位:hm²/t

品种	稻谷	小麦	玉米	大豆
2005	0.159740293	0.233906306	0.189131418	0.586677269
2006	0.159245862	0.217699818	0.18774679	0.616894311
2007	0.155449019	0.217026973	0.193548377	0.687937132
2008	0.15238005	0.209997596	0.179995179	0.587247458

品种	稻谷	小麦	玉米	大豆
2009	0.151852734	0.211012799	0.190168627	0.61340275
2010	0.152601131	0.210595288	0.183362512	0.564609163
2011	0.149536815	0.206730834	0.173988381	0.544632378
2012	0.147559686	0.20052221	0.170367777	0.549578544
2013	0.148871383	0.197800305	0.166223471	0.568236968
2014	0.146774686	0.190708988	0.172147872	0.559486589
平均	0.152401166	0.209600112	0.18066804	0.587870256

计算结果表明,在2005－2014年这十年间,不同种类的粮食作物,其虚拟耕地含量也是不同的,同一种粮食作物,在不同时间段的虚拟耕地含量也是不同的。虚拟耕地含量与粮食产量成反比,虚拟耕地含量越高,粮食产量越低,即耕地机会成本越大,反之亦然。从横向来看,选取的4种中国主要粮食作物中,虚拟耕地含量从高到低分别是大豆、小麦、玉米和稻谷,这意味着在我国种植大豆的耕地机会成本较大,而种植稻谷的耕地机会成本较小,因此,对于虚拟耕地含量较高的粮食产品,例如大豆,我国可以适量增加其进口数量;对于虚拟耕地含量较低的粮食产品,例如玉米和稻谷,我国可以适量增加其出口数量。从纵向来看,2005—2014年这十年间,由于科学技术的进步和人类环保观念的增强,自然灾害的发生率不断降低,粮食产量不断增加,中国主要粮食作物的虚拟耕地含量也有逐渐降低的趋势,耕地机会成本越来越低,因此,我国应进一步加强国民的环保意识,同时大力发展科学技术,以不断降低我国粮食作物的耕地资源含量,提高我国种植粮食作物的比较优势,更好地实现粮食安全的目标。

12.2.2　主要粮食作物虚拟耕地贸易量核算

(1)主要粮食作物贸易变动分析

基于本文的研究目的,考虑到数据的代表性和可获得性,选取稻谷、小麦、玉米和大豆这四种主要粮食作物作为分析研究对象。选取2005—2014年这四种粮食作物的贸易数据进行整合,得到其贸易变动情况如表12－7。

表 12-7 2005-2014 年中国主要粮食作物进出口贸易量

Table 12-7 The Import and Export of the Grain Trade in China from 2005 to 2014

单位:万 t

年份	小麦		稻谷		玉米		大豆		合计		
	进口	出口	进口	出口	进口	出口	进口	出口	进口	出口	净进口
2005	353.9	60.5	51.4	67.4	0.4	864.2	2659.0	39.6	3064.7	1031.7	2033.0
2006	61.3	151.0	71.9	124.0	6.5	309.9	2823.7	37.9	2963.4	622.8	2340.6
2007	10.1	307.3	48.8	134.3	3.5	492.1	3081.7	45.6	3144.1	979.3	2164.8
2008	4.3	31.0	33.0	97.2	5.0	27.3	3743.8	46.5	3785.9	202.0	3583.9
2009	90.4	24.5	35.7	78.0	8.4	13.0	4255.1	34.6	4389.6	150.1	4239.5
2010	123.1	27.7	38.8	62.2	157.3	12.7	5479.8	16.4	5799.0	119.0	5680.0
2011	125.8	32.8	59.8	51.6	175.4	13.6	5263.7	20.8	5624.7	118.8	5505.9
2012	370.1	28.5	236.9	27.9	520.8	25.7	5838.4	32.0	6966.2	114.1	6852.1
2013	553.5	27.8	227.1	47.8	326.6	7.8	6337.5	20.9	7444.7	104.3	7340.4
2014	300.4	19.0	257.9	41.9	259.9	2.0	7139.9	20.7	7958.1	83.6	7874.5
合计	1992.9	710.1	1061.3	732.3	1463.8	1766.3	46622.4	315	43182.3	3525.7	47614.7

由表 12-7 可知,从总量上来看,2005—2014 年这十年间,中国主要粮食作物净进口量虽有局部波动,但整体呈上升趋势,局部波动主要有以下两个时期:2007年,由于小麦、稻谷和玉米的净进口量减少,主要粮食作物的净进口总量比 2006年减少了 175.8 万 t;2011 年,由于小麦和大豆的净进口量减少,主要粮食作物的净进口总量比 2010 年减少了 174.1 万 t。

从粮食贸易结构来看,大豆的多年累计净进口量占总累计净进口量的比重最大,为 96%,远远超过其他 3 种粮食作物,其他 3 种粮食作物按十年累计净进口量占比从高到低排列依次为小麦、稻谷和玉米,说明在 2005—2014 年这 10 年间,我国粮食净进口粮食作物主要以大豆为主,其次是小麦、稻谷,净进口量最小的是玉米。

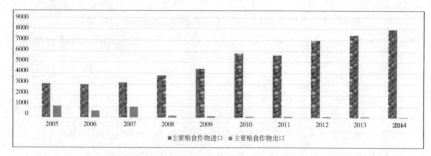

图 12 - 6　2005 - 2014 年中国主要粮食作物进出口变化图(单位:万 t)

Fig. 12 - 6　The Import and Export of the Grain Trade in China from 2005 to 2014

由图 12 - 6 可知,从粮食贸易量来看,每年主要粮食作物的进口量远高于出口量,且进口数量呈逐年增加趋势,而出口数量则呈逐年下降趋势,进出口数量差距日渐拉大。由此可见,我国主要粮食作物对进口的依赖度越来越高,应结合我国基本国情,调节粮食种植结构,发挥本国的比较优势,提高粮食自给自足的能力。

(2)主要粮食作物虚拟耕地贸易量核算

在已有的研究中,核算虚拟耕地的贸易量主要从两个方面入手:一是从生产者的角度进行核算,考虑到作物生产地的自然条件、科学技术水平和管理方式等因素,将虚拟耕地定义为在出口产品的国家或地区生产该种产品所实际使用的耕地资源数量;二是从消费者的角度进行核算,仅考虑实施虚拟耕地战略能为本地节省的耕地资源数量,将虚拟耕地定义为在进口产品的国家和地区生产该种产品所需要使用的耕地资源数量。

基于本书的研究目的,在核算中国主要粮食作物虚拟耕地贸易量的过程中,从消费者角度核算进口产品,从生产者角度核算出口产品,由进出口数量和产品的单位面积产量来计算该国家或地区的虚拟耕地贸易量(公式 10 - 5,10 - 7、10 - 9、10 - 10)。在此基础上计算主要粮食作物虚拟耕地进口量与出口量、贸易平衡及其组成结构(表 12 - 8,图 12 - 7、12 - 8)。

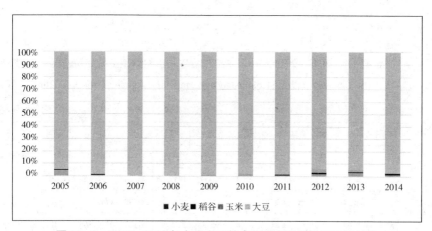

图 12 - 7 2005 - 2014 年中国主要粮食作物虚拟耕地进口量结构

Fig. **12 - 7** The Structure of Virtual Farmland Import in Chinese Main Grain from **2005** to **2014**

由图 12 - 7 可知,2005—2014 年这十年间,中国主要粮食作物虚拟耕地进口量以大豆为主,大豆的虚拟耕地进口量远远超过了小麦、玉米和稻谷虚拟耕地进口量之和。

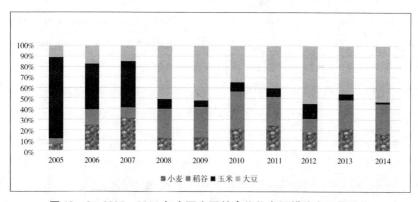

图 12 - 8 2005 - 2014 年中国主要粮食作物虚拟耕地出口量结构

Fig. **12 - 8** The Structure of Virtual Farmland Export in Chinese Main Grain from **2005** to **2014**

由图 12 - 8 可知,2005—2014 年十年间,中国主要粮食作物虚拟耕地出口结构一直在发生变化:2005—2007 年,玉米所占的比例最大;2008—2014 年,除了 2010 年稻谷所占的比例最大之外,其余几年占比最大的均为大豆。

12.2.3 主要粮食作物虚拟耕地贸易平衡计算

采用历年《中国统计年鉴》数据,计算得出 2005—2014 年虚拟耕地贸易量结果(表12-8)。

表12-8 2005-2014年中国主要粮食作物虚拟耕地贸易变动情况
Table 12-8 The Changes of Virtual Farmland trade in Chinese Grain Trade from 2005 to 2014

单位:万 hm²

年份	小麦		稻谷		玉米		大豆		合计		
	进口	出口	进口	出口	进口	出口	进口	出口	进口	出口	净进口
2005	82.78	14.15	8.21	10.77	0.08	163.45	1559.99	23.23	1651.05	211.60	1439.45
2006	13.35	32.87	11.45	19.75	1.22	58.18	1742.06	23.38	1768.07	134.18	1633.89
2007	2.19	66.69	7.59	20.88	0.68	95.24	2119.90	31.37	2130.36	214.18	1916.17
2008	0.90	6.51	5.03	14.81	0.90	4.91	2198.50	27.31	2205.33	53.54	2151.78
2009	19.08	5.17	5.42	11.84	1.60	2.47	2610.17	21.22	2636.26	40.71	2595.55
2010	25.92	5.83	5.92	9.49	28.84	2.33	3093.83	9.26	3154.52	26.91	3127.61
2011	26.01	6.78	8.94	7.72	30.52	2.37	2866.47	11.33	2931.94	28.19	2903.75
2012	74.21	5.71	34.96	4.12	88.73	4.38	3208.62	17.59	3406.52	31.80	3374.72
2013	109.48	5.50	33.81	7.12	54.29	1.30	3601.06	11.88	3798.64	25.79	3772.85
2014	57.29	3.62	37.85	6.15	44.74	0.34	3994.80	11.58	4134.68	21.70	4112.98
合计	411.21	152.85	159.18	112.64	251.59	334.98	26995.39	188.15	27817.37	788.61	27028.76

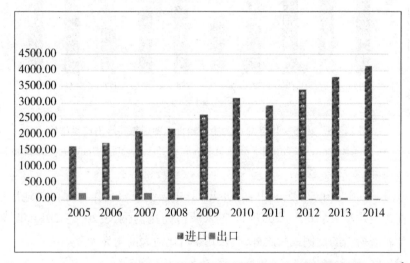

图12-9 2005-2014年中国主要粮食作物虚拟耕地进出口贸易量(单位:万 hm²)

Fig. 12-9 The Import and Export of Virtual Farmland in Chinese Grain from 2005 to 2014

由表12-8和图12-9可知,2005-2014年这十年间,中国主要粮食作物虚拟耕地进口量远大于出口量,且进口量以年均15.04%的概率逐年增加,而出口量以年均8.97%的概率逐年减少;虚拟耕地净进口量由2005年的1439.45万 hm² 增加到2014年的4112.98万 hm²,年平均增长率为18.57%。大量的虚拟耕地净进口量节约了本国大量的耕地资源,同时也满足了我国巨大的粮食需求。

12.2.4 主要粮食作物虚拟耕地总量核算

利用公式10-2计算出中国主要粮食作物虚拟耕地总量(表12-9)。

表 12-9 2005-2014 年中国主要粮食作物虚拟耕地总量

Table 12-9 The Virtual Farmland's Total Amount of Chinese Grain from **2005 to 2014**

单位:万 hm²

年份	稻谷	小麦	玉米	大豆	合计
2005	2882.151	2347.885	2472.479	2495.864	10198.379
2006	2885.492	2341.814	2789.348	2649.146	10665.798
2007	2878.58	2307.573	2853.165	2963.885	11003.204
2008	2914.341	2356.091	2982.36	3083.921	11336.713
2009	2956.281	2443.007	3117.384	3507.974	12024.646
2010	2983.779	2445.766	3276.512	3936.145	12642.203
2011	3006.938	2446.268	3382.324	3643.958	12479.488
2012	3044.548	2495.338	3587.321	3908.222	13035.429
2013	3057.851	2515.686	3684.852	4268.254	13526.642
2014	3062.687	2460.608	3756.735	4663.235	13943.266
合计	29672.647	24160.036	31902.481	35120.603	106912.501

由表12-9可知,近年来,中国主要粮食作物的虚拟耕地总量逐年增加,以年均3.67%的增长率由2005年的10198.379万 hm² 增加到2014年的13943.265万 hm²,从总体上来看,虚拟耕地总量呈匀速上升趋势,但在2006-2007年,由于小麦和玉米净进口量降低,加之小麦和玉米生产量增幅减小,虚拟耕地总量增速下降。

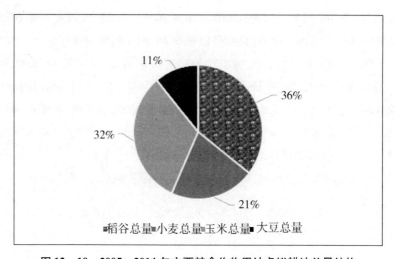

图 12 - 10　2005 - 2014 年主要粮食作物累计虚拟耕地总量结构

Fig. 12 - 10　The Structure of Accumulative Virtual Farmland of

Chinese Grain from 2005 to 2014

　　从粮食作物的品种来看,2005—2014 年这 4 类粮食作物累计虚拟耕地总量占比从高到低依次是稻谷、玉米、小麦和大豆。其中,稻谷虚拟耕地总量占主要粮食作物虚拟耕地总量的 36% ,玉米虚拟耕地总量占主要粮食作物虚拟耕地总量的 32% ;小麦虚拟耕地总量占主要粮食作物虚拟耕地总量的 21% ;大豆虚拟耕地总量占主要粮食作物虚拟耕地总量的 11% 。

12. 3　中国主要粮食作物虚拟水与虚拟耕地
资源利用匹配度评价分析

12. 3. 1　基本概念和内涵

　　水土资源匹配系数是采用单位面积耕地可拥有的水资源量来表征特定区域农业生产所拥有的水资源与耕地资源在时空上适宜匹配的量比关系(刘彦随,2006)。本研究将虚拟水和虚拟耕地的概念引入水土资源匹配系数测算体系,建立虚拟水—耕地资源匹配系数,从虚拟水和虚拟耕地战略新视角测算区域虚拟水资源和虚拟耕地资源的匹配系数,旨在揭示一定区域尺度虚拟水和虚拟耕地资源在粮食生产过程中的时空分配均衡状况与满足程度。匹配系数越大,说明虚拟水资源与虚拟耕地资源分布的一致性与量比水平越高,农业生产的基础条件就越优越,对本地粮食生产水土资源需求的满足程度就越高;反之,匹配系数越小,说明虚拟水资源与虚拟耕地资源分布的一致性与量比水平越低,农业生产的基础条件就越差,虚拟水资源与虚拟耕地资源对本地粮食生产水土资源需求的满足程度就越低,需进一步优化粮食生产结构和贸易结构以更好地满足人们的需求(王芝潇,2017)。

12.3.2　主要粮食作物虚拟水与虚拟耕地资源利用匹配度评价指标体系的确立

根据虚拟水—耕地资源利用匹配度的概念和内涵,首先选出影响匹配系数的相关因子,然后建立科学合理的评价指标体系对一个国家或者地区主要粮食作物虚拟水—耕地资源的利用现状进行定量和定性评价分析,为国家或地区优化水土资源利用结构提供参考。

为了维持水资源和耕地开发平衡,提高农业水土资源利用效率和效益,完善粮食进出口结构,保证国家的粮食安全,针对虚拟水和虚拟耕地资源利用的研究现状,将虚拟水和虚拟耕地概念引入水土资源匹配度评价系统,提出了虚拟水—耕地资源匹配指数计算方法,并在分析中国大陆 31 个省级行政区(不包括台湾、香港和澳门)2005—2014 年虚拟水资源和耕地资源现状的基础上,计算了 2014 年全国虚拟水—耕地资源利用匹配情况。

(1)评价指标体系建立的原则和依据

评价体系是一个多方位、全面性的整体系统,其中包含各种各样的要素。主要粮食作物虚拟水—耕地资源利用匹配度评价体系是以全国 31 个省级行政区(不包括香港、澳门和台湾)为分析对象,从影响地区虚拟水—耕地资源利用匹配度的各种因素中选取适当的评价指标,以期通过指标量化为评价分析提供具体依据。因此,主要遵循以下原则和依据来建立评价指标体系:

①数据可获得性原则

在选取评价指标时,首先应考虑资料来源的可靠性和数据获取的难易程度。为了方便后续的计算和保证评价结果的准确性,应尽量选择可以量化的指标。

②系统性原则

水—耕地资源利用系统是一个复杂的系统,涉及水和耕地资源利用的方方面面,不仅包括其开发利用、优化配置,还包括贸易、政策管理等多项内容,而这多项内容之间又存在着各种各样的联系。因此,指标的选择应重视体现系统性。

③全面性原则

水—耕地资源利用系统包含了水土利用、优化配置等多方面的内容,选取的评价指标应考虑各个方面、各个角度,所选指标要能最大限度地反映评价对象。但是,全面性原则并不代表指标越多越好,而是应该选择部分代表性强、与评价对象密切相关的指标,且指标彼此之间相关性强,避免出现指标系统繁杂、难以计算的问题。

④针对性原则

由于本研究是基于虚拟水和虚拟耕地资源的计算结果评价其匹配度,为后续水土利用方案的制定提供依据。因而在指标的选择上,应紧扣本研究的研究目的,不仅要体现虚拟水和虚拟耕地资源利用的时空分布规律,还要体现二者的匹配特征。

(2)指标的选取

主要粮食作物虚拟水—耕地资源利用匹配系数反映了一个国家或地区在粮食生产的过程中,虚拟水资源和虚拟耕地资源之间的适宜匹配程度,采用单位面积虚拟耕地所拥有的虚拟水资源量来表示。影响虚拟水—耕地资源利用匹配度的因素有很多,主要包括水资源和耕地资源的自然禀赋及其利用管理。基于研究目的和数据的可得性,仅选取对评价结果产生重要影响的主导因素进行研究,本文主要从三个方面来选择影响因子:

虚拟水资源现状。粮食生产离不开水资源,水资源在虚拟水-耕地资源利用评价体系中处于基础地位。水资源的丰缺程度、农作物需水量的高低等因素都直接影响到地区水资源和耕地资源的匹配程度。单位商品虚拟水含量反映了一个国家或地区某种粮食作物在生产过程中的需水量,虚拟水进出口量反映了国家和地区之间虚拟水资源的流动状况,主要粮食作物虚拟水总量是虚拟水生产量与净进口量之和,不仅能反映一个国家或地区的粮食作物生产状况,同时也能反映粮食产品的贸易情况,能从整体上描述区域的虚拟水资源现状,选取虚拟水总量作为虚拟水资源现状研究的主要指标。

虚拟耕地资源现状。除了水资源,粮食生产的另一个必不可少的条件便是耕地。耕地的自然禀赋、使用效率等条件都会影响到区域内粮食生产过程中其他资源的利用。耕地复种指数受当地自然条件和人为因素的影响,是反映耕地利用程度的有效指标。单位商品虚拟耕地含量反映了一个国家或地区耕地的生产力,虚拟耕地进出口量反映了国家和地区之间虚拟耕地资源的流动情况,主要粮食作物虚拟耕地总量是虚拟耕地生产量与净进口量之和,不仅能反映生产粮食所需要的耕地资源数量,还能反映通过粮食贸易节约的本国土地资源数量,更能反映我国当前的虚拟耕地资源拥有现状。因此,本文选取虚拟耕地资源总量和耕地复种指数作为虚拟耕地现状研究的主要指标。

农业用水现状。考虑到本文的研究对象是主要粮食作物的虚拟水和虚拟耕地资源,因此不考虑其他用水类别,仅考虑历年的农业用水情况。农业用水比例反映了农业用水量在用水总量中所占的比重,能直观地反映历年农业用水量的变化情况,因此,选取农业用水比例作为农业用水现状研究的主要指标。

(3)虚拟水—耕地资源利用匹配度测算模型

虚拟水—耕地匹配系数的测算,参考水土资源匹配系数,依据前文主要粮食作物虚拟水资源和虚拟耕地资源总量的相关公式来计算主要粮食作物虚拟水资源量与虚拟耕地面积的匹配水平。计算公式为:

$$R^{wl}i = W_i\alpha_iMCI_i/L_i \qquad\qquad (12-7)$$

其中,R_i^{wl} 为国家或地区 i 虚拟水土资源匹配系数;W_i 为国家或地区 i 虚拟水资源总量,单位为 $10^7 m^3$;L_i 为国家或地区 i 虚拟耕地面积,单位为千 hm^2;α_i 为国家或地区 i 农业用水比重;MCI_i 为国家或地区 i 的耕地复种指数。

12.3.3 主要粮食作物虚拟水与虚拟耕地资源利用匹配度量化计算

(1)中国水资源与耕地资源概况

①水资源基本概况

水资源现状。中国位于亚洲东部、太平洋西岸,受气候和地形影响,境内河流湖泊众多,是世界上河流最多的国家之一。我国的水资源总量巨大,约为 2.8 万亿 m^3,是继巴西、俄罗斯、美国、加拿大和印度尼西亚之后世界水资源量最丰富的国家。但是,由于我国人口众多,人均所拥有的水资源量远低于世界平均水平,全世界的排名在 110 名之后,属于世界上人均水资源拥有量严重缺乏的 13 个国家之一。我国有将近 31% 的国土面积处在干旱区(年降雨量在 250mm 以下)(Zuo Tieyong,2007),2/3 的城市供水不足,有 110 个城市严重缺水(王熹,2014)。除此之外,我国山地多,且大部分地区受季风气候影响,降水的时间和地区分布不均衡,降水量呈现自东南向西北规律递减的特征。

用水现状。据统计,2015 年全国用水总量为 6103.2 亿 m^3。其中,用水量较大的三个类别——农业用水、生活用水和工业用水占总用水量的比例分别为 63.1%、13.0% 和 21.9%。在全国 31 个省级行政区(未包括台湾、香港和澳门)中,用水量较大的省级行政区为新疆、江苏和广东,均超过 400 亿 m^3;用水量较少的有天津、青海、西藏、北京和海南 5 个省级行政区,均少于 50 亿 m^3。从农业用水量占总用水量的比例来看,新疆、西藏、宁夏、黑龙江、甘肃、青海和内蒙古这 7 个省(自治区)的农业用水比重较大,占总用水量的比例均超过75%。

②耕地资源概况

耕地面积逐年减少,人均占有耕地不断下降。根据历年《中国统计年鉴》相关数据可知,我国耕地资源总量逐年递减,由2009年的13538.46万公顷下降到2015年的13499.87万公顷,年下降率为0.04%;耕地总量不断减少,而我国的人口不断增加,这使得人地矛盾进一步加剧,我国人均耕地资源占有量由2009年的0.101公顷下降到2015年的0.098公顷。

耕地质量差,生产力水平低。2015年,全国有13509.74万公顷耕地参与了耕地质量等别调查与评定。结果显示,在优等地、高等地、中等地和低等地4个评定等级中,中等地面积为7138.52万公顷,占耕地总量的比例最大,为52.84%;其次是高等地、低等地和优等地,面积分别为3584.60万公顷、2389.25万公顷和397.38万公顷,占比分别为26.53%、17.69%和2.94%。

地区分布不均衡。从2015年全国耕地质量等别调查与评定的结果来看,优、高、中、低等地在全国的分布极不均衡。其中,湖北、广东、湖南3个省的优等地总面积为359.61万公顷,约占全国优等地总面积的90.50%;高等地主要分布在河北、河南、山东、江苏、浙江、安徽、江西、湖北、湖南、四川、广西和广东12个省级行政区,总面积为3207.94万公顷,约占全国高等地总面积的89.49%;黑龙江、吉林、辽宁、河北、山东、新疆、云南、四川、贵州和安徽10个省(区)占有全国73.71%的中等地,总面积为5261.65万公顷;低等地主要集中在黑龙江、内蒙古、甘肃、陕西、山西、河北和贵州7个省(区),总面积为2119.61万公顷,占全国低等地总面积的88.72%。

(2)数据来源

虚拟水资源数据。各省虚拟水资源含量数据参考张蕾(2009)关于中国主要农产品单位质量虚拟水含量的研究成果;虚拟水资源贸易量和总量根据第3章相关公式进行计算,粮食产量和贸易数据来自2005—2014年《中国统计年鉴》和《中国粮食年鉴》。

虚拟耕地资源数据。虚拟耕地含量、贸易量和总量根据第4章相关公式进行计算,粮食产量、贸易数据和复种指数根据2005—2014年《中国统计年鉴》、《中国粮食年鉴》和《中国农村统计年鉴》相关数据整理得到。

农业用水比重数据。用水总量和农业用水量数据来自2005—2014年《中国统计年鉴》。

(3)虚拟水与虚拟耕地资源利用匹配度计算

虚拟水—耕地资源利用匹配系数测算运用测算模型(公式5-1),基于

2005—2014 年中国主要粮食作物虚拟水资源量及虚拟耕地资源量的相关统计数据,得出 2014 年中国 31 个省级行政区(不包括台湾、香港和澳门)主要粮食作物的虚拟水 - 耕地资源利用匹配系数计算结果(表 12 - 10)。

表 12 - 10 2014 年中国各省主要粮食作物虚拟水 - 耕地利用匹配系数

Table 12 - 10 The Virtual Water and Farmland Resources and Their Matching Coefficient of 31 Provinces in China in 2014

地区	虚拟耕地量	虚拟水量	比例	复种指数	匹配系数	匹配等级
北 京	116.44	58.49	21.87%	138.99%	0.1527	III
天 津	337.80	177.57	48.55%	101.18%	0.2582	III
河 北	5720.70	3676.32	72.20%	137.93%	0.6400	V
山 西	2543.10	1308.66	58.12%	91.88%	0.2748	III
内蒙古	4517.50	2339.10	75.55%	95.99%	0.3755	IV
辽 宁	2166.82	1897.09	63.19%	90.96%	0.5032	V
吉 林	4469.64	3675.47	67.52%	90.31%	0.5014	V
黑龙江	9670.70	7043.51	86.82%	102.18%	0.6461	V
上 海	146.30	109.98	13.79%	159.20%	0.1650	III
江 苏	5071.10	3404.65	33.45%	157.65%	0.3541	IV
浙 江	1062.20	850.27	45.72%	129.24%	0.4730	IV
安 徽	6355.80	4442.84	52.48%	156.65%	0.5747	V
福 建	922.80	829.40	46.50%	166.96%	0.6978	V
江 西	3482.80	3243.18	65.02%	188.56%	1.1417	VI
山 东	7138.60	4106.68	68.39%	143.23%	0.5635	V
河 南	9740.00	5787.85	56.19%	178.49%	0.5960	V
湖 北	3959.60	3074.86	54.42%	156.48%	0.6613	V
湖 南	4592.60	3987.40	60.23%	199.37%	1.0425	VI
广 东	2134.00	1897.50	50.69%	155.59%	0.7013	VI
广 西	2711.20	2277.69	68.01%	135.05%	0.7716	VI
海 南	315.40	304.67	74.22%	20.58%	0.1476	III
重 庆	1348.00	1027.64	29.44%	27.18%	0.0610	II
四 川	4685.27	3533.84	61.38%	12.29%	0.0569	II
贵 州	1851.60	1040.30	52.89%	25.46%	0.0757	II
云 南	3228.90	2095.63	69.14%	15.85%	0.0711	II

地区	虚拟耕地量	虚拟水量	比例	复种指数	匹配系数	匹配等级
西 藏	42.10	22.33	90.82%	0.30%	0.0014	I
陕 西	2472.50	1451.03	64.48%	19.68%	0.0745	II
甘 肃	1886.70	1124.80	81.09%	11.53%	0.0557	II
青 海	115.60	42.22	79.85%	0.76%	0.0022	I
宁 夏	504.90	308.44	87.20%	21.31%	0.1135	III
新 疆	2186.20	1274.06	94.71%	2.48%	0.0137	I

注:虚拟耕地量表示虚拟耕地总量,单位为千公顷;虚拟水量表示虚拟水总量,单位为 $10^7 m^3$;用水比例表示农业用水比例;复种指数表示耕地复种指数;匹配系数表示虚拟水和虚拟耕地资源利用匹配系数。

12.3.4 主要粮食作物虚拟水与虚拟耕地资源利用匹配度分析

（1）评价标准

根据 2014 年中国各省主要粮食作物虚拟水—耕地资源利用匹配系数测算结果,考虑到匹配系数的集聚与离散的分异特征,将虚拟水—耕地资源利用匹配系数划分为 6 个等级:I 级,高度不匹配（ $0 < R ≤ 0.05$ ）;II 级,中度不匹配（ $0.05 < R ≤ 0.1$ ）;III 级,低度不匹配（ $0.1 < R ≤ 0.3$ ）;IV 级,低度不匹配（ $0.3 < R ≤ 0.5$ ）;V 级,中度匹配（ $0.5 < R ≤ 0.7$ ）;VI 级,高度匹配（ $0.7 < R ≤ 1.2$ ）。匹配系数越大,说明虚拟水资源与虚拟耕地资源分布的一致性与量比水平越高,农业生产的基础条件就越优越,对本地粮食生产水土资源需求的满足程度就越高;反之,匹配系数越小,说明虚拟水资源与虚拟耕地资源分布的一致性与量比水平越低,农业生产的基础条件就越差,虚拟水资源与虚拟耕地资源对本地粮食生产水土资源需求的满足程度就越低,需进一步优化粮食生产结构和贸易结构以更好地满足人们的需求。

（2）等级结构

由图 12 - 11 可知,按照虚拟水 - 耕地资源利用匹配度评价标准,在我国 31 个省级行政区（未包括台湾、香港和澳门）中,属于不匹配区（包括高、中、低度不匹配 3 个等级）的省级行政区有 15 个,属于匹配区（包括高、中、低度匹配 3 个等级）的省级行政区有 16 个。其中,属于 I 级高度不匹配的有 3 个,匹配系数从低到高分别为西藏、青海和新疆;属于 II 级中度不匹配的有 6 个,匹配系数从低到高依次是甘肃、四川、重庆、云南、陕西和贵州;属于 III 级低度不匹配的有 6 个,匹配系数从低到高排列依次是宁夏、海南、北京、上海、天津和山西;属于 IV 级低度匹配区的有 3 个,匹配系数从低到高排列依次是江苏、内蒙古和浙江;属于 V 级中度匹配区的有 9 个,匹配系数从低到高排列依次是吉林、辽宁、山东、安徽、河南、河北、黑龙江、湖北和福建;属于 VI 级高度匹配区的有 4 个,匹配系数从低到高排列依次是广东、广西、湖南和江西。

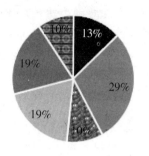

图 12 – 11 虚拟水 – 耕地资源利用匹配等级结构

Fig. **12 – 11** Matching Grade Structure of Virtual Water – Farmland Utilization

(3)区域分异

根据 2014 年中国各省主要粮食作物虚拟水—耕地利用匹配度结果,在 GIS 技术支持下进行省域尺度虚拟水—耕地资源匹配的空间分析(图 12 – 12)。

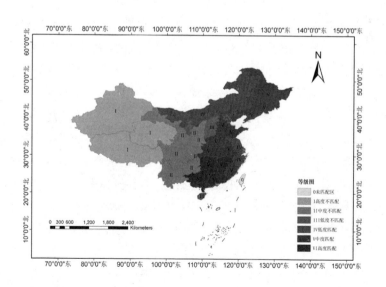

图 12 – 12 中国虚拟水 – 耕地资源利用匹配系数分布图

Fig. **12 – 12** Distribution of Virtual Water – Farmland Utilization Matching Coefficient in China

由图 12 – 12 可知,颜色由浅到深依次是 I 级高度不匹配区、II 级中度不匹配区、III 级低度不匹配区、IV 级低度匹配区、V 级中度匹配区和 VI 级高度匹配区。从空间分布上来看,我国主要粮食作物虚拟水—耕地资源利用匹配度总体上呈现"东高西低,南高北低,由东南向西北递减"的分布规律。匹配区(包括高度匹配区、中度匹配区和低度匹配区)主要分布在我国中部和东部地区,其中,高度匹配区分布在长江中游平原地区,该地区河网密布、降水丰沛、土壤肥沃,是我国的粮食主产区之一,粮食生产条件十分优越,除此之外,科学技术先进、水利设施较完善,因此,虚拟水和虚拟耕地资源十分丰富、匹配程度高;中度匹配区主要分布在东北平原和华北平原,该地区耕地面积大且土壤肥沃,省内有多条河流流经,处于降水过渡带,水资源较丰富,水土条件较好,对本地粮食生产的水土资源需求满足程度较高;低度匹配区主要分布在内蒙古高原和长江下游平原地区,内蒙古自治区虽然人均耕地面积排名全国第一,但土壤肥力不够、降水量少而不匀,虚拟水和虚拟耕地资源匹配度不够高;长江下游平原地区虽然地势低平、水资源丰富,但经济较发达、人口较多,可供农业生产的水土资源十分有限,因此虚拟水和虚拟耕地资源对本地粮食需求的满足程度与周围其他地区相比较低。不匹配区(包括高度不匹配区、中度不匹配区和低度不匹配区)主要分布在我国的西部地区,其中,低度不匹配区主要分布在云贵高原、四川盆地和黄土高原西部地区,云贵高原虽然耕地资源和水资源较丰富,但是近年来水土流失、土壤侵蚀、土地石漠化、水质恶化现象严重,虚拟水和虚拟耕地资源匹配程度不断降低;四川盆地近年来地质和气象灾害频发,加上农业结构调整和城镇化进程的加快,耕地面积不断减少、土壤肥力不断下降,水土流失加剧,虚拟水和虚拟耕地资源对粮食生产需求的满足程度逐渐降低;黄土高原降水季节分布不均,水土流失严重,土壤退化、养分不足,粮食生产的先天条件不够优越,因此,该地区的虚拟水和虚拟耕地资源难以满足粮食生产的需要,匹配程度亟待提高。中度不匹配区主要分布在黄土高原东部地区和海南省,黄土高原水土流失严重、土壤养分不足、缺水严重,虚拟水和虚拟耕地匹配度较差;海南省耕地面积广且水热条件好,但科技欠发达、技术较落后,水土资源浪费较严重、利用效率低,因此,虚拟水和虚拟耕地资源的匹配程度较低。高度不匹配区主要分布在青藏高原和西北地区,该地区自然条件差、科学技术落后,粮食生产条件差,虚拟水土资源较匮乏,匹配程度低。

12.3.5　中国虚拟水土资源区域管理对策

根据虚拟水—耕地资源利用匹配度计算结果和地区分异规律,考虑到当地的自然条件和经济条件,针对性地提出建立东部发展区、中部促进区和西部开发区的虚拟水—耕地战略布局设想,并提出相应的管理对策。

(1)东部虚拟水土战略发展区

包括Ⅵ级高度匹配区(江西、湖南、广西和广东)、Ⅴ级中度匹配区(吉林、辽宁、山东、安徽、河南、河北、黑龙江、湖北和福建)、部分Ⅳ级低度匹配区(北京、上海和天津)和Ⅲ级低度不匹配区(江苏和浙江),主要分布在我国中部和东部地区,地势平坦,降水丰沛,粮食生产的先天条件好,虚拟水和虚拟耕地含量高。除此之外,经济发达、科学技术先进、交通便利,粮食的生产效率高、流通速度快,是我国主要的商品粮生产基地,蕴含了丰富的虚拟水和虚拟耕地资源。作为战略发展区,本区应充分利用已有的优越自然条件和先进的科学技术,大力发展规模化、机械化粮食生产,进一步降低粮食生产成本、提高粮食产量;同时,借助便利的交通加快粮食产品在区域间的流通,不断扩大市场占有率,提高市场竞争力。在满足本地区粮食消费需求的前提下,向虚拟水—耕地资源利用匹配度低的地区输送粮食,促进其虚拟水和虚拟耕地资源利用的进一步平衡,保障本国的粮食安全。

(2)中部虚拟水土战略促进区

包括部分Ⅳ级低度匹配区(内蒙古)、Ⅲ级低度不匹配区(宁夏、山西和海南)和Ⅱ级中度不匹配区(甘肃、四川、重庆、云南、陕西和贵州)。主要分布在我国中、西部地区,该区耕地面积广,但耕地质量较低,粮食的虚拟耕地含量低,其中,西南地区降水较多、但水资源利用率低,粮食的虚拟水含量较低。作为战略促进区,要促进该区的发展,应基于虚拟水和虚拟耕地战略,加大资金和技术投入,改造中低产田,加强水利设施建设,提高粮食的虚拟水和虚拟耕地含量,同时调整粮食生产结构以充分发挥本地的比较优势,增加本地区的虚拟水和虚拟耕地资源储备量,在自给自足的同时,向虚拟水和虚拟耕地资源缺乏的地区输送粮食,促进该地区虚拟水和虚拟耕地资源的供需平衡。

(3)西部虚拟水土战略开发区

包括部分Ⅰ级高度不匹配区(西藏、新疆和青海),主要分布在青藏高原和西北地区,其中,青海和西藏地处高寒的青藏高原,气候条件恶劣,土壤贫瘠,自然条件较差、科学技术落后,这些原因导致粮食作物的虚拟水和虚拟耕地资源含量远小于其他省份;新疆地处我国西北边疆,远离海洋,受季节因素影响降水时空分布极不均衡,地表水蒸发量大,致使一些地方水资源不足,省内多高山冰川、草原和沙漠,粮食的虚拟水和虚拟耕地含量低,但水土光热资源丰富,粮食增产的潜力巨大。作为战略开发区,该地区后备耕地资源丰富,地广人稀,粮食生产的病虫害极少,光照充足且日照时间长,自然条件与其他地区相比较为特殊,应大力发展节水型绿色有机农业,充分挖掘其潜在的虚拟水和虚拟耕地资源,提高粮食自给自足的能力。

12.3.6 中国虚拟水土资源匹配利用理对策

虚拟水和虚拟耕地战略涉及水资源管理、耕地资源管理、贸易管理等多方面的工作,考虑到其实施的综合性和复杂性,充分运用法律、行政、经济和科技等多种手段来保障其实施过程。从完善虚拟水土资源贸易市场、创新水土资源协调利用管理体制、大力发展节水节地的现代高效农业、健全水土资源协调利用相关法律制度和建立粮食生产水土资源生态补偿机制五个方面提出对策建议。

(1)完善虚拟水土资源贸易市场

打造高效粮食产品流通调控平台,高度重视数字粮食库建设工作。与时俱进地开展粮食流通信息采集,积极实现粮食流通数字化、智能化。在有条件的地区展开数字粮食库试点工作,在对试点成功经验进行全面总结、深度挖掘的基础上,在全国进行推广。通过数字粮食库掌握粮食流动的最新信息,为进行粮食宏观调控转型提供参考。

加大非口粮农产品的进口贸易量。除了粮食产品之外的其他农产品和畜产品等产品在生产的过程中也需要一定量的水资源和耕地资源,在保证我国粮食安全的前提下,加大非口粮农产品的进口量,可以在很大程度上节约我国的水资源和耕地资源。

(2)创新水土资源协调利用管理体制

将水土资源利用匹配系数列入地方政绩考核指标体系,对于水土资源利用匹配度高的地区,进行经济鼓励或政策倾斜;对于匹配度低的地区,采取经济手段或行政手段进行惩罚。

在水土资源安全战略的改革和完善工作中融入虚拟水土资源理念。在制定水土资源管理方案时,应充分考虑虚拟水和虚拟耕地贸易战略对区域水土资源管理以及社会、经济和生态等各方面带来的重大影响,正确评价区域虚拟水土资源的利用现状,灵活运用虚拟资源战略实现保障区域水土资源安全和粮食安全的目的。

(3)大力发展节水节地的现代高效农业

实体水资源和耕地资源是实施虚拟水和虚拟耕地战略的基础,贸易只能在一定程度上缓解人类与水土资源的矛盾,最根本的还是靠资源的有效利用。因此,在积极实施虚拟水和虚拟耕地战略的同时,应大力发展节水节地的现代高效农业,提高水资源和耕地资源的利用效率,为进一步实施虚拟水和虚拟耕地战略奠定良好的实体资源基础。

从全国来看,在粮食生产过程中,农民大多采用沟灌、淹灌和漫灌等传统方式进行灌溉,浪费了大量的水资源。尤其在缺水地区和缺水季节,这样的灌溉方式使原本就紧张的水资源更加无法满足人们农业生产的需求。在种植农作物的过程中,由于技术不足、天气、降水等原因,耕地资源难以得到充分利用。因此,建议通过以下措施大力发展节水节地农业,提高农业生产过程中的水土资源利用效率:充分利用现有的水利工程设施,加快修整和新建的步伐,改善灌区的灌溉条件,充分发挥水利设施的作用;在水资源季节分布不均匀的地区,兴修水库,利用丰水期储存的水解决早期的用水需求。

根据灌区不同的地形、降水等自然条件,因地制宜地制定灌溉和种植方案。在山地和丘陵地区,可采用浅灌和轮灌的方式进行灌溉;在干旱地区,可采用地膜覆盖的方式最大限度地降低水资源用量;在平原地区,可引进先进的滴灌、喷灌、微喷灌等技术,提高用水效率,降低水资源消耗。

通过立体利用、垂直种植、增加低耗地型作物种植面积等措施来实现耕地资源的充分利用,填补耕地利用的季节和空间空白;大力推广"都市农业",将城市绿化的公共绿地植物替换成小麦、油菜等农作物,不仅将节省巨额的公共绿地投资,还将获得可观的经济收益。

(4)健全水土资源协调利用相关法律制度

出台相关的法律法规,建立水土资源协调利用法律体系。通过立法的方式明确区域水土资源匹配利用的概念,按照一定的标准对区域水土资源利用匹配度分等定级,界定各个级别相关利益各方的权利和义务。由于各个地区的自然禀赋不同,水土资源利用的基础不同,因此,应针对不同地区的具体情况制定区别化的奖罚政策。

(5)建立粮食生产水土资源生态补偿机制

在水土资源可持续利用的过程中,生态补偿有着举足轻重的地位。有效的生态补偿措施能激励资源利用朝着科学、有序的方向发展,因此,将生态补偿的概念引入水土资源管理制度十分有必要。要想充分发挥生态补偿在水土资源管理中的作用,可以从法律、经济、行政等方面入手。

运用法律手段推进粮食生产过程中水土资源管理生态补偿工作。针对粮食生产过程中的水资源和耕地资源利用,运用法律手段制定相应的生态补偿相关法律法规,对相关利益方的权利和义务进行界定,使生态补偿工作有法可依。通过立法的方式明确补偿内容、对象、方式和标准,制定相应的激励、约束制度。选择有条件的地区进行试点建设,研究探索粮食生产过程中水土资源利用生态补偿的有关办法、标准、制度等,待取得成功经验后再在全国逐步推广。

运用经济手段推进粮食生产过程中水土资源管理生态补偿工作。针对享受虚拟水和虚拟耕地资源进口福利的地区,尝试征收生态补偿税费,用以支付粮食出口地区的生态补偿费用。政府除了征收税费、实行政策倾斜、提供财政帮助之外,也应积极探索其他方法支持生态补偿制度。例如,寻求社会团体、企业的帮助,设立粮食生产水土资源利用专项补偿基金;寻求和银行等金融部门的帮助,让其以无息或低息贷款的方式为粮食生产提供资金帮助,以加快推进生态补偿制度。

完善农业补偿行政管理制度,强化管理工作队伍。由于粮食生产过程中的水土资源管理工作涉及多个部门和地区,因此,在管理的过程中,可以建立从中央到地方的管理制度,对其进行专项管理。在中央,设置生态补偿领导小组,由国务院主管领导任主任,负责规划审批、标准制定和监督执法等职能;在农业部设立生态补偿专门办公室,负责国家粮食生产水土资源生态补偿的协调管理,行使生态补偿工作的协调、监督等相关职责。在地方,各省、自治区、直辖市以及地、县级分设主管领导小组,具体贯彻实施中央关于生态补偿的一系列制度与措施。各级部门建立由专家组成的技术咨询委员会,负责相关政策和技术咨询。农民作为粮食生产的直接参与者,要将生态补偿的管理工作细化到农户,由村民委员会牵头形成农村生态补偿互助组。在实行生态补偿的过程中,要积极协调广大农民和地方政府、中央的利益取向,最大限度地降低因利益冲突而引发的负面效应。

第13章

虚拟耕地战略实施保障措施体系

　　耕地资源管理主要包括耕地供给管理、利用效率管理、内部结构性优化管理和社会化管理四个方面。作为耕地资源管理最高层次的社会化管理,其任务是将耕地资源管理从克服耕地资源不足所引起的矛盾,转向克服社会资源的不足所导致的国际和国内矛盾问题。显然,虚拟耕地战略丰富了耕地资源管理内涵,属于耕地资源管理中最高层次的社会化管理。虚拟耕地战略的实施是一项综合而复杂的系统工程,需要一套专门的组织管理体系来保障实施,为此,必须综合应用行政、法律、经济、科技、教育等手段,从节约实体耕地、扩大虚拟耕地贸易、优化农业产业结构、合理配置资源、建立政策保障体系、创新耕地资源管理机制、克服虚拟耕地的负面效益等方面,采取切实有效可行的办法,使人们充分意识到通过虚拟耕地战略的实施可以解决区域耕地资源短缺问题,在具体工作中自觉实施虚拟耕地战略,实现耕地资源的供需平衡和优化配置,保障我国粮食安全和生态安全,促进经济和社会的协调发展。

13.1 节约实体耕地

　　实施虚拟耕地战略,并不意味着实体耕地的节约、保护与高效利用就不重要了,相反必须以节约实体耕地为核心,大力调整和优化农业产业结构,促进低消耗耕地资源品种代替高消耗耕地资源品种,加快低效益农业产业向高效益农业产业转变,推动经济结构的转型调整。坚决执行最严格的耕地保护制度,实现耕地资源的占补动态平衡;加大科技投入力度,努力提高农作物的复种指数,充分挖掘耕地资源的生产潜力;加强农业科学研究,提高粮食作物单产量和品质,进一步提高人均粮食占有率和粮食生产率(邹君等,2008)。

　　加大耕地保护力度,稳定粮食播种面积。努力加强对基本农田的保护,实施耕地总量动态平衡,严格土地用途管制制度等,巩固优质粮生产基地,稳定耕地面积,控制农用地转用。优化农业产业结构,努力增加高效作物的播种面积,提高粮食生产潜力(朱彬,1999)。

13.2 扩大虚拟耕地贸易

根据比较优势理论,一个国家或地区,应该出口自身有相对比较优势的产品,进口自身存在比较劣势的产品,实现自身效益的最大化。耕地资源是一种稀缺的资源,农产品是耕地资源密集型产品,其虚拟耕地贸易将会对耕地资源、耕地资源管理和社会、经济产生一系列的重要影响(徐振辞,2008)。由于耕地资源紧缺地区的农产品虚拟耕地含量普遍较高,机会成本较高,从经济学角度看,耕地资源紧缺地区从耕地资源丰富的国家或地区购买耕地资源密集型产品,意味着节约了耕地资源。因此,可以扩大虚拟耕地贸易,提高耕地资源配置效率(严志强等,2007)。

打造高效粮食产品流通调控平台,高度重视数字粮食库建设工作。与时俱进地开展粮食流通信息采集,积极实现粮食流通数字化、智能化。在有条件的地区展开数字粮食库试点工作,在对试点成功经验进行全面总结、深度挖掘的基础上,在全国进行推广。通过数字粮食库掌握粮食流动的最新信息,为进行粮食宏观调控转型提供参考。

加大非口粮农产品的进口贸易量。除了粮食产品之外的其他农产品和畜产品等产品在生产的过程中也需要一定量的耕地资源和水资源,在保证我国粮食安全的前提下,加大非口粮农产品的进口量,可以在很大程度上节约我国的耕地资源和水资源。

13.3 优化农业产业结构

根据我国耕地资源自然分布状况的不同进行分区,扩大国内各个区域间的虚拟耕地贸易,在虚拟耕地战略实施过程中进行合理的优势度评价,作好区域功能定位,可以促进农业产业结构调整和优化,实现耕地资源的优化配置。在虚拟耕地战略内背景下的农业结构调整首先必须在充分考虑耕地资源禀赋的基础上,努力提高耕地资源的利用效率。同时根据市场机制,生产出能充分体现虚拟耕地价值的产品。具体来说,一方面要从大处着手,调整好农业产业内部结构。充分发挥本国耕地资源的比较优势,大力发展优质、高效、特色农业,努力提高农产品产量和品质,增强国际市场的竞争力。另一方面要调整农业的种植结构。根据耕地的特性,发挥虚拟耕地比较优势,种植优势农产品,降低耕地资源的消耗,提高粮食的单位虚拟耕地含量,推动经济结构的战略转型目标实现(邹君等,2008)。

13.4　合理配置资源

实施虚拟耕地战略,必须根据市场需求,合理调整农业生产政策,合理配置区域的耕地资源(汪子一,2009)。实施虚拟耕地战略并不是某个地区凭借自己的力量通过实施区域虚拟耕地战略来解决自身的问题,而是必须树立整体观念,在国家的层面上建立以区域资源禀赋为依托、努力实现产业结构优化的全国经济发展模式。通过虚拟耕地战略,间接地增加耕地资源的储备,通过各种措施促进耕地资源在我国各区域的合理配置,使虚拟耕地贸易保持良性的发展(周姣,2008)。

实施虚拟耕地战略要利用重点区域试点法来创新国家区域耕地资源配置的管理机制和体制,缓解耕地短缺地区耕地资源紧张的压力,解决区域间耕地资源供需矛盾,平衡耕地短缺地区耕地资源利用赤字。除此之外,还需要改革和完善有关的制度、机制及体制,从政策上保证虚拟耕地战略的顺利实施,加大政府财政转移支付力度,例如设立专项基金用于补贴采用虚拟耕地战略后的粮食进口等。另外,采用虚拟耕地战略后,区域内粮食种植结构会发生变化,粮食种植业也会相应减少,导致农村剩余劳动力增加,对此,应建立健全相应的、行之有效的社会保障体系。

湖南作为全国最重要的商品粮基地之一,粮食生产条件较好,商品率高,水稻是湖南传统的优势粮食作物,产量在全国排名第一。每年我省都有余粮输出,2003年湖南销往外省的粮食达到300万吨,外销6.2万吨(郭勇等,2010)。由此可见,湖南在全国粮食安全体系中发挥着举足轻重的作用。然而,从1999年开始我省的粮食生产量开始逐渐下滑,2003年人均粮食只有366千克,低于联合规定的人均400千克的安全标准。目前虽然湖南仍是全国八大粮食产区之一,但粮食生产发展面临瓶颈,仅仅处于略有节余的状态。凭借湖南的自然条件及市场条件完全有能力为全国的耕地安全和粮食安全做出更大的贡献。因此在接下来的很长一段时间里,湖南省要以保障粮食安全为前提,着力稳定粮食作物的播种面积,提高粮食产量和质量,争取实现保障耕地安全和粮食安全的贡献最大化。首先,各级政府部门要认真贯彻落实中央一号文件"三补一降"精神,条件成熟的可以考虑出台地方配套的惠农政策,充分调动广大农民种粮的积极性;其次,依托湖南农业科学研究特别是杂交水稻研究水平高的优势,选育和推广优良农作物品种,提高粮食作物单产和品质,提高人均粮食占有率和粮食商品率;最后,继续执行稳妥的计划生育政策,严格控制人口数量(邹君等,2008)。

13.5　建立政策保障体系

实施虚拟耕地战略,必须改革和完善有关政策和机制,建立区域经济发展战略和政策保障体系。政府应出台切实可行的相应的激励政策,加大虚拟耕地战略的宣传力度,来鼓励农民考虑耕地的机会成本,提高耕地资源的使用效率,有选择的种植优势农产品,发挥区域优势;加大对耕地资源紧缺地区的财政投入,建立健全社会保障体系,以便减轻农民的经济负担,增加农民的收入,提高农民的生活水平;通过优化区域产业结构、建立新的较为完善的区域产业结构体系和收入保障体系,不断增强区域的经济实力和综合竞争力(邹红,2005)。

13.6　创新耕地资源管理体制

实施虚拟耕地战略是平衡区域耕地资源赤字、缓解人地矛盾、实现耕地资源供需平衡,优化耕地资源合理配置的有效途径。侧重于行政方面的传统耕地资源管理体制需要创新和改革,而虚拟耕地理论从一种全新的角度丰富了耕地资源管理的内涵,为耕地资源和耕地安全的研究开辟了新思路,成为国家或区域制定耕地战略强有力的科学依据,因此,在分析耕地资源管理机制体制、研究耕地资源管理模式时,必须把虚拟耕地的这一全新概念自觉地融入耕地资源安全战略完善和改革中来。应充分意识到虚拟耕地贸易战略对区域耕地资源、耕地资源管理以及社会、经济和生态等方面带来的重大影响;要不断完善虚拟耕地含量、虚拟耕地贸易量、虚拟耕地生产消费盈亏量的计算方法;深入研究城乡虚拟耕地消费的特征和差别;正确评价区域虚拟耕地战略优势度,使产品的虚拟耕地量与区域实际情况更吻合。

要进一步研究区域社会的适应能力。区域社会的适应能力是指区域社会承载某种事件、生活或环境的能力。虚拟耕地战略作为一个全新概念的提出,研究时间不长、分析方面不全、探究层次不深,不仅在理论方面善存缺陷和不足之处,实践方面更是暂未得到反馈,因此,区域社会对实施虚拟耕地战略的适应能力必然不强,必须采取行之有效的措施来提高区域社会的适应能力。湖南省要实施区域虚拟耕地贸易战略,必须首先对湖南省目前的耕地资源管理水平,相应的管理体制和人力财力支持等方面的社会适应能力进行深入研究,并对其可能产生的对耕地资源、生态、经济和社会文化等方面的影响进行分析和评估,进而探讨虚拟耕地战略下区域具体应对策略,选择相应的措施来保障虚拟耕地战略的顺利实施和社会经济生态的协调发展。

妥善处理实施虚拟耕地战略与农业耕地资源开发利用压力增大之间的关系。随着经济社会的快速发展及城镇化、工业化进程的不断推进,人地矛盾日益凸显。在虚拟耕地战略的背景下,各省必须正确认识到本身的相对先天优势,重新审视自己农业生产中的定位和角色,充分利用相对丰富的耕地资源来生产消耗耕地资源较多的农产品,即耕地资源密集型产品(尤其是粮食作物),以保证自身在国内外贸易竞争中的优势地位,实现利益最大化。如湖南省从先天条件看,目前在全国是占有一定优势地位的。作为耕地资源相对较丰富的省份,湖南省肩负着向其他耕地资源短缺省份输出耕地密集型农产品(尤其是粮食作物)的重任;从自身利益和肩负责任出发,可以预见,在今后的很长一段时期内,湖南省加大耗耕地农产品(尤其是粮食作物)的生产力度和销售力度是必然趋势,此举首先会实现一定的经济利益,例如调整农业种植结构、增加农产品出口会带来经济利益;另外这样做还会实现一定的社会效益,例如面临耕地资源越来越短缺这一威胁,在市场贸易原理和价格杠杆的作用下,耕地密集型农产品价格应该会有一定的提高;国家会加大财政投入,对耕地资源安全或粮食安全的战略需求给予较为丰厚的财政补贴;可以解决部分农村剩余劳动力就业问题等等。但与此同时,虚拟耕地战略的实施也会给农业耕地资源的开发带来一系列的压力和问题,例如实施虚拟耕地在某种意义上会加大农业耕地资源开发利用的程度,从而导致耕地资源的供需矛盾问题更为严重。因此,如何妥善处理实施虚拟耕地战略与农业耕地资源开发利用压力加大之间的关系是我省当前势必解决的问题。

要基于对区域自然环境和社会条件深入分析来探讨如何成功运用虚拟耕地战略,达到保障区域的耕地资源安全和生态安全。因此,国家有关部门应加强对虚拟耕地理论与方法的科学研究,安排组织相关单位认真探讨虚拟耕地相关理论及应用问题,为国家科学决策提供准确的科学依据(彭琳,2000)。

13.7　实施虚拟耕地战略与生态补偿机制的有机结合

生态补偿机制是以保护生态环境、促进人与自然和谐为目的,根据生态系统服务价值、生态保护成本、发展机会成本,综合运用行政和市场手段,调整生态环境保护和建设相关各方之间利益关系的环境经济政策;是"污染者付费"原则并存、基于"受益者付费和破坏者付费"原则的环境经济政策,即政府通过财政转移支付,对因保护和恢复生态环境及其功能,经济发展受到限制的地区给予的经济补偿。虚拟耕地资源流动对流出区生态环境产生一定影响,但流入区却只享受到耕地资源的使用价值,虚拟耕地资源流入区和流出区的等价交换内容是虚拟耕地资源的使用价值,并不能补偿虚拟耕地资源流出区的生态代价,这就是市场机制失灵的主要表现,有必要对耕地资源流出区进行补偿,以恢复耕地资源流出带来的一系列生态影响(闫丽珍等,2006)。将虚拟耕地战略与生态补偿机制有效结合要做到政府主导与市场调控的相结合,坚持政府主导,通过财政转移支付,加大财政对耕地生态保护的投入;同时,积极引导社会各方参与,合理利用耕地资源,探索多渠道、多形式的耕地生态补偿方式,拓宽生态环境保护补偿市场化、社会化运作的路子。

13.8　克服虚拟耕地的负面效益

虚拟耕地战略并不是万能的。客观上,实施虚拟耕地战略,对虚拟耕地输入和输出地区的自然、社会、经济、文化等一系列方面都会产生一定的影响,这些影响有的是积极的,有的是消极的,我们应加强研究虚拟耕地战略实施之间的相互作用,并采取一些有效的方法和措施(邹红,2005),来预防和克服虚拟耕地战略所带来的负面影响:

(1)努力克服虚拟耕地战略中出现忽视局部平衡状况的倾向,保障区域间耕地资源的平衡;

(2)虚拟耕地输出地区,要避免因虚拟耕地交易导致过度开发当地的耕地资源和其他自然资源,加强对当地生态环境的保护,保障耕地资源安全和生态安全;

(3)虚拟耕地输入地区,要积极调整农作物的种植品种,为农民提供优势农产品种植的指导或者其他的就业方式,保障农民的基本权益,提高农民生活水平。

第14章

研究总结与展望

14.1 研究总结

土地是财富之母,是最重要的生产资料,为人类的生存和发展提供客观性、基础性的物质条件,是一切生产和存在的源泉。随着世界各国城市化和工业化进程的不断推进,土地资源问题已成为 21 世纪影响人类可持续发展的世界性重大问题。耕地资源是不可替代的重要资源,不仅是土地资源中最精华的部分,为人类社会提供宝贵财富;而且是一种极为重要的战略资源,直接影响世界各国的粮食安全。

我国人均耕地面积排名世界第 126 位,仅为世界平均水平的 40%,耕地资源安全形势十分严峻。当前我国正处于工业化、城市化快速发展的阶段,建设用地迅速增加,加上生态退耕与灾毁,耕地面积不断减少;人地矛盾日益尖锐,并成为制约经济增长与社会发展的主要瓶颈问题。因此,解决两者之间的矛盾是维持我国经济健康、快速发展的一个重要前提条件;否则,势必影响国家粮食安全、生态安全,进而影响和谐社会的构建。

解决耕地资源短缺问题,传统的方法主要是依靠行政和工程技术手段,即在稳定耕地面积的基础上进行扩耕和努力提高单产。而运用经济、管理和制度手段来解决耕地资源危机问题并未引起足够重视。虚拟耕地战略是一种高层次的社会化管理,它采用经济、管理和制度手段来解决耕地资源危机问题,在法制与行政管理的硬性约束下,更多的引入市场机制来保护耕地资源,二者有机结合,运用系统思维的方式,有别于传统的思维模式,在问题发生的外部范围,充分利用国内国际两个市场、两种资源,找寻与问题相关的诸多影响因素,寻求解决这一问题的最佳应对策略,从全新视野实现耕地资源的高效利用和优化配置,最终达到保护耕地和自然生态环境、保障粮食安全的目的,是解决耕地资源危机的又一有效新途径。

虚拟耕地战略概念提出的时间较短,发展还不成熟。无论是研究理论,还是研究方法,都处在探索阶段。本篇就虚拟耕地战略进行较系统深入地研究,主要包括虚拟耕地战略理论基础研究、中国与湖南省虚拟耕地战略研究、中国虚拟耕地与虚拟水匹配利用研究、虚拟耕地战略实施保障措施体系等内容,研究的主要结论与结果如下:

(1)分别对虚拟水、虚拟水战略、虚拟土、虚拟土战略、虚拟耕地和虚拟耕地战略、资源耦合与协调的概念和内涵进行了界定,探讨了虚拟耕地的特性。阐述了虚拟耕地战略研究的理论基础:资源流动理论、资源替代理论、比较优势理论、区域资源配置理论与系统理论。

(2))建立虚拟耕地与虚拟水量化模型:提出虚拟耕地、虚拟水含量,虚拟耕地与虚拟水贸易量、虚拟耕地与虚拟水总量的计算方法,为建立虚拟耕地与虚拟水资源账户提供正确的核算方法。

(3)计算了中国主要粮食作物虚拟耕地含量、虚拟耕地贸易量,并从虚拟耕地贸易规模、贸易结构和贸易平衡三个方面进行了分析。1996－2014年中国主要粮食作物的虚拟耕地战略分析结果表明:虚拟耕地含量从高到低分别是大豆、小麦、玉米和大米,大豆的虚拟耕地含量是大米的3.8倍,虚拟耕地含量有逐渐降低的趋势。19年间,中国主要粮食作物虚拟耕地总进口量为33713.57万公顷,总出口量为2675.11万公顷,净进口为31038.44公顷,虚拟耕地进口量远大于出口量,这对于缓解我国耕地资源紧缺状况具有十分重要的意义。虚拟耕地进口量除1997年比1996年减少外,从1997年呈不断增长的趋势,2014年的进口量是1997年19.3倍;出口量总体上呈现出先增后减的态势,从1996年的33.74万公顷增加到2003年的464.10万公顷又降至2014年21.70万公顷;这样就导致净进口量在2002年前呈现出横"S"型的波动,之后呈不断增长态势,从2002年的343.53万公顷增加到2014年的4112.98万公顷,后者是前者的12倍。

中国主要粮食作物虚拟耕地进口量以大豆占绝对优势,多年平均占比达95.7%,其他依次为小麦、玉米和大米。大豆历年占比除1996年仅占20.7%,其他年份占比均在76%以上。主要粮食作物虚拟耕地出口结构总体上以玉米占优势,占比为61.4%,其他依次为大米、小麦、大豆,且占比相差不大。而历年虚拟耕地出口结构一直在发生变化:1996年小麦占比最大;1997－2007年,玉米所占的比例最大;2008－2014年,除了2010年稻谷所占的比例最大之外,其余几年大豆均占主导地位。在定量分析的基础上,进一步阐述虚拟耕地贸易在保障粮食安全方面的贡献,提出了我国虚拟耕地贸易的战略选择。

(4)计算了 1998—2009 年湖南省主要粮食作物的虚拟耕地含量,并在此基础之上计算虚拟耕地贸易量,建立虚拟耕地贸易平衡表,分析了实施虚拟耕地贸易可以保障粮食安全和有利于促进耕地资源实现价值最大化。对湖南省 1998—2009 年虚拟耕地的生产消费盈亏量进行平衡分析,阐述了平衡虚拟耕地的生产和消费将有利于推动粮食贸易和粮食种植结构的调整。研究了虚拟耕地的城乡消费特征和差别,提出了城乡居民虚拟耕地消费研究将有利于完善粮食消费结构和进一步缩小城乡差距。

(5)通过建立比较优势理论模型,采用比较优势测定方法,评价了 1996—2008 年中国虚拟耕地贸易的 RCA 显示比较优势和净出口指数比较优势分析,对中印美主要粮食产品虚拟耕地含量比较优势进行了系统的分析,研究结果表明:就中国与印度虚拟耕地而言,中国在大米虚拟耕地上具有比较优势,而印度则在玉米虚拟耕地上具有比较优势;中国与美国之间的显示性比较优势与净出口指数比较优势分析表明,中国应重点出口大米与玉米,美国应重点出口小麦与大豆。基于比较优势开展虚拟耕地贸易,可以起到提高耕地利用效益、优化土地资源配置、保障粮食安全等作用。

(6)通过构建评价指标体系,运用层次分析法与加权算术平均法,定量评估了我国 31 个省的虚拟耕地优势度,绘制了中国虚拟耕地战略优势度分布图,分析了虚拟耕地优势度区域分异规律。对评价结果分析表明:我国各省优势度等级结构呈正态分布规律,I 级优势度平均值为 0.4894,占 19.35%,IV 级优势度平均值为 0.2266,占 16.13%,II 级和 III 级优势度平均值为 0.3644,占 64.52%。优势度区域结构呈现东高西低的分布规律。I 级优势度主要分布在河南、黑龙江、江苏、安徽、上海、山东六省市;IV 级优势度主要分布在广东、甘肃、新疆、青海、西藏五省;其他 20 省市全部为 II 级和 III 级优势度。据此提出了东部发展区,中部促进区,西部开发区的战略格局。

同时运用主成分分析法定量评估了湖南省 14 个市州的虚拟耕地战略优势度,并提出了湖南省虚拟耕地发展策略。

(7)2005—2014 年中国主要粮食作物的虚拟水战略分析结果表明:虚拟水含量从高到低分别是大豆、小麦、玉米和稻谷,虚拟水生产量从高到低依次是稻谷、玉米、小麦和大豆。粮食作物虚拟水进口以大豆为主,而出口的粮食品种结构一直在发生变化:2005—2007 年,玉米所占的比例最大;2008—2011 年,稻谷所占的比例最大;2012—2014 年,大豆占比最大。2005—2014 年这十年间,中国一直保持较大的虚拟水资源净进口量,且以年均 20.22% 的增长率持续增加,但依旧远远小于虚拟水生产量,说明我国主要靠生产满足自己的粮食需求。但是,虚拟水总量逐年增加的过程中,虚拟水生产量占虚拟水总量的比例逐年下降,而净进口占总量的比例却逐年上升,这说明我国对粮食进口的依赖度在逐渐提高,应引起重视。

(8)建立了虚拟水—耕地资源利用匹配度评价体系,对 2014 年各省虚拟水—耕地资源利用匹配度进行量化分析,并将评价结果划分为 6 个等级:Ⅰ级,高度不匹配;Ⅱ级,中度不匹配;Ⅲ级,低度不匹配;Ⅳ级,低度不匹配;Ⅴ级,中度匹配;Ⅵ级,高度匹配。分析结果显示,我国主要粮食作物虚拟水—耕地资源利用匹配度总体上呈现"东高西低,南高北低,由东南向西北递减"的分布规律。匹配区(包括高度匹配区、中度匹配区和低度匹配区)主要分布在我国中部和东部地区,不匹配区(包括高度不匹配区、中度不匹配区和低度不匹配区)主要分布在我国的西部地区。其中,属于Ⅰ级高度不匹配的有 3 个,属于Ⅱ级中度不匹配的有 6 个,属于Ⅲ级低度不匹配的有 6 个,属于Ⅳ级低度匹配区的有 3 个,属于Ⅴ级中度匹配区的有 9 个,属于Ⅵ级高度匹配区的有 4 个。根据虚拟水—耕地资源利用匹配度计算结果和地区分异规律,考虑到当地的自然条件和经济条件,针对性地提出建立东部发展区、中部促进区和西部开发区的虚拟水—耕地战略布局设想。

(9)实施虚拟耕地战略,必须综合应用行政、法律、经济、科技、教育等手段,从节约实体耕地、扩大虚拟耕地贸易、优化农业产业结构、合理配置资源、建立政策保障体系、创新耕地资源管理机制、实施虚拟耕地战略与生态补偿机制的有机结合、克服虚拟耕地的负面效益等方面综合施策。

14. 2   研究展望

"虚拟耕地战略"概念的提出迄今也只有十年光景,因此虚拟耕地战略研究还是一个新颖的研究课题,本研究组自 2009 年提出虚拟耕地战略系统研究的构想以来(毛德华,2009),进行了孜孜不倦的研究,取得了较丰硕的成果。2017 年 8 月末,分别以"虚拟耕地战略"为关键词、主题、篇名在 CNKI 上进行跨库检索,分别可检索到 9、17、3 篇,其中属于本研究组的成果分别为 4、6、2 篇,在全国的占比是相当高的,这还不包括 1 篇 2017 年 7 月产出的成果收录后还未公示的成果(王芝潇,2017)。

本研究成果主要涉及中国虚拟耕地国际贸易、国内区域间贸易(华北区、华中区……)、省内地市间贸易,虚拟耕地生产消费平衡、城乡虚拟耕地消费差别等;同时对中国 31 个省市区进行了虚拟耕地战略优势度评价、虚拟水与虚拟耕地资源利用匹配度评价及湖南省内 14 个地州市的虚拟耕地战略优势度评价,在此基础上提出了虚拟耕地战略的区域管理对策与虚拟耕地战略实施的保障措施体系。研究内容较系统深入,在某些方面也引领了全国的研究。但是从研究对象上还可进一步拓展,由于资料与精力的限制,本研究只研究了 4 种主要粮食作物的虚拟耕地战略,而对其他粮食作物与经济作物、家禽牲畜的产品的虚拟耕地战略研究还未涉及,省区之间的虚拟耕地贸易研究还有待开展。

本书冠以《耕地保护的市场机制研究》,期望在以往着重于耕地保护的法律、行政手段方面做些拓展与补充完善,从而满足激励相容性的要求,提高保护耕地的积极性,因此这里的市场机制更多的是市场经济手段,以发挥市场在配置资源的决定性作用。如本书所论证的通过国际、国内两个市场粮食贸易的手段来解决耕地资源短缺与优化耕地资源配置的问题,因此,"'虚拟耕地战略'不但为全球和全国范围内耕地资源的高效配置提供了一种切实可行的新方法,也为耕地贫乏国家和地区的耕地资源管理提供了一种新思路。"(许坚,2012)。但就"市场机制"来说,有其特定的内涵,显然本研究针对虚拟耕地具体市场机制内涵的研究还有待深化。

参考文献

毕宝德,柴强,李铃. 土地经济学[M]. 北京:中国人民大学出版社,2005:362 - 364.

柴强. 各国(地区)土地制度与政策[M]. 北京:北京经济学院出版社,1993. 194.

曹冲,马惠兰. 棉花贸易中虚拟土地资源核算及"潜力"预测研究[J]. 国际商务研究,2015(7):65 - 73

曹建廷,李原园,张文胜,等. 农畜产品虚拟水研究的背景、方法及意义[J]. 水科学进展,2004,(6).

常永志. 吉林省西部不同耕作方式对玉米虚拟水影响的研究[D]. 吉林省:东北师范大学,2009.

陈岸. 安仁县土地利用与区域经济研究[D]. 湖南:湖南农业大学,2006.

陈阵. 中国粮食贸易现状分析及政策选择[D]. 吉林省:吉林大学,2005.

程国栋. 虚拟水—中国水资源安全战略的新思路[J]. 中国科学院院刊. 2003 (4),260—265.

陈鹤亭,朱孔来,王吉信,《现代经济分析新方法》,山东:山东省地图出版社,2000.4.

陈会广,曲福田,陈江龙. 山东省耕地资源价值评估研究[J]. 中国人口、资源与环境,2003,13(1):25 - 30.

成丽,方天堃,潘春玲,等. 中国粮食贸易中虚拟耕地贸易的估算[J]. 中国农村经济,2008,(6):25—31.

陈强强. 甘肃张掖市实施虚拟水战略研究[D]. 甘肃:甘肃农业大学经济管理学院,2005.

成升魁,闵庆文,闫丽珍. 从静态的断面分析到动态的过程评价[J]. 自然资源学报,2005,20(3):407 - 414.

成升魁,甄霖. 资源流动研究的理论框架与决策应用[J]. 资源科学,2007,29

(3):37-43.

陈伟华. 中国虚拟耕地战略初步研究[D]. 长沙:湖南师范大学,2010.

陈伟华,张琼,毛德华,等. 中国虚拟耕地贸易分析与战略选策[J]. 甘肃农业,
2010,(4):40-42.

陈锡康,刘秀丽,张红霞等. 中国9大流域水利投入占用产出表的编制及在流域
经济研究中的应用[J]. 水利经济,2005,23(2):3-6.

陈宪. 国际贸易理论与实务[M]. 北京:高等教育出版社,2000:61-64.

陈晓群. 粮食进出口与粮食安全[J]. 农村经济,2009,(3):20-22.

陈永福. 中国食物供求与预测[M]. 北京:中国农业出版社,2004:40-330

臧俊梅,王万茂. 中国农地发展权的配置与流转研究[J]. 国土资源科技管理,
2008,(4):14-18.

邓大才. 论粮食宏观调控工具的选择[J]. 理论学刊,2004,121(3):20-24.

丁成日,美国土地开发权转让制度及其对中国耕地保护的启示[J]. 中国土地科
学,2008,22(3):74-80.

丁丽丽,赵敏娟. 农地发展权流转市场构建初探[J]. 特区经济,2009,(1):257
-258.

董会忠,薛惠锋,宋红丽. 基于耦合理论的经济环境系统影响因子协调性分析[J]
. 统计与决策,2008,(2):8-10.

董丽丽. 区域生态环境背景下煤矿区水土资源协调利用研究[D]. 中国矿业大
学,2015.

杜怀玉. 基于GIS的张掖市水土资源空间匹配格局及承载力研究[D]. 西北师范
大学. 兰州. 2008.

范辉,董捷. 试论农地发展权[J]. 农村经济,2005,(6):28-30.

高凡. 关中地区水土资源可持续承载力及优化配置研究[D]. 西北大学,2005.

高勇. 失去土地的农民如何生活[N]. 人民日报,2004,(2):2.

高远至,王鹏权,何晏. 地耗:沉重的现实[J]. 半月谈,2011,(3):11-13.

龚新梅,吕光辉,桂东伟. 用虚拟水理论方法讨论新疆绿洲生态恢复与可持续发
展[J]. 干旱区资源与环境,2007,21(5):132-134.

顾莉丽,孙立新. 吉林省农业水土资源时空匹配格局研究[J]. 中国农机化学报,
2016(37):205-208.

谷树忠. 农业自然资源可持续利用[M],北京:中国农业出版社,1999.

国家环境保护局. 21世纪议程. 北京:中国环境科学出版社,1993.

郭霞,农用地生态价值评估方法探讨[J]. 国土资源导刊,2006(4):50-51.

郭永,唐建华. 湖南粮食产业发展研究[R]. 中国乡村发现,2010.

韩宇平,雷宏军,潘红卫. 基于虚拟水的区域发展研究中国水利水电出版社,2011(6):10.

侯华丽,杜舰. 土地发展权与农民权益的维护[J]. 农村经济,2005,(11):78-79.

侯薇,刘小学,魏晓妹. 陕西关中地区农业水土资源时空匹配格局研究[J]. 水土保持研究,2012(19):134-138.

贺锡萍,张小华. 耕地资产核算方法与实例分析[J]. 中国土地科学,1994(6).

洪辉,杨庆媛,陈展图. 论主体功能区的耕地保护——基于农地发展权转移视角[J]. 农村经济,2009,(5):23-26.

胡宝清,颜章雄,邵晖. 虚拟土安全战略及其在县域土地可持续利用中的应用——以广西都安和田东县对比分析为例[J]. 热带地理,2006,26(2):97—101.

胡兰玲. 土地发展权论[J]. 河北法学,2002,20(2):143-146.

黄峰,李保国. 中国广义农业水资源和水土资源匹配[C]. 变化环境下的水资源响应与可持续利用——中国水利学会水资源专业委员会,2009.

黄丽军. 耕地发展权价格评估研究[D]. 长沙:湖南师范大学,2012.

黄贤金. 农地价格论[M],北京:中国农业出版社,1997.

黄贤金,方鹏,周建春等. 农村土地市场运行机制研究[M],北京:中国大地出版社,2003.

黄祖辉,汪晖. 非公共利益性质的征地行为与土地发展权补偿[J]. 经济研究,2002,(5):66-71.

季禾禾,周生路,等. 试论我国农地发展权定位及农民分享实现[J]. 经济地理,2005,25(2):149-155.

贾天啸. 与耕地保护相协调的土地市场模式研究[J]. 陕西农业科学,2003,(1):45-47.

姜宁,付强. 基于基尼系数的黑龙江省水资源空间匹配分析[J]. 东北农业大学学报,2010,41(5):56-60.

姜秋香,付强,王子龙,姜宁. 三江平原水土资源空间匹配格局[J]. 自然资源学报,2011(26):270-277.

姜文来. 水资源价值论[M],北京:科学出版社,1998:140-147,252-258.

靳雪,胡继连. 虚拟水视角下的农业区划研究———以黄淮海地区为例[J]. 中国农业资源与区划,2011,32(2):53-57.

景喆,李新文,陈强强. 西北内陆河流域实施虚拟水战略效益模拟评价—以甘肃黑河流域的张掖市为例[J]. 中国农村经济,2006,(10):20-27.

雷寰. 农村集体土地产权权益与失地农民利益保障研究[J]. 经济界,2005,(4):
　　92 - 96.

李红伟,龚雨,邹君,杨玉蓉. 中国省级间农畜产品虚拟土地资源流动分析[J]. 衡
　　阳师范学院学报,2013,34(6):101 - 106.

李红伟,胡勇,邹君,杨玉蓉. 中国区域粮食生产与消费中的虚拟耕地平衡研究
　　[J]. 资源开发与市场,2012,28(05):434 - 437.

李会. 渭北黄土台源区水土资源优化配置与潜力开发[D]. 西安. 陕西师范大
　　学,2010.

李慧,周维博,庄妍,马聪,刘博洋. 延安市农业水土资源匹配及承载力[J]. 农业
　　工程学报,2016(32):156 - 162.

李慧敏,农用地价格理论及其应用研究[D]哈尔滨,东北农业大学,2006.

李景刚,欧名豪,张效军等. 耕地资源价值重建及其货币化评价——以青岛市为
　　例[J]. 自然资源学报,2009,24(11):1870 - 1880.

李吉玫,徐海量,张占江等. 不同情境下的虚拟水战略对塔里木河流域水资源和
　　生态环境的影响[J]. 干旱区资源与环境,2008,22(7):120 - 125.

李丽红,么贵鹏,张广文. 农地发展权视角下失地农民补偿问题研究[J]. 经济研
　　究导刊,2007,(4):26 - 30.

李敏飞,王荧,周江梅. 我国可交易耕地发展权制度创新的经济学分析[J]. 台湾
　　农业探索,2013,(2):36 - 40.

李明. 长春市 1994—2004 年水足迹研究[D]. 长春:东北师范大学,2007.

李世平. 土地发展权浅说[J]. 国土资源科技管理,2002,(2).

李素娟. 虚拟水与山东省农业产业结构优化[D]. 山东:山东农业大学,2007.

梁琦,张二震. 比较利益理论再探讨[J]. 经济学季刊,2002,2(1):239—250.

廖重斌. 环境与经济协调发展的定量评判及其分类体系——以珠江三角洲城市
　　群为例[J]热带地理,1999,19(2):171 - 177.

林耀明,任鸿遵,于静洁等. 华北平原的水土资源平衡研究[J]. 自然资源学报,
　　2000,15(3):252 - 258.

刘定惠,杨永春. 区域经济旅游生态环境耦合协调度研究——以安徽省为例[J].
　　长江流域资源与环境,2011,20(7):829 - 833.

刘红梅,王克强,石芳. 中国粮食虚拟土地资源进口的实证分析[J]. 中国农村经
　　济,2007,(11):27—33.

刘黎明. 土地资源学[M]. 北京:中国农业大学出版社,2003:291 - 292.

刘丽萍. 基于 AHP - GRA 综合方法的虚拟水战略适宜度评价[J]. 中国农村水利

水电,2013(5):25-29.

刘明明,卢群群. 论土地征用中农地发展权的保护[J]. 农业人学学报,2006(3):90-93.

刘鹏凌,栾敬东. 安徽省粮食补贴方式改革效果的调查与分析[J]. 农业经济问题,2004,(9):16-19.

刘萍,付梅臣. 收益还原法评估农用地价格有关问题探讨[J]. 农业系统科学与综合研究,2007(2):78-82.

刘胜彩. 基于比较优势理论的河北省农业生产优化对策研究[D]. 河北:华北电力大学,2008.

柳文华,赵景柱,邓红兵,等. 水—粮食贸易:虚拟水研究进展[J]. 中国人口·资源与环境,2005,(3).

刘新平,韩桐魁. 农地土地开发权转让制度创新[J]. 中国人口·资源与环境,2004,14(1).

刘彦随,吴传钧. 中国水土资源态势与可持续食物安全[J]. 自然资源学报,2002,17(3):270-275.

刘彦随,甘红,张富刚. 中国东北地区农业水土资源匹配格局[J]. 地理学报,2006,61(8):847-854.

刘洋,金凤君,甘红. 区域水资源空间匹配分析[J]. 辽宁工程技术大学学报,2005,24(5):657-660.

刘耀彬,李仁东,宋学锋. 城市化与生态环境耦合度分析[J]. 自然资源学报,2005,2020(1):105-112.

刘耀彬,李仁东,宋学锋. 中国区域城市化与生态环境耦合的关联分析[J]. 地理学报,2005,60(2):237-247.

刘永湘. 中国农民集体所有土地发展权的压抑与抗争[J]. 中国农村经济,2003,(6).

龙爱华,徐中民,张志强. 西北四省(区)2000年的水资源足迹[J]. 冰川冻土,2003,(6):692—700.

龙爱华,徐中民,张志强. 虚拟水理论方法与西北4省(区)虚拟水实证研究[J]. 地球科学进展,2004,19(4):577-584.

龙爱华,张志强,徐中民等. 甘肃省水资源足迹与消费模式分析[J]. 水科学进展,2005,16(3):418-425.

龙爱华,徐中民,王新华等. 人口、富裕及技术对2000年中国水足迹的影响[J]. 生态学报,2006,26(10):3358-3365.

陆红生. 土地管理学总论[M]. 中国农业出版社,2002.

罗伯特·考特,托马斯·尤伦. 法和经济学(第6版)[M]上海:上海三联出版社,2012.

罗贞礼. 边缘区域经济发展研究[M]. 湖南:湖南人民出版社,2007:128－129.

罗贞礼. 基于虚拟土视角下区域土地资源的可持续利用管理探讨[J]. 国土资源导刊,2006,(2):7—10.

罗贞礼,龙爱华,黄璜,等. 虚拟土战略与土地资源可持续利用的社会化管理[J]. 冰川冻土,2004,26(5):624—631.

罗贞礼,龙爱华,黄璜. 红三角区域农产品虚拟水的比较研究[J]. 农业生态科学,2005,21(6):352－354.

吕峥,中国耕地生态价值与保护问题研究[J]. 当代经济,2008,(3):38－39.

马静,张红旗,李慧娴等. 粮食国际贸易对我国水土资源利用的影响分析[J]. 资源科学,2008,30(11):1723－1728.

《马克思恩格斯全集》第46卷(下),第446页,人民出版社,1980.

《马克思恩格斯选集》第1卷,第148页,人民出版社,1972.

马燕. 典型干旱区水土资源高效利用与保护模式的理论与实践[D]. 新疆. 新疆大学,2007.

毛德华. 危机与出路——人类生态环境问题透析与可持续发展[M]. 长沙:湖南地图出版社,1999.

毛德华. 统筹城乡发展中耕地保护机制创新探讨[J]. 节约集约用地及城乡统筹发展——2009年海峡两岸土地学术研讨会研究论文集.40－44.

毛德华,陈伟华. 中印美虚拟耕地贸易比较优势研究[A]. 湖南省土地学会等主编.2011年湖南省科技论坛国土资源分论坛论文集(上)[C]. 湖南地图出版社,2011.

毛德华,李景保,彭际作,等. 湖南省洪涝灾害研究[M]. 长沙:湖南师范大学出版社,2000.

彭琳.21世纪中国粮食生产布局构思[J]. 资源开发与市场,2000,16(2):74—77.

钱安桉. 农地发展权的设立与细化研究[J]. 广东土地科学,2008,27(1):18－22.

秦明周,Richard H. Jackson. 美国的土地利用与管制[M]. 北京:科学出版社,2004:110－115.

曲福田. 可持续发展的理论与政策选择[M]. 北京:中国经济出版社,2000,15—21.

瞿商,杨祖义. 粮食安全与中国耕地关系的动态调整——基于1980－2004年中国虚拟耕地及其贸易的研究[J]. 当代中国史研究,2009,16(2):69—75.

全国土地估价师资格考试委员会编. 土地估价理论与方法[M]. 北京:地质出版
    社,2004,523～574.

任小宁. 农地发展权价格评估研究[D]. 西安:长安大学,2008.

任耀. 耕地发展权价格评估及交易机制研究[D]. 长沙:湖南师范大学,2010.

任耀,皮明,毛德华. 耕地发展权基本理论初探[J]. 湖南财经高等专科学校学报,
    2010,26(1):103-104.

任致远. 21世纪城市规划管理[M]. 南京:东南大学出版社,2000,(9).

饶映雪,胡宝清,唐玉召. 虚拟资源理论及其在区域水土资源优化配置的应用[J]
    . 改革与战略,2007,(8):25-28.

单新国. 土地发展权法律制度研究[D]. 重庆:西南政法大学,2006.

尚贵华,郭贯成. 对农用地价值功能及其价格构成的新思考[J]. 广东土地科学,
    2006,5(1):34-37.

石常峰,田贵良,孙兴波,马超. 应对干旱事件的虚拟水期权契约设计研究[J]. 干
    旱区资源与环境,2016(6):71-75.

石玉林,卢良恕. 中国农业需水与节水高效农业建设[M]. 北京:中国水利水电出
    版社,2001:130-139,265,286-289.

时丽艳. 水资源短缺的有效解决途—虚拟水战略[J]. 资源与环境,2007,23(8):
    740—743.

宋金平,李丽平. 北京市城乡过渡地带产业结构演化研究[J]. 地理科学,2000,20
    (1):20—26.

宋娇艳,张忠潮,邵珊册. 虚拟水贸易理论浅析[J]. 广东农业科学报,2010,(1):
    270-272.

沈守愚. 设立农地发展权的理论基础和重要意义[J]. 中国土地科学,1998(1).

沈守愚. 土地法学通论[M]. 北京:中国大地出版社,2002.

沈雅. 湖南省虚拟耕地战略初步探究[D]. 长沙:湖南师范大学,2011.

沈志远. 农地发展权及其在我国的配置[D]. 兰州,兰州大学,2008.

沈志远,吴钊. 简论农地发展权在我国的创设设[J]. 新学术,2005(10):140-
    141,164.

苏筠,成升魁. 我国森林资源及其产品流动特征分析[J]. 自然资源学报,2003,18
    (6):734—741.

孙才志,马国栋,汤玮佳. 基于虚拟资源-生态要素流动视角的中国农业生态补
    偿机制研究[J]. 水利经济,2013,(11):1-8.

孙才志,张蕾.基于分形的中国地均农畜产品虚拟水规模分布的时空演变研究 [J].地理科学,2009,29(3):402-408.

孙才志,张蕾.中国农畜产品虚拟水区域分布空间差异[J].经济地理,2009,29 (5):806-811.

孙志才,张蕾.中国农产品虚拟水-耕地资源区域时空差异演变[J].资源科学, 2009,31(1):84-92.

孙弘.中国土地发展权研究:土地开发与资源保护的新视角[M].北京:中国人民 大学出版社,2004.45-49.

孙克.比较优势理论在虚拟水贸易中的应用——以中美农作物产品贸易为例[J] .开发研究,2007,(6):53—56.

孙小芳,季彪俊.耕地资源可持续利用评价的思考[J].科技进步与农业产业发展 论坛,2003,(4):139-142.

汤芳.农地发展权定价研究[D].武汉:华中农业大学,2005.

谈亭亭,浅析我国农地发展权的归属问题[J].市场周刊,2008(3):8-9,123.

田应华,陈国生,胡升辉.湖南省耕地变化的趋势及其政策选择[J].经济地理, 2010,(1):12-15.

杜新波.完善现行征地机制,为新型工业化道路提供资源保障.国土资源通讯, 2002,(12).

杜业明.现行农村土地发展权制度的不均衡性及其变迁[J].西北农林科技大学 学报(社会科学版),2004,4(1):4-8.

杜争辉.中国土地发展权研究[D].上海,同济大学,2007.

汪晖,陶然.建设用地计划管理下的土地发展权转移与交易———土地计划管理 体制改革的"浙江模式"及其全国含义[J]改革热线,2009,(1):27-28.

汪子一.津市市的耕地保护问题研究[D].湖南:湖南师范大学,2009.

万磊.土地发展权的法经济学分析[J].重庆社会科学,2005,(9):84-87.

王红瑞,董艳艳,王军红等.北京市农作物虚拟水含量分布[J].环境科学,2007, 28(11):2432-2437.

王红瑞,王军红.中国畜产品的虚拟水含量[J].环境科学,2006,27(4):609 -615.

王红瑞,王岩,王军红等.北京农业虚拟水结构变化及贸易研究[J].环境科学, 2007,28(12):2877-2884.

王凯.基于复杂适应系统理论的农业水土资源优化配置研究[D].黑龙江.东北 农业大学,2011.

王群,王万茂. 土地发展权与土地利用规划[J]. 国土资源,2005,(10):28-30.

王万茂. 土地利用规划[M]. 北京:中国大地出版社,1996.

王万茂,韩桐魁. 土地利用规划学[M]. 北京:中国农业出版社,2002.

王万茂,臧俊梅. 试析农地发展权的归属问题[J]. 国土资源科技管理,2006,(3):8-11.

王维方,刘爱民,强文丽. 中国大豆资源的虚拟土贸易及进口依存度分析[J]. 自然资源学报,2011,(7):1139-1147.

王卫国. 中国土地权利研究[M],北京:中国政法大学出版社,1997:139.

王熹. 中国水资源现状及其未来发展方向展望[J]. 环境工程,2014(7):1-4.

王小映. 全面保护农民的土地财产权益[J]. 中国农村经济,2003,(10):9-16.

王小映. 土地成片开发中的外部效应与土地发展权[J]. 土地利用与城乡发展——海峡两岸土地学术研讨会本研究集,2000.

王荧. 运用可交易耕地发展权优化耕地非农化配置分析[J]. 福建农林大学学报(哲学社会科学版),2012,15(2):25-30.

王云凤,王利华. 国际经贸教程[M]. 北京:经济科学出版社,2011:3-8.

王芝潇. 基于虚拟水和虚拟耕地战略的中国水土资源利用匹配研究[D]. 长沙:湖南师范大学,2017.

吴锋,毛德华,王红. 粮食安全背景下的虚拟耕地研究[J]. 国土资源科技与管理,2009,(2):26-28.

吴晓华. 黑龙江虚拟水研究[D]. 黑龙江:哈尔滨理工大学经济管理学院,2007.

吴郁玲,曲福田,冯忠垒. 论我国农地发展权定位与农地增值收益的合理分配[J]. 农村经济,2006(7):21-23.

吴宇哲,鲍海君. 区域基尼系数及其在区域水土资源匹配分析中的应用[J]. 水土保持学报,2003,17(5):123-125.

肖俊,贾晓斌. 区域虚拟水交易理论研究[J]. 重庆工学院学报(社会科学版),2007,(09):155—158.

许长新,林剑婷,宋敏. 水土匹配、空间效应及区域农业经济增长[J]. 中国人口资源与环境,2016,(26):153-158.

徐海. 宝鸡市耕地保护研究[D]. 陕西:西北农林科技大学,2008.

许坚. 建设高标准基本农田,保障国家粮食安全——第11期"6.25土地日网上论坛"重要观点集粹[J]. 中国国土资源经济,2012,(11):31-33.

徐振辞. 河北省虚拟水战略分析与思考[J]. 南水北调与水利科技,2008,6(3):54—59.

薛敬孝,佟家栋,李坤望. 国际经济学[M]. 北京:高等教育出版社,2000,35—36.

严晓玲,刘茂祥,陈维哲等. 三江平原的虚拟水战略与经济分析[J]. 现代化农业, 2006(2):8-10.

闫丽珍,成升魁,闵庆文. 玉米南运的虚拟耕地资源流动及其影响分析[J]. 中国科学院研究生院学报,2006,23(3):342—348.

闫丽珍,石敏俊,闵庆文,等. 中国玉米区际贸易与区域水土资源平衡[J]. 资源科学,2008,30(7):1032—1038.

颜章雄,严志强,黄宗葵. 广西县域粮食安全评价与虚拟土地战略的初步研究[J]. 经济与社会发展,2006,4(8):36—40.

严志强,颜章雄,胡宝清,等. 虚拟土地、虚拟土地战略与区域土地资源优化配置管理的理论探讨[J]. 广西社会科学,2007,148(10):70—74.

杨明洪. 城郊结合部征地中农民利益保护问题的理论与实证分析[J]. 四川大学学报,2005,(1):10-16.

杨明洪,刘永湘. 压抑与抗争:一个关于农地发展权的理论分析框架[J]. 财经科学,2004,(6):24-28.

杨亭. 土地资源配置与区域经济初调发展研究—以重庆市沙坪坝区为例[D]. 重庆:西南大学,2007.

杨士弘,廖重斌,郑宗清. 城市生态环境学[M]. 北京:科学出版社,1996:114-119.

杨艳昭,封志明,刘宝勤. 西北地区县域农业水资源平衡问题研究[J]. 自然资源学报,2005,(03):347-352.

姚华荣,吴绍洪,曹明明. GIS支持下的区域水土资源优化配置研究[J]. 农业工程学报,2004,20(2):31-35.

姚蓝. 动植物虚拟水分析及虚拟水贸易[D]. 黑龙江:哈尔滨理工大学经济管理学院,2006.

姚治君,高迎春,苏人琼,等. 缺水地区农业灌溉用水替代与农业发展—以京津唐地区为例[J]. 资源科学,2004,26(2):54—61.

张安录. 可转移发展权与农地城市流转控制[J]. 中国农村观察,2000,(2):20-25.

张敦强. 虚拟水:缓解我国水短缺的新途径[J]. 中国水利,2004(8):24—26.

张蕾. 中国虚拟水和水足迹区域差异研究[D]. 辽宁. 辽宁师范大学,2009.

张莉娜. 对我国耕地保护问题的初步研究[D]. 陕西:西北大学,2008.

张明辉,尹琼,黄飞. 新形势下湖南省土地人口承载力研究[J]. 国土资源科技管理,2006,(5):43-45.

张孝存,张妍,张红侠. 商洛地区农业水土资源时空匹配研究[J]. 安徽农业科学,2007,35(32):10418-10420.

张效军. 耕地保护区域补偿机制研究[D]. 南京农业大学,2006.

张燕林,郑礼明. 中国粮食安全和虚拟耕地进口实证研究[J]. 新疆农垦经济,2009,(12):42-46.

张毅. 发挥比较优势与国家粮食安全的统一[J]. 调研世界,2003,(3):19—23.

张友安,陈莹. 土地发展权的配置与流转[J]. 中国土地科学,2005,(5):10-14.

张志,刘耀林,龚健. 耕地转为建设用地价格评估——以河南省南阳市为例[J]. 自然资源学报,2009,(24):2115-2123.

赵菊勤,张明军,孙美平. 虚拟资源在我国粮食问题中的综合应用分析[J]. 产业观察,2008,(1):216—217.

赵旭,杨志峰,陈彬. 基于投入产出分析技术的中国虚拟水贸易及消费研究[J]. 自然资源学报,2009,24(2):286-294.

郑芳. 虚拟水贸易浅议[J]. 农业科技管理,2006,(02):44—47.

郑重,张凤荣. 系统耦合效应与水土资源优化配置的诠释[J]. 石河大学学报(自然科学版),2008,26(4):415-418

钟瑞森,董新光,杜卫东. 阿瓦提灌区水土资源现状及其优化配置战略措施[J]. 水土保持学报,2007,21(6):174-178

中华人民共和国国土资源部. 2013中国国土资源公报[R]. 2014-04.

周诚. 土地经济学原理[M]. 北京:商务印书馆,2003年版.

周诚,土地增值收益应当"公私共享"[J]农业经济,2005,(5):79-81.

周建春. 农地发展权的设定及评估[J]. 中国土地,2005,(4):22-23.

周建春. 耕地估价理论与方法研究[D]. 南京:南京农业大学,2005.

周建春. 中国耕地产权与价值研究[J]. 中国土地科学,2007,(1):4-9.

周姣. 我国区域间虚拟水贸易的探讨[J]. 中国科技论坛,2008,(9):85—88.

周姣,史安娜. 区域虚拟水贸易计算方法及实证[J]. 中国人口·资源与环境,2008,18(4):184-188.

周其仁. 产权与制度变迁——中国改革的经验研究[M],北京:社会科学文献出版社,2002.

朱彬. 保障粮食安全的主动进口政策[J]. 中国粮食经济,1999,(3):22-24.

朱鹤健,何绍福. 农业资源开发中的耦合效应[J]. 自然资源学报,2003,28(5):583-588

朱启荣,孙雪洁,杨媛媛.虚拟水视角下中国农产品进出口贸易节水问题研究[J].世界经济研究,2016(1):87-99

褚庆全,李立军,马红波.实现未来我国粮食安全的粮食贸易对策[J].中国农业科技导报,2006,8(2):36—41.

邹红.实施虚拟水战略:优化水资源管理的创新思路[J].唯实探讨,2005,(10):25—27.

邹君.虚拟水战略视角下的湖南水密集型产业布局优化调整研究[J].农业现代化研究,2014,35(2):213-217

邹君,付双同,杨玉蓉,毛德华.虚拟水战略背景下的中国农业生产空间布局优化研究[J].长江流域资源与环境,2010,19(12):1427-1432.

邹君,李红伟,杨玉蓉,龚雨.中国省际间农畜产品虚拟水流动合理性评价与调控研究[J].中国生态农业学报,2013,21(10):1299-1306.

邹君,刘文洁,杨玉蓉,田亚平.中国农产品虚拟耕地与资源环境经济要素的时空匹配分析[J].长江流域资源与环境,2012(4):477-481.

邹君,毛德华.中国虚拟水战略优势度评价[J].资源科学,2008,30(8):1122—1128.

邹君,严大贤.湖南城乡居民虚拟水消费结构及其用水效率评价[J].资源开发与市场,2012,28(10):890-893.

邹君,杨玉蓉,毛德华,等.湖南省虚拟水战略初步研究[J].地域研究与开发,2008,27(3):75—78.

邹君,杨玉蓉,毛德华.虚拟水战略优势度及其评价[J].冰川冻土,2009,31(3):565-569.

邹君,杨玉蓉,毛德华.虚拟水战略背景下中国水资源安全形势与对策[J].人民黄河,2008,30(10):9-11.

邹君,杨玉蓉,毛德华,田亚平.中国虚拟水战略区划研究[J].2010,地理研究,29(2):253-262.

Alexander Zehnder. "Virtual water": An unfolding concept in integrated water resources management[J]. Water Resources Research, 2007, 43 (12):W12301.

Allan J A. Fortunately there are substitutes for water otherwise our hydropolitical futures would be impossible[C]//Priorities for Water Resources Allocation and Management. London: ODA,1993:13-26.

Allan J A,Karshenas M. Management environmental capital : the Case of water in Isael, Jordan[R]//Allan J A,Court J H. Water, Peace and the Middle East: Nego-

tiating Resources in the Jordan Basin. I. B. London:Taurus Publishers,1996:124
－154.

Allan J A. Virtual water:A long term solution for water sho Middle Eastern economies
[R]. British:University of leeds,1997.

A. R. Turton,S. Moodley,M. Goldblatt,R. Meissner. Global Water Resource:Vulnerabil-
ityr from Climate Change and Population Gorwth[J]. Seiene,2002,(2):4—28.

Biswas,Asit K. Integrated Water Resources Management:A Reassessment. A water Fo-
rum Contribution[J]. . Helvetica Chimica Acta,2001,84(84):3023－3030.

Browns S, Schreier H, LAVKULICH L M. Incorporating Virtual Water into Water
Management: A British Columbia Example. Water resources management, 2009,
(23):2681－2696.

Chambers N, Child R, Jenkin N, Lewis K, Vergoulas G, Whiteley M. Stepping For-
ward: A resource flow and ecological footprint analysis of the South West of Eng-
land Resource flow report[M]. Best Foot Forward Ltd, United Kingdom. 2005.

Chapagain A K, Hoekastra A Y. Virtual Water Trade:A Quantification of Virtual Water
Flows between Nations in Relation to International Trade of Livestock and Live－
stock Products. [C]. (No. l2). IHE Delft,2003:49－76.

Chen Xikang,Shanxi water resource input－occupancy－output table and its application
in Shanxi Province of China[C]//International Input－Output Association. Paper
for the 13th International Conference on Input－output Techniques. Macerata:Uni-
versity of Macerata,2000.

Coase R. H. ,The Federal Communication Commission. [J]. Journal of Law and Eco-
nomics,1959, 2(1): 1－40.

Coase R. H. ,The Problem of Social Cost. [J]. Journal of Law and Economics. 1960,3
(1):1－44.

Cooter,Robert. The Cost of Coase. [J]. Journal of Legal Studies,1982,11(1),1－33.

Dabo G, Klaus Hubacek. Assessment of regional trade and virtual water flows in China
. Ecological Economics, 2007, (61):159－170.

Demsetz. The Exchange and enforcementof Property Rights[J]. Journal of Law and Eco-
nomics,1967,(7). 15－36.

Dornbusch R,Fisher S,Samuelson P. Comparative advantage,trade,and payments in-
RicardianModelwith a continuum ofgoods[J]. American Economic Review,1977,
67(5): 823—839.

Elizabeth Kopits, Virginia MeConnel, and Marharet Walls: A Market Approach to Land Preservation[J]. resources for Future, March 2003.

Fulton, William, JanMazurka, Rick prates, and ChrisW illiamson. TDRS and other Market – based land

mechanisms: How they work and Their Role in shaping metropolitan Growth. The Brookings

institution center on urban and metropolitan policy. June 2004.

Hokestra A Y, Chapagain A K, Aldaya M M, et al. The water footprint assessment manual: setting the global standard[M]. London: Earthcan, 2011.

Hoekstra A Y, Hung P Q. Virtual water trade: a quantification of virtual water flows between nations in relation to international crop trade. Value of water research report series NO. 11[R]. Delft: UNESCO – IHE. 2002.

Huang Jing, Ridoutt B G, ZHANG Hailin, et al. Water footprint of cereals and vegetables for the Beijing market[J]. Journal of Industrial Ecology, 2014, 18(1): 40 – 48

Hoekstra A Y. Perspectives on water: A Model – based Exploration of the Future[M]. Delft: The Netherlands, International BOOKS, Utrecht, 1998.

Hoekstra A Y, Hung P Q. Globalization of water resources: international virtual water flows in relation to crop trade. Global Environmental Changes, 2005, (15): 45 – 56.

Hoekstar A Y, Chpagain A K, Water footprint of nations: Water use by people as a function of their consumption pattern, Water resources management, 2007, (21): 35 – 48.

Islam MD S, OK T and Kanae S. A grid – based assessment of global water scarcity including virtual water trading. Water Resources Management, 2007, 21(1): 19 – 33.

James M. Lattin(美), 多元数据分析: 英文版, 北京: 机械工业出版社, 2003.

John C., MAI, SRA(1997), TDRs – Great Idea But Questionable Value[J]. The Appraisal Journal, 1997, (4): 133 – 142.

Kathryn A., Diana W., Do Conservation Easements Reduce Land Prices? [R]. Wisconsin: The Case of South Central Wisconsin, 2005: 17 – 19.

Lenzen M. A guide for compiling inventories in hybrid life – cycle assessments: some Australia results[J]. Journal of Cleaner Production, 2002, 10: 545 – 572.

Lenzen M, Errors in conventional and input – output – based life – cycle inventories[J]

. Journal of Industrial Ecology,2000,4(4):127 – 148.

Lenzen M,Moran D,Bhaduri A,et al. International trade of scarce water[J]. Ecological Economics,2013,94:78 – 85.

Lenzen M. Understanding virtual water flows:a multiregion IO case study of victoria[J] . Water Resources Research,2009,45(9):W09416.

Leontief W. The structure of American economy:1919 – 1929[M]. New York:Oxford University Press,1941.

Levinson,Arik. Why Oppose TDRs:Transferable Development Rights Can Increase O-verall Development[J]. Regional Science and Urban Economics,1997,27(3): 283 – 296.

Liu Junguo,Williams J R,Zhender A J B,et al. GEPIC – modelling wheat yield and crop water productivity with high resolution on a global scale[J]. Agricultural Systems,2007,94:478 – 493.

Maite M. Aldaya,Pedro Martínez – Santos M,Ramón Llamas. Incorporating the Water Footprint and Virtual Water into Policy: Reflections from the Mancha Occidental Region, Spain[J]. Water Resources Maragement,2010,24(5):941 – 958.

Mark W Rosegrant,Claudia Ringler. Impact on Food Security and Rural Development of Reallocating Water from Agricultural[A]. Environment and Production Technology Division International Food Policy Research Institute,EPID Discussion Paper NO. 472033 K[C]. Street,N. W,Washington,D. C. 20006 U. S. A August 1999.

Morillo J G,Diaz J A R,Camacho E,et al. Linking water footprint accounting with irrigation management in high value crops[J]. Journal of Cleaner Production,2015, 87:594 – 602.

Mubako S,Lahiri S,Lant C. Input – output analysis of virtual water transfers:case study of California and Illinois[J]. Ecological Economics,2013,93:230 – 238.

Parveen S,Faisal I M. Trading virtual water between India and Banglades A Politico – economic Dilemma[J]. 2004,6:549 – 558.

Paul Van Hofwegen. Virtual Water:Conscious Choice. Stockholm Water Front 2003,12 (2):12—16.

Patricia L. ,June T, Roger H. ,Transferable Development Rights – A Policy Brief for the Michigan Legislature[R]. Michigan:Urban and Regional Planning Program Department of Geography Michigan State University, 2000,11 – 18.

Paul Van Hofwegen. Virtual Water:Conscious Choice. Stockholm Water Front 2003,12

(2):12—16.

Priess J A, Schweitzer C, Wimmer F. The consequences of land – use change and water demands in Central Mongolia [J]. Land Use Policy, 2011, 28(1):4 – 10.

Roberts G, Roberts A M. Computing the water balance of a small agricultural catchment in southern England by consideration of different land – use types. II. Evaporative losses from different vegetation types [J]. 1992, 21(2):155 – 166.

Saila Parveen, IM Faisal. Trading virtual water between India and Bangladesh A Politico – economic Dilemma. http://www. siwi. org/waterweek2003/workshop_7. html.

Schoups G, Addams C L, Minjares J L, et al. Sustainable conjunctive water management in irrigated agriculture: Model formulation and application to the Yaqui Valley, Mexico[J]. Water Resources Research,2006,42(10):401 – 414.

Smith M, R. G. Allen, J. L. Monteith. Report on the Expert Consultation on Revision of FAO Methodologies for Crop Water Requirements. Rome: FAO Plant Production and Protection, 1991.

Tanner C, Sinclair T. Efficient water use in crop production: research or research? [J] . Limitations to efficient water use in crop production,1983, (Limitationstoef): 1 – 27.

Valerie L. ,Jerry R. ,Craig L. Rural Land Preservation in Kentucky[J]Agricultural Economics – Extension, 1998,(7):1 – 28.

Virginia M. ,Elizabeth K. ,Margaret W. Farmland Preservation Residential Density:Can Development Rights Markers Affect Land Use? [J] Agricultural and Resource Economics Review,2000, 34(2), 13 – 144.

Wackennagel M, Onisto L, Bello P, et al. National natural capital accounting with the ecological footprint concept[J]. Ecological Economics,1999,29(3):375 – 390.

Wuppertal Institute for Climate, Energy and Environment(WI), Annual Report(M). WI, German. 2005.

Zhang Zhuoying, Shi Minjun, Yang Hong, et al. An IO analysis of the trend in virtual water and the impact on water resources and uses in China[J]. Economic System Research, 2011, 23 (4): 431 – 446.

Zhao Xu, Yang Zhifeng, Chen Bin, et al. Applying the input – output method to account for water footprint and virtual water trade in the Haihe River Basin in China[J] . Environmental Science&Technology,2010,44(23):9150 – 9156.

Zimmer D, Renault D. Virtual water in food production and global trade: Review of methodological issues and preliminary results [C]//Hoekstra A Y. Virtual water trade: Proceedings of the International Expert Meeting on Virtual Water Trade. Value of water research report series NO. 12. Delft: UNESCO – IHE, 2003.

Zuo Tieyong. Recycling Economy and Sustainable Development of Materials, 3th China Conference on Membrane Science and Technology[R]. Beijing: Beijing University of Technology, 2007.